離婚給付算定事例集

養育費　財産分与　慰謝料

編集　宇田川　濱江（弁護士）
　　　白井　典子（弁護士）
　　　鬼丸　かおる（弁護士）
　　　中村　順子（弁護士）

新日本法規

は　し　が　き

　本書の前身となる「離婚給付算定ファイル」を出版してちょうど12年になります。この間夫婦や親子関係をめぐる法制度が見直され、重要な法律の改正がなされました。人事訴訟手続法の改正により平成16年4月から人事訴訟事件が家庭裁判所に移管され、また、年金法の改正により平成19年4月から離婚時年金分割制度がスタートしました。養育費に関しては、民事執行法の改正により平成16年4月から将来の月々の分についても差押えが可能になりました。また、養育費及び婚姻費用の算定に関して、平成15年4月に東京・大阪養育費等研究会の提言に係る養育費・婚姻費用の算定方式と算定表が公表され、これに基づき審理・裁判されています。

　ところでこの間、平成14年を境に離婚件数は減少の一途を辿っていますが、平成20年の確定値は25万1,136組、2分6秒に1組の割合で発生しています（厚生労働省平成20年人口動態統計（確定数）の概況）。しかし、家庭裁判所で扱う離婚の調停、訴訟事件はいずれも増加しています。

　離婚事件においては、離婚の可否そのものが問題となることはもちろんありますが、多くは財産問題と密接に関係しており、実務に携わる者にとって、離婚に伴う財産給付の問題は明確な基準がないことから悩まされることが多いものです。養育費と婚姻費用については、算定表が作られたことで基準がかなり明確になってきましたが、これとても、具体的ケースとなると簡単には数値化出来ません。やはり拠り所は判例となるのです。

　前回の「算定ファイル」は、当時まだ少なかった一覧性の表形式としたもので、裁判事例が一目で分かり便利であったと思います。その後、月日を経るごとに掲載判例を新しくする必要を感じていました。

　今回は一覧性を維持しつつも前回と構成を変えて、養育費・財産分与・慰謝料の請求内容ごとに分けて判例を分析しました。複数区分に関係する判例はどちらからも探せるように目次を工夫しました。取り扱った判例はすべて平成年代のものであります。

　本書は、家事事件を手掛ける多くの若手から中堅弁護士の執筆協力を得て、刊行の運びとなりました。業務多忙の中、ご執筆いただいたことに厚くお礼を申し上げます。

　なお、旧著同様、新日本法規出版の森誠氏をはじめ編集をご担当いただいた方々には大変お世話になりました。改めて感謝申し上げます。

　平成22年2月

編集者一同

編集者・執筆者一覧

<編 集 者>

宇田川濱江（弁護士）　　白井典子（弁護士）

鬼丸かおる（弁護士）　　中村順子（弁護士）

<執 筆 者>―五十音順―

飯塚佳都子（弁護士）　　石川雅子（弁護士）

宇田川靖子（弁護士）　　奥原玲子（弁護士）

小野美奈子（弁護士）　　笠原健司（弁護士）

金澤恭子（弁護士）　　　楠本維大（弁護士）

三枝恵真（弁護士）　　　新城早智子（弁護士）

澄川洋子（弁護士）　　　千代田有子（弁護士）

仲　　隆（弁護士）　　　中川明子（弁護士）

野竹夏江（弁護士）　　　野村　完（弁護士）

箱山由実子（弁護士）　　檜垣直人（弁護士）

土方恭子（弁護士）　　　三吉尚子（弁護士）

吉野　智（弁護士）

凡　　例

＜本書の内容＞

　本書は、離婚給付をめぐる現状・考え方を示した上で、実際に離婚給付の額が算定された平成以降の裁判例・審判例を養育費・財産分与・慰謝料に分類し、詳しく解説したものである。

＜本書の構成＞

　本書は、「第1章　離婚給付の概要」、「第2章　養育費をめぐる算定事例」、「第3章　財産分与をめぐる算定事例」、「第4章　慰謝料をめぐる算定事例」、「附録資料」に区分した。

　各事例は、事例の見出し、事例の概要、原・被告等の主張、裁判所の判断、事実関係、事実経過、裁判所の判断理由、コメントにより構成した。

　また、検索の便を図るため、離婚給付裁判例・審判例インデックス、判例年次索引を掲げた。

＜表記の統一＞

1　法　令

　法令名を根拠として（　）囲みで示す場合は、次の要領で略記した。

　【例】民法770条1項5号→（民770①五）

　なお、法令の略称は次のとおりとした。

家　審	家事審判法
厚　年	厚生年金保険法
人　訴	人事訴訟法
人訴規	人事訴訟規則
法通則	法の適用に関する通則法
民	民法
民　執	民事執行法

2　判　例

　判例を根拠として（　）囲みで示す場合は、次の要領で略記した。

　【例】最高裁判所平成19年3月30日判決、判例時報1972号86頁
　　　　→（最判平19・3・30判時1972・86）

出典の略語は次のとおりである。なお、公刊物に掲載されていないものは、事件番号を付することとした。

民　　録	大審院民事判決録
家　　月	家庭裁判月報
高　　民	高等裁判所民事判例集
東高民報	東京高等裁判所民事判決時報
裁判集民	最高裁判所裁判集民事
民　　集	最高裁判所民事判例集
裁　　時	裁判所時報
判　　時	判例時報
判　　タ	判例タイムズ
金融法務	金融法務事情
金　　判	金融・商事判例

参考文献一覧

- 東京・大阪養育費等研究会「簡易迅速な養育費等の算定を目指して―養育費・婚姻費用の算定方式と算定表の提案―」判例タイムズ1111号(2003)
- 小田八重子「離婚給付額の裁判基準―裁判官に対するアンケート調査の結果報告」判例タイムズ1029号(2000)
- 東京家庭裁判所家事第6部編著『東京家庭裁判所における人事訴訟の審理の実情』(判例タイムズ社、改訂版、2008)
- 岡　健太郎「養育費・婚姻費用算定表の運用上の諸問題」判例タイムズ1209号(2006)
- 松谷佳樹「財産分与の基本的な考え方」ケース研究294号(2008)
- 北野俊光・梶村太市編『家事・人訴事件の理論と実務』(民事法研究会、2009)
- 島津一郎・阿部徹編『新版注釈民法⑵』(有斐閣、2008)
- 瀬木比呂志・水野紀子〈対談〉「離婚訴訟、離婚に関する法的規整の現状と問題点」判例タイムズ1087号(2002)
- 家事実務研究会編『家事財産給付便覧―離婚給付・慰謝料・婚姻費用・扶養料の算定―』(新日本法規)
- 東京弁護士会・第一東京弁護士会・第二東京弁護士会編『離婚問題法律相談ガイドブック2006年』(東京弁護士会・第一東京弁護士会・第二東京弁護士会、2006)
- 岡部喜代子『親族法への誘い』(八千代出版、第2版、2003)
- 千葉県弁護士会編『慰謝料算定の実務』(ぎょうせい、2002)
- 大津千明「財産分与の対象財産の範囲と判断の基準時」判例タイムズ747号(1991)

目　次

(注)　第2章から第4章の「○」印で示した算定事例は、複数の章に関連する事例です。本文は参照先（【○○参照】）に掲げました。

離婚給付裁判例・審判例インデックス

第1章　離婚給付の概要

はじめに
　　　　　　　　　　　　　　　　　　　　　　　　　　　　　　　ページ
1　本書の目的……………………………………………………………3
2　近年の家庭裁判所における離婚給付の傾向………………………3
3　当事者が離婚給付額を予測しにくいと感ずる理由………………5
4　日本の離婚事情………………………………………………………6
5　判決による離婚給付額の実情………………………………………7
6　裁判官の離婚給付に関する相場感…………………………………8
7　離婚訴訟手続の改正と年金法………………………………………9

第1　新人事訴訟法施行以降の離婚給付事件
1　人事訴訟法の改正…………………………………………………10
2　新人事訴訟法により変更された手続……………………………10
3　年金法の改正………………………………………………………17

第2　養育費算定基準について
1　養育費………………………………………………………………22
2　養育費の支払の始期と終期………………………………………23
3　養育費の具体的な分担額…………………………………………24
4　新しい養育費の算定方式…………………………………………25
5　算定表の利用………………………………………………………27
6　養育費分担額の増減請求…………………………………………28
7　養育費の履行確保…………………………………………………29
8　養育費と婚姻費用との関係………………………………………30

第3　財産分与
1　財産分与とは………………………………………………………32
2　財産分与の手続……………………………………………………33

3　財産分与の基準……………………………………………………34
　　4　清算的財産分与について…………………………………………34
　　5　扶養的財産分与……………………………………………………43
　　6　財産分与の割合（寄与度）………………………………………44
　　7　財産分与の方法……………………………………………………45
　第4　慰謝料
　　1　慰謝料の意義と法的性質…………………………………………46
　　2　離婚慰謝料と財産分与の関係……………………………………47
　　3　離婚慰謝料額の算定について……………………………………47
　　4　婚約の不当破棄と慰謝料…………………………………………51
　　5　内縁の不当破棄と慰謝料…………………………………………52

第2章　養育費をめぐる算定事例

1　調停により定められた養育費を減額した審判の取消しを求めた即時抗告が認められた事例……………………………………………………55

2　協議離婚当事者の合意により定められた養育費の支払終期の延長を認めた審判の取消しが認められた事例……………………………………58

3　公正証書により定められた養育費の減額の申立てに対し、支払義務者の再婚相手の育児休業期間中に限り、減額を認めた事例……………60

　　○慰謝料等の一部和解を踏まえ、控訴人の離婚請求を棄却不相当とした事例【81参照】

4　別居後離婚までの期間における子の監護費用の分担は、離婚の訴えに附帯して申し立てられるとした事例……………………………………62

5　養育費及び財産分与に関する契約に基づいてした債務者の相続人に対する養育費支払請求が認められた事例……………………………………64

　　○退職手当支給額と退職時期を変数とした計算式による額を退職時に支払うよう命じた事例【34参照】

6　申立人と相手方の双方の生活の公平な維持のため、公正証書により定められた養育費の減額を認めた事例……………………………………66

7　無収入を理由にした養育費免除の申立てに対し、潜在的稼働能力を前提に養育費を算定した事例……………………………………………68

8　養育費支払義務を22歳まで継続すべき格別の事情があるとして、その終期を22歳までとした事例……………………………………………70

|9| 養育費の増額合意及び養育費の給付義務の終期の合意の解釈並びに過去の養育費増額分の一括請求に関する事例……73

|10| 子の認知審判直後に養育費分担請求がなされた場合には、子の出生時にさかのぼって分担額を定めるべきとした事例……75

　○妻からの離婚請求を認容しつつも、慰謝料請求は認めなかった事例【|88|参照】

|11| 統計資料を基に推計された基礎収入等の客観的な数額を基に、父が無職となった等の個別事情を加味して養育費の額を算定した事例……77

|12| 離婚後も、子に対し手厚い経済的支援を行うことなどを前提に、有責配偶者からの離婚請求が認定された事例……80

　○離婚を請求する夫の申し出た養育費が相当であるとして、親権者を被告である妻とした上で、夫の申出どおりの養育費を認めた事例【|90|参照】

　○慰謝料500万円及び将来支払われる退職金が財産分与の対象と認められた事例【|51|参照】

|13| 養育費算出の際、再婚後に生じた権利者の住宅ローンを特別軽費として考慮すべきではないとした事例……83

|14| 有責配偶者の妻からの離婚請求について、離婚、親権、養育費として子1人当たり3万円の支払が認められた事例……85

|15| 申立人母が外国籍、相手方父及び未成年者が日本国籍を有する場合の養育費請求に対し、子の常居所地法である日本法を適用した事例……88

|16| 養育費支払免除の請求に対し、事情変更には当たらないとして申立てを却下した事例……91

|17| 未成年者の親権者である母から、子の父である元夫に対する養育費請求を却下した事例……93

|18| 養育費一括金受領後の新たな養育費請求が排斥された事例……96

|19| 所得税の確定申告書等から相手方の農業収入を認定して婚姻費用分担額を算定した事例……98

|20| 離婚前の監護費用について離婚訴訟の附帯処分として支払を命ずることができるとされた事例……101

|21| 養育費算定に当たり、相手方の収入等が不明の場合に賃金センサスを用いて算定した事例……103

|22| 過去の養育費を財産分与に含ませ、諸事情を考慮算定した事例……105

23 離婚請求事件において、支払義務者からの財産分与・養育費申立てが却下された事例……………………………………………………………… 108

24 多額の負債を抱え失業中の相手方に対する養育費請求を却下した原審判を取り消し、差し戻した事例………………………………………… 110

25 離婚の調停条項で定めた「一切の教育に関する費用」の解釈が争われ、上記条項に基づく養育費請求が一部認容された事例……………… 112

26 調停成立後の父の収入の減少、再婚等の生活状況の変化を考慮し、調停で定められた父の養育費の負担額を減額した事例……………… 114

27 妻からの婚姻費用の分担申立てにつき、妻の生活費部分に対する夫の分担義務を認めず、養育費相当額のみを認めた事例……………… 116

28 裁判所は裁量により相当と認める範囲で過去にさかのぼって養育料の支払を命じることができるとした事例……………………………… 119

29 未成年者の養育費について、生活保護基準を用いて義務者の分担能力を算出し、その範囲内で養育費の分担義務を負うとした事例…… 121

30 自己所有家屋に無償で住まわせていた事情等を考慮し、婚姻費用分担額を変更した事例…………………………………………………… 123

31 協議離婚の際に公正証書によって合意した養育費等の支払義務について事情の変更の原則によりその減額を認めた事例………………… 126

32 有責配偶者である夫に対し、月5万円の養育費のほか、慰謝料300万円及び自宅の財産分与が認められた事例……………………………… 128

第3章　財産分与をめぐる算定事例

33 将来の退職金につき現時点で自己都合退職した場合の額を財産分与の対象額とし、支払時期を退職手当受給時とした事例…………… 133

34 退職手当支給額と退職時期を変数とした計算式による額を退職時に支払うよう命じた事例…………………………………………… 135

35 財産分与額を決定するに当たり年金受給見込額に格差があるという事情を考慮するのが相当であるとした事例………………………… 138

36 財産分与対象財産の価値につき錯誤があったとして和解における解決金の合意が無効であるとした事例……………………………… 141

37 離婚後の扶養的財産分与として妻が子らと居住する建物の使用貸借権を設定した事例……………………………………………………… 144

38 交通事故損害保険金のうち逸失利益対応部分は財産分与の対象となるとした事例……………………………………………………… 146

○養育費支払義務を22歳まで継続すべき格別の事情があるとして、その
　　　終期を22歳までとした事例【8参照】

39　外国法（アメリカ合衆国テキサス州法）に準拠した共有財産の分割
　　（財産分与）を命じた事例···148

40　夫婦の双方からの離婚等の求めに対し、双方の慰謝料請求を認めず、
　　財産分与割合を原則として同等とした事例·································151

　　○夫の不貞行為を原因とする慰謝料等請求につき、慰謝料200万円及び財
　　　産分与が認められた事例【84参照】

41　財産分与につき、種々の要素を考慮した上で共有財産を確定し、年
　　金については分与割合を10分の3とした事例·····························154

42　夫が興した会社の経理を担当し、家事育児をした妻への財産分与割
　　合を5割とした事例···157

43　財産分与の割合を決めるに際し、寄与割合以外の要素を考慮した事
　　例···160

44　再婚者の婚姻前契約を公序良俗違反として認めず、また、夫の特有
　　財産が共有財産の原資である場合も妻に分与を認めた事例···········163

　　○妻からの離婚請求を認容しつつも、慰謝料請求は認めなかった事例【88
　　　参照】

45　妻から夫への離婚請求に対し、財産分与3,500万円が認められた事例·········166

46　妻から夫への離婚請求に対し、財産分与1,000万円、慰謝料200万円
　　が認められた事例··169

47　被告名義の土地、被告・原告・長男名義の各預金について、清算割合
　　を2分の1として財産分与を認めた事例·······································172

　　○同居義務等を一方的に放棄して別居を開始するなどの行動により婚姻
　　　関係を破綻させた夫に対して、慰謝料300万円の支払が認められた事例
　　　【89参照】

48　土地建物、夫の年金受給額について、妻の財産分与請求額は5分の
　　2とするのが相当であるとして、財産分与を認めた事例·················175

　　○不貞行為により夫婦関係を破綻させた夫に対して妻が起こした離婚請
　　　求訴訟において、金800万円の慰謝料の支払が認められた事例【91参照】

49　夫の退職金等について妻がその維持形成に寄与したのは同居期間の
　　みであるとして、財産分与の額を算定した事例·····························178

50　夫の小遣いで購入した万馬券による利益で取得した不動産の売却代
　　金について、妻への財産分与が認められた事例·····························181

51	慰謝料500万円及び将来支払われる退職金が財産分与の対象と認められた事例	184
52	配偶者が将来取得する退職共済年金を財産分与の対象として認めた事例	187
53	将来取得する退職手当受給権の財産分与の額と支払方法について判断した事例	190
54	財産分与として厚生年金収入の定期金支払ではなく一時金支払が認められた事例	193
55	交通事故の賠償金（休業損害金、逸失利益、慰謝料他）が離婚に際して清算対象となるかにつき判断した事例	195

　　○夫の暴力に対する妻からの損害賠償請求において、逸失利益等の財産的損害についても認容した事例【94参照】

56	将来の退職金を現時点で財産分与の対象とするにつき、年５％の中間利息を複利計算で控除した事例	198
57	扶養的財産分与として、夫婦各自の年金の差額の４割を夫が妻死亡まで支払うこととされた事例	201
58	離婚後に勤務先会社から支給された金員が、その支給時期・態様・趣旨からして、財産分与の対象とならないとされた事例	204
59	内縁夫婦の一方の死亡による内縁解消には財産分与の規定を類推適用できないとした事例	207
60	内縁関係解消後の女性からの財産分与申立てにつき、清算的財産分与のみが認められた事例	209
61	将来支給を受ける高度の蓋然性がある退職金は財産分与の対象とすることができるとした事例	212
62	将来支給を受けられる蓋然性が高い退職金について、財産分与の対象とした事例	215
63	財産分与方法として、妻の不動産共有持分の全部移転登記手続と夫の金銭支払につき同時履行を命じた事例	218
64	財産分与額の算定において、過去の婚姻費用分担金の未払額を考慮した事例	221
65	夫婦関係が円満であった別居前の期間における婚姻費用の清算を否定した事例	224

　　○高齢者の双方が離婚等を求め、慰謝料300万円等の支払が認められた事例【96参照】

| 66 | 財産分与の方法と額の算定につき慰謝料的要素も考慮した事例 | 226 |

○過去の養育費を財産分与に含ませ、諸事情を考慮し算定した事例【22】
　　　参照】

67　別居した妻が財産分与の請求をしたところ、逆に妻に対して持ち出
　　した財産額との差額を妻に支払うよう命じた事例……………………………… 229

68　離婚等請求訴訟において、財産分与請求につき、家事審判等に委ね
　　るのを相当として同請求を棄却した事例………………………………………… 232

69　清算的財産分与を夫婦の婚姻生活の実態から判断し、寄与割合を妻
　　6夫4とした事例…………………………………………………………………… 235

70　中国国籍の妻から日本国籍の夫に対する離婚等請求訴訟において、
　　日本民法を準拠法として慰謝料等を認めた事例………………………………… 238

71　離婚の反訴請求をせずに予備的財産分与の申立てを可能とし、夫の
　　特有財産の維持への寄与から妻に財産分与を認めた事例……………………… 241

72　禁治産宣告を受けた妻との離婚を求める夫の財産分与の申立てを認
　　め、妻死亡時まで定期金の支払を命じた事例…………………………………… 243

73　財産分与に基づく不動産強制執行において、不動産価格の下落が生
　　じていても、強制執行は権利濫用ではないとされた事例……………………… 246

　　○不貞行為がある妻からの離婚請求と夫からの慰謝料請求が認められた
　　　事例【99参照】

74　夫妻共通の養母の遺産分割協議で妻が取得した土地について、離婚
　　に基づく財産分与の対象とした事例……………………………………………… 248

75　婚姻期間中の財産形成に対する夫と妻の貢献度を同程度とした事例………… 251

76　財産分与に当たり、過去及び将来の子の監護費用を斟酌した事例…………… 254

　　○米国籍の夫婦の離婚事件において、日本民法に基づいて離婚・親権者指
　　　定・離婚給付を判断した事例【101参照】

77　有責配偶者である妻からの離婚及び財産請求を認めた事例…………………… 257

　　○有責配偶者である夫に対し、月5万円の養育費のほか、慰謝料300万円
　　　及び自宅の財産分与が認められた事例【32参照】

78　有責配偶者からの離婚請求を認め、平均余命の範囲内である10年分
　　の生活費相当分を財産分与とした事例…………………………………………… 259

79　離婚時の協議において秘匿された共有財産について、財産分与の除
　　斥期間経過後、損害賠償等請求した事例………………………………………… 261

80　有責配偶者からの離婚請求を認容し、分与義務者である有責配偶者
　　から申し立てられた財産分与額を斟酌して支払を命じた事例………………… 263

第4章　慰謝料をめぐる算定事例

81　慰謝料等の一部和解を踏まえ、控訴人の離婚請求を棄却不相当とした事例……………………………………………………………………………267

82　夫の離婚請求に対し、妻が離婚及び離婚に伴う慰謝料を請求した事案で、離婚及び妻の慰謝料を認めた事例…………………………………270

83　性格及び宗教観の不一致等を原因とする離婚等請求及び特定の宗教の信仰を原因とする慰謝料請求のいずれも認められなかった事例………273

84　夫の不貞行為を原因とする慰謝料等請求につき、慰謝料200万円及び財産分与が認められた事例……………………………………………276

　　○夫が興した会社の経理を担当し、家事育児をした妻への財産分与割合を5割とした事例【42参照】

85　妻が、夫の性的不能等を理由として、離婚及び慰謝料を請求した事例………………………………………………………………………………279

86　フランスに住むフランス人の夫に対する日本人の妻から提起された離婚請求に関して、慰謝料請求権の準拠法を日本民法として上で、慰謝料300万円が相当であるとした事例……………………………………282

　　○財産分与の割合を決めるに際し、寄与割合以外の要素を考慮した事例【43参照】

87　原・被告双方からの慰謝料請求及び財産分与請求をいずれも認めなかった事例…………………………………………………………………284

88　妻からの離婚請求を認容しつつも、慰謝料請求は認めなかった事例……287

　　○妻から夫への離婚請求に対し、財産分与3,500万円が認められた事例【45参照】

　　○妻から夫への離婚請求に対し、財産分与1,000万円、慰謝料200万円が認められた事例【46参照】

89　同居義務等を一方的に放棄して別居を開始するなどの行動により婚姻関係を破綻させた夫に対して、慰謝料300万円の支払が認められた事例………………………………………………………………………………289

90　離婚を請求する夫の申し出た養育費が相当であるとして、親権者を被告である妻とした上で、夫の申出どおりの養育費を認めた事例………291

91　不貞行為により夫婦関係を破綻させた夫に対して妻が起こした離婚請求訴訟において、金800万円の慰謝料の支払が認められた事例………293

| 92 | 妻の連れ子である養女に対する夫（養父）の性的虐待を理由として離婚請求が認容された事例 | 296 |

| 93 | 別居期間約14年8か月の夫婦について有責配偶者である夫からの離婚請求が認容され、慰謝料700万円が認められた事例 | 299 |

　　○慰謝料500万円及び将来支払われる退職金が財産分与の対象と認められた事例【51参照】

　　○配偶者が将来取得する退職共済年金を財産分与の対象として認めた事例【52参照】

　　○将来取得する退職手当受給権の財産分与の額と支払方法について判断した事例【53参照】

| 94 | 夫の暴力に対する妻からの損害賠償請求において、逸失利益等の財産的損害についても認容した事例 | 302 |

| 95 | 日本に居住する日本人男性から米国に居住する米国人女性に対する離婚訴訟において、慰謝料請求が棄却された事例 | 305 |

　　○扶養的財産分与として、夫婦各自の年金の差額の4割を夫が妻死亡まで支払うこととされた事例【57参照】

　　○将来支給を受ける高度の蓋然性がある退職金は財産分与の対象とすることができるとした事例【61参照】

　　○財産分与方法として、妻の不動産共有持分の全部移転登記手続と夫の金銭支払につき同時履行を命じた事例【63参照】

　　○財産分与額の算定において、過去の婚姻費用分担金の未払額を考慮した事例【54参照】

　　○離婚前の監護費用について離婚訴訟の附帯処分として支払を命ずることができるとされた事例【20参照】

| 96 | 高齢者の双方が離婚等を求め、慰謝料300万円等の支払が認められた事例 | 308 |

| 97 | 婚姻関係が既に破綻している夫婦の一方と肉体関係を持った第三者の他方配偶者に対する不法行為責任が否定された事例 | 311 |

| 98 | 離婚当時中国で生活していた中国人女性から日本人男性に対する離婚慰謝料の請求について、100万円の支払が認められた事例 | 314 |

　　○離婚等請求訴訟において、財産分与請求につき、家事審判等に委ねるのを相当として同請求を棄却した事例【68参照】

　　○中国国籍の妻から日本国籍の夫に対する離婚等請求訴訟において、日本民法を準拠法として慰謝料等を認めた事例【70参照】

| 99 | 不貞行為がある妻からの離婚請求と夫からの慰謝料請求が認められた事例 | 316 |

| 100 | 男性に妻がいることを知りながら内縁関係に入った女性から男性に対する内縁関係の不当破棄を理由とする損害賠償請求が認容された事例……… 319 |
| 101 | 米国籍の夫婦の離婚事件において、日本民法に基づいて離婚・親権者指定・離婚給付を判断した事例………………………………………… 322 |

　　　○有責配偶者である妻からの離婚及び財産請求を認めた事例【77参照】

102	妻の性交渉拒否が離婚原因であるとして、妻に慰謝料支払を命じた事例…………………………………………………………………………… 325
103	韓国人夫婦の協議離婚に際し、離婚慰謝料を認めない韓国民法の適用を排斥し、日本民法により離婚慰謝料を認めた事例…………………… 327
104	協議離婚後に、元夫が性交渉を持たなかったことが離婚原因であったとして元妻が求めた慰謝料請求が認められた事例………………………… 330
105	「エホバの証人」に入信した妻の過度の宗教活動により夫婦関係が破綻したが双方に責任があるとして夫の離婚請求が認容された事例…………… 332

　　　○有責配偶者である夫に対し、月5万円の養育費のほか、慰謝料300万円及び自宅の財産分与が認められた事例【32参照】

　　　○有責配偶者からの離婚請求を認め、平均余命の範囲内である10年分の生活費相当分を財産分与とした事例【78参照】

附録資料

1　消費者物価指数……………………………………………………………… 337
2　費目別、世帯人員別標準生計費…………………………………………… 338
3　生活保護法による保護の基準（抄）……………………………………… 339
4　養育費算定表・婚姻費用算定表…………………………………………… 354

判例年次索引……………………………………………………………………… 375

離婚給付裁判例・審判例インデックス

事例番号	判決年	婚期(別居)	財産分与の割合	認容額 養育費	認容額 財産分与(内容)	認容額 慰謝料
1	平19	—	—	1人当たり2万2千円／月（3人）（成人まで）	—	—
2	平19	9年(—)	—	5万円／月（18歳まで）	—	—
3	平19	—	—	6万円／月 3万円／月（平19.7〜平20.4）（成人まで）	—	—
4	平19	—	—	監護費用支払請求事件であるが、金額の判断なし		
5	平19	—	—	1人当たり317万円余（2人）	時効消滅	—
6	平18	13年(—)	—	9万円／月（2人分）（成人まで）	—	—
7	平18	—	—	1人当たり3万円／月（3人）（20歳まで）	—	—
8	平17	約19年(約4年)	2分の1	1人当たり4万円／月（3人）（22歳まで）	約60万円	—
9	平17	10年(6年)	—	棄却		
10	平16	0年(婚姻届未提出)	—	4万5,000円／月		
11	平15	0年(婚姻届未提出)	—	2万5千円／月（平13.9.1〜平15.3）2万円／月（平15.4〜成人まで）	—	—
12	平15	13年(約9年)	—	1人当たり15万円／月 1人当たり25万円／月（3・7・12月）（2人）（成人まで）	—	—
13	平12	—	—	却下	—	—
14	平12	12年(4年)	—	1人当たり3万円／月（2人）（20歳まで）	—	0 円

事例番号	判決年	婚期(別居)	財産分与の割合	認容額 養育費	認容額 財産分与(内容)	認容額 慰謝料
15	平11	同居期間2年10か月(2年2か月)	－	36万円(即時) 4万円／月 (20歳まで)	－	－
16	平11	－	－	養育費支払免除申立事件のため、金額の判断なし		
17	平10	6年10か月(3年8か月)	－	却下	－	－
18	平10	9年(－)(離婚後約13年)	－	0円	－	－
19	平9	18年(4年)	－	婚姻費用40万円(2万円×20か月)	－	－
20	平9	9年(5年4か月)	－	5万円／月(平4.1～平7.3) 6万円／月(平7.4～平21.3)	－	150万円
21	平8	－	－	3万7千円／月(平7.7～平8.3) 4万8千円／月(平8.4～成人まで)	－	－
22	平7	12年余(9年余)	－	10万円／月(2人合計)(判決確定日の翌日～平17.11.19)	過去の養育費として700万円	0円
23	平6	－(約5年)	－	却下	却下	－
24	平6	8年余(1年余)	－	差戻	－	－
25	平5	－	－	103万7,882円	－	－
26	平4	－	－	1人当たり3万円／月(3人)(18歳に達した翌年3月まで)	－	－
27	平4	11年(7年)	－	婚姻費用(子の生活費部分のみ)4万7千円／月(平4.9～離婚又は別居状態の解消まで)	－	－

事例番号	判決年	婚期(別居)	財産分与の割合	認容額		
				養育費	財産分与(内容)	慰謝料
28	平4	-	-	5万円／月(18歳まで)	-	-
29	平4	-	-	1人当たり1万5千円／月(2人)(成人まで)	-	-
30	平3	7年(－)	-	婚姻費用103万円余	-	-
31	平2	-	-	1人当たり7万円／月(3人)(成人まで)	-	-
32	平元	22年余(3年余)	-	5万円／月(20歳まで)	土地共有持分・建物	300万円
33	平19	33年(5年)	2分の1	-	1,807万5,382円	0 円
34	平19	19年(4年)	2分の1(控訴人の寄与割合は5割)	10万円／月(成人まで)	1,739万円	0 円
35	平18	-	(控訴人)分与対象額の2分の1に600万円を加算	-	1,430万円	0 円
36	平18	9年(－)	-	和解無効確認請求事件であるため、金額の判断なし		
37	平18	-	-	-	抗告人から相手方へ土地建物の共有持分移転 相手方から抗告人へ105万9,132円・土地建物上の使用貸借権の設定	-
38	平17	11年(－)	2分の1	-	154万円	-
39	平17	23年(4年)	(原告)35%(被告)65%	-	共有財産US＄21万1,073.58の分割	-
40	平16	19年(2年)	原・被告の寄与は、10対0、8対2、5対5など夫婦の生活状況ごとに割合を認定	-	共有名義の銀行口座の持分移転	0 円

事例番号	判決年	婚期（別居）	財産分与の割合	認容額 養育費	認容額 財産分与（内容）	認容額 慰謝料
41	平16	34年（3年余）	（被告）財産の2分の1、年金額の3割	－	共有名義の不動産3,027万3,429円 年金額の10分の3相当	0円
42	平16	31年余（7年余）	2分の1（寄与率は5割）	－	被控訴人から控訴人へ3億2,639万3,568円（不動産、有価証券、金1億6,574万3,568円）控訴人から被控訴人へ不動産、信用金庫への出資金債権101万円	500万円 弁護士費用50万円
43	平15	36年（2年余）	（原告）基本2分の1、加算あり	－	3,500万円	300万円
44	平15	17年余（4年余）	（被告）共有財産の5％（10億円）	－	10億円	－
45	平15	30年（14年余）	（原告）各建物の価額の4分の3、各借地権の価額の4分の1、賃料収入の4分の3	－	3,500万円	財産分与の慰謝料的要素として考慮 弁護士費用0円
46	平15	41年（13年余）	2分の1	－	1,000万円	200万円
47	平15	36年（5年余）	2分の1	－	原告から被告へ197万2,535円	－
48	平14	39年（1年余）	（原告）6割（被告）4割	－	611万9,896円 9万円／月（被告死亡まで）	－
49	平13	17年（7年弱）	2分の1	－	410万円	－
50	平13	23年（3か月）	（申立人）本件建物の3分の1	－	1,160万円	－
51	平13	21年余（2年余）	2分の1（5割）	1人当たり6万円／月（3人）（成人まで）	250万円	500万円
52	平13	33年余（1年9か月）	2分の1（分与の割合を50％と推定）	－	894万4,928円（判決確定日から6か月以内）年5％の損害金 退職共済年金の10分の3	500万円
53	平12	20年余（4年）	2分の1	－	控訴人から被控訴人へ120万3,073円（離婚時）550万円（退職手当受給時）	控訴人から被控訴人へ250万円

事例番号	判決年	婚期（別居）	財産分与の割合	認容額 養育費	認容額 財産分与（内容）	認容額 慰謝料
54	平12	42年（4年）	-	-	1,500万円	0 円
55	平12	-	2分の1（寄与の割合はほぼ5割）	-	控訴人から被控訴人へ退職金200万円 婚姻費用700万円 離婚後の扶養100万円	0 円
56	平11	26年（4年）	マンションは原告4、被告6、その他財産は等分、退職金清算金は別途請求	-	原告から被告へ587万9,000円	-
57	平11	39年（2年）（家庭内別居7年）	（原告）5分の2	-	土地建物2分の1 1,694万円（一括支払）16万円／月（原告死亡まで）	200万円
58	平11	27年（単身赴任13年）	2分の1（寄与度は5割）	-	282万円	-
59	平11	-	-	-	却 下	-
60	平10	内縁期間5年6か月（9か月）	-	-	1,000万円	-
61	平10	20年（5年）	2分の1	-	被告から原告へ財産委託契約解除返戻金1,311万円 原告から被告へ500万円（退職金受給時）	原告から被告へ300万円
62	平10	26年（-）	（相手方）退職金につき4割	-	672万円（退職金612万円、その他60万円）	-
63	平10	24年（2 年余）	（控訴人）4割（被控訴人）6割	-	控訴人から被控訴人へ1,600万円 被控訴人から控訴人へ共有持分全部移転	400万円
64	平9	33年（-）	-	-	被告から原告へ建物Ⅰを共有持分移転 建物Ⅱを全部移転 原告から被告へ1,076万円	被告から原告へ200万円
65	平9	23年（6年）	2分の1（寄与割合は5分5分）	-	控訴人から被控訴人へ850万円	0 円
66	平8	38年（11年）	-	-	不動産5筆中4筆を相互に単独所有 5筆中1筆は原告7・被告3の共有	0 円

事例番号	判決年	婚期（別居）	財産分与の割合	認容額 養育費	認容額 財産分与（内容）	認容額 慰謝料
67	平7	33年（10年）	3割6分を被控訴人	－	被控訴人から控訴人へ1,100万円	0円
68	平7	20年（5年）	－	－	特有財産等の担保権の消長により今後判断	控訴人から被控訴人へ300万円
69	平6	29年（1年）	（申立人）6（相手方）4	－	相手方から申立人へ3,010万5,000円 申立人から相手方へ建物共有持分分与	0円
70	平6	7年半（3年）	－	－	400万円	200万円
71	平5	9年（2年）	－	－	原告から被告へ1,500万円	－
72	平5	17年（約5年）	－	－	300万円 5万円／月（判決確定日の翌日～禁治産者死亡まで）	－
73	平5	－	－	－	棄却	－
74	平5	15年（1年）	－	－	棄却	－
75	平5	26年（7年）	2分の1（半分半分）	－	3,000万円	棄却
76	平5	21年（－）	2分の1（5割）	－	608万円	－
77	平3	26年（9年8か月）	－	－	700万円	控訴人から被控訴人へ200万円
78	平元	52年（40年）	－	－	1,000万円	1,500万円
79	平元	10年（－）	－	－	－	損害賠償304万8,538円（反訴損害賠償100万円）
80	平元	34年（33年）	－	－	1,200万円	－
81	平19	21年（13年）	－	1人当たり5万円／月（2人）（20歳まで）150万円（大学入学時）	－	150万円
82	平19	6年余（3年余）	－	－	0円	300万円
83	平17	11年（0年）	－	－	－	棄却

事例番号	判決年	婚期（別居）	財産分与の割合	認容額 養育費	認容額 財産分与（内容）	認容額 慰謝料
84	平16	37年 (－)	2分の1	－	土地・建物・マンション 各2分の1	200万円
85	平16	3年8か月 (1年8か月)	－	－	－	100万円
86	平16	4年 (2年)	－	－	－	300万円
87	平15	9年 (2年)	－	－	0 円	0 円
88	平15	14年 (1年)	－	1人当たり 5万円／月 (3人) (成人まで)	500万円	0 円
89	平15	31年 (15年)	(被告) 3分の1	－	600万円	300万円
90	平15	12年 (8年)	－	1人当たり 15万円／月 年3回10万円 加算（2人） (成人まで)	－	－ (請求撤回)
91	平14	32年 (－)	2分の1	－	164万36円	800万円
92	平14	7年4か月 (－)	－	0 円 監護費用4万円 ／月（長女生存 期間分）	－	200万円
93	平13	28年11か月 (14年8か月)	－	－	－	700万円
94	平12	約24年 (4年9か月)	(控訴人) 形成財産の 約3割	－	2,300万円	350万円 損害賠償 1,713万5,023円
95	平11	7年1か月 (4年7か月)	－	－	－	棄 却
96	平9	19年余 (3年半余)	2分の1	－	被告から原告へ 1,000万円 原告から被告へ 将来の退職金2分の1 扶養料15万円／月 (被告死亡まで)	300万円
97	平8	19年 (9年)	－	－	－	棄 却
98	平8	2年9か月 (1年8か月)	－	－	－	100万円

事例番号	判決年	婚期（別居）	財産分与の割合	認容額 養育費	認容額 財産分与（内容）	認容額 慰謝料
99	平5	26年10か月（9年8か月）	−	−	700万円	200万円
100	平4	−	−	−	−	300万円
101	平3	18年（2年）	−	−	150万円	150万円
102	平3	9か月（4か月）	−	−	−	150万円 指輪引渡し
103	平2	24年（−）	−	−	−	反訴600万円
104	平2	3か月（0.5か月）	−	−	−	500万円
105	平2	20年（4年）	−	−	−	0　円

第 1 章

離婚給付の概要

2

はじめに

1　本書の目的

　本書は、裁判例の中から離婚に伴い給付される養育費・財産分与・慰謝料を算定した事例を集め、分析して、裁判実務における離婚給付のあり方、離婚給付の算定根拠を客観的にとらえることを目的とするものである。

　離婚給付のあり方については、これまでも多くの学者や実務家から研究や論文が発表されている。しかし、裁判において決められた離婚給付が、いかなる理論的基準に基づき当該給付額を相当とされたのかについては、必ずしも明確とは言えないようである。

　離婚給付の権利内容（財産の内容や金額）の検討は、多くの場合、離婚協議とともにあるいは離婚が成立した後に、当事者間でなされる協議から開始される。協議により離婚給付の内容が決定できなければ、家庭裁判所の調停で解決が図られ、調停が成立しない場合、離婚給付は、離婚請求訴訟とともに附帯処分として提起されて判決又は和解により解決されるか、あるいは離婚とは別個に審判手続へと進み審判又は和解で、権利内容が決定される。最終的には訴訟又は審判により決定される可能性のある財産給付の権利内容であることから、離婚当事者にとって仮に当該離婚給付の案件が裁判所によって判断されるとなった場合に、いかなる給付内容・金額が予想されるかは、協議や調停において決断を下す場合にも大きな影響がある。離婚給付を請求する配偶者にとっても、離婚給付を求められる配偶者にとっても、財産給付内容やその金額は、離婚後の人生設計の経済的基盤となる。したがって、あらかじめ給付内容や金額をなるべく正確に推測できなければ、離婚自体の決断にも躊躇を覚えることであろう。

　ところが、当事者にとって、離婚給付額の予測は必ずしも容易とは言い難い。

　その理由は、離婚に伴う財産給付額は、婚姻年数、夫婦財産の内容や評価額、夫婦の職業、夫婦の収入額、子供の数や年齢、離婚に至る原因などの複数の要因が重なりあって決定されるため、方程式のような画一的な基準が存在しないことにある。離婚当事者ごとに要因の組合せが異なるため、離婚給付を求める当事者の場合と全く同一の要因を持つ事例を裁判例に見出すことは著しく困難であるし、後述するように、離婚給付の内容・金額が公表される機会が少ないことも少なからず影響していると思われる。

2　近年の家庭裁判所における離婚給付の傾向

　しかし、近年、家庭裁判所において離婚給付額の算定に客観的な基準を設ける工夫がなされ、離婚が成立した場合の財産給付額の予測はかなり容易となってきた。本書では、総論の部分において離婚給付の基準を解説し、その後に裁判例を分析する。離

婚に臨む当事者が離婚給付額を予測し、離婚後の生活設計を容易に行えることに役立てていただきたいと考えるものである。

給付額算定基準は、**本章第2以下及び第2章**以下において詳細に紹介していくこととなるが、概要を示すと以下のとおりである。

(1) 養育費

附帯処分の一つである養育費については、平成15年4月に東京・大阪養育費等研究会が「簡易迅速な養育費等の算定を目指して—養育費・婚姻費用の算定方式と算定表の提案—」を作成し、養育費・婚姻費用の算定表を公表した（判例タイムズ1111号285頁（2003））。

従前は、養育費請求の申立てがなされると、各ケースごとに家庭裁判所において算定され、迅速さを要求される養育費・婚姻費用であるにもかかわらず、決定されるまでに長期間を要していた。しかし、それでは当事者の要請に応えられるとは言い切れなかったので、迅速を期するため、公租公課・特別経費・生活費について標準的なものにつき、関係法規や統計資料に基づいて推計された標準的な割合を用いて認定することとしたのがこの養育費・婚姻費用算定表で、養育費請求の権利者・義務者の収入のみに基づいて、目安となる金額がわかるような表になっている。

この算定表を利用すれば、離婚後の養育費の目安を立てることが容易にできることになった。

その利用方法や算定表をそのまま適用できない例外的な場合については、後掲**第2**を参照されたい。

(2) 財産分与

財産分与は、清算的要素・扶養的要素・慰謝料的要素より構成されるが、その中心的部分を占めるのは、清算的要素であり、その他の二つの要素は補充的なものである。そして、清算的要素は、夫婦が共同生活中に形成した共有財産の清算を目的としたもので、通常の夫婦の場合、双方の寄与割合は2分の1ずつとされる。したがって、清算的財産分与を求める計算式は

原告への財産分与額＝（〔原告名義の積極財産＋被告名義の積極財産〕
　　　　　　　　　－〔原告名義の負債＋被告名義の負債〕）÷2
　　　　　　　　－（原告名義の積極財産－原告名義の負債）

となる。ただし、2で割るのは通常の夫婦の場合であって、一方配偶者の特殊な才覚によって高額な所得を得てきたような場合は、財産形成・維持についての寄与割合が異なるとされるため、必ずしも2分の1ずつとはされていない。

また、財産分与額を算出するに当たって計算式に算入できる財産は、夫婦が協力して形成した財産である。一方配偶者が婚姻前に取得した財産や贈与・相続により取得した財産は、分与の対象財産とはならないことは注意を要する。

そこで、財産分与において大きな争いとなるのは、同居期間中に夫婦で協力して形成した財産は何かという点と、その財産の評価額及び夫婦の寄与割合ということになる。

分割対象となる財産は、夫婦の協力関係が終わった時点、多くは別居時に存在する財産であり、財産の評価時は分与時あるいは口頭弁論終結時である。別居後財産分与時までの間に財産が処分されていたり、時価が高騰又は下落していることもあるため、財産の存在をどの時点でとらえるか、評価時点をいつとするかに紛争が激化することも少なくない。

　理論的には離婚給付額の予測は可能であるが、実務的には財産の存在とその評価、別居時のとらえ方、特有財産の存在とその評価、債務の処理、寄与割合などをめぐって紛争が激しいことも多く、また、一方配偶者が他方配偶者の財産を必ずしも明確に把握しているわけでもないことから、清算的財産分与額の正確な予測は容易ではない。

(3)　慰謝料

　慰謝料については後掲第4の3(2)の表のように、裁判所が認める金額は比較的一定しており、清算的財産分与の金額程大きな差を生じない。

3　当事者が離婚給付額を予測しにくいと感ずる理由

　ところが、一般的には、離婚に伴い決定される離婚給付の内容の目安は、理解されにくいようである。

　その原因の一つは、離婚給付について公表される例が少なく一般的な理解に広まっていないことと、裁判例の知識の量にあろう。日本国内の多くの離婚が協議離婚であり、その際の財産給付額は公表されていない。マスコミに有名人の離婚の事実と離婚給付額が発表されることがあるが、それらの報道では裁判例等からはかけ離れた金額が公表されることもあるが、金額が広く一般に知られるために、離婚給付の基準と思われがちである。しかし、マスコミに登場する事例は例外的なものであり、このことを理解するには、まず日本の離婚事情を知らなくてはならないであろう。そこで、次項において、裁判の実情を見ることとする。

　他の一つの原因は、離婚についての有責性と財産給付の関係についての考え方にあるようである。

　岡山家庭裁判所の所長であった小田八重子判事が、裁判官、調停委員、学者にアンケートをとり比較研究した論文が判例タイムズ1029号に掲載されている（小田八重子「離婚給付額の裁判基準－裁判官に対するアンケート調査の結果報告」判例タイムズ1029号31頁（2000））。それによると裁判官は財産分与額を決定するに当たり有責性を考慮することはほとんどないが、調停委員や学者は有責性の有無により財産分与の金額に影響を与えたとのことである。小田判事のこの論文は裁判官の思考と裁判官以外の者の思考の相違を示すと考えられる。この有責性と財産分与額との関係の思考の相違が、当事者にとっては理解が困難で、裁判結果の予測が困難と感じさせる一因となっている可

4 日本の離婚事情

日本における離婚は平成10年の司法統計によると、91.2％が協議離婚、7.9％が調停離婚であり、残りの0.9％程度が判決による離婚であった。平成16年3月31日までは、和解離婚の制度が法律上存在しなかったため、訴訟中に和解が成立して離婚した場合には協議離婚として統計に掲載されていることを考慮しても、離婚が訴訟に係属するのは、全離婚中のわずか1％程度である。

日本政府の平成20年人口動態調査によると、協議離婚が87.8％、調停離婚が9.7％、和解離婚が1.4％、判決離婚が1％となっている。協議離婚の割合が徐々に減少し、裁判所を利用した離婚の割合が増える傾向にあるが、離婚の種類別のうちの判決離婚が占める割合は大きく変化してはいない。

そして、このわずか1％程度の判決離婚において定められた財産給付額が、和解離婚・調停離婚における離婚給付額を差配し、ひいては協議離婚の場合の財産給付額をも左右するのである。このような流れを理解していないと、離婚給付額についての納得が得られにくい。

なお、離婚が協議・調停で合意できずに、訴訟になった場合、どのような形態で解決がなされるかは、離婚訴訟が家庭裁判所の管轄に移行した後の統計である、東京家庭裁判所の平成19年既済事件内訳数を見ると知ることができる。以下の表に「離婚等」と表示しているのは、離婚請求及び親権者指定や附帯処分申立て・損害賠償請求がなされているものである。離婚のみの請求と離婚等の請求を合計すると、訴訟に係属した離婚事件のうち、判決に至った事件は45.5％、和解で終了した事件が39.9％である。

	離　　婚	離 婚 等	合　　計	割合（％）
判　　決	128	319	447	45.5
和　　解	60	332	392	39.9
取 下 げ	34	72	106	10.8
移送・回付	4	22	26	2.6
放棄・認諾	4	2	6	0.6
そ の 他	1	4	5	0.5
合　　計	231	751	982	100

（出典：東京家庭裁判所家事第6部編著『東京家庭裁判所における人事訴訟の審理の実情』98・99頁（判例タイムズ社、改訂版、2008））

5 判決による離婚給付額の実情

このように割合的には圧倒的に少ない判決離婚であるから、離婚における財産給付額やその算定基準は、一般の情報とはなりにくいし、これらの裁判例で示される離婚給付の内容が指標となることも、一般の理解とはなりにくい。

本書では、**第2章**以下に養育費・財産分与・慰謝料の項目ごとに算定基準を説明するが、それに先立って、裁判所の認定した離婚給付額をあらかじめ見ておくことは有益であろうと思うので、ここに紹介したい。以下に掲載するのは、東京家庭裁判所が平成16年4月1日から平成19年3月31日までの間に判決した事件のうち、損害賠償(慰謝料のほか、婚姻中の不法行為に基づく慰謝料や婚姻関係を破綻させたことによる慰謝料も含む。)認容件数320件と財産分与認容件数162件の金額である(東京家庭裁判所家事第6部編著『東京家庭裁判所における人事訴訟の審理の実情』107頁(判例タイムズ社、改訂版、2008))。

損害賠償	認められた件数
100万円以下	86
～200万円	81
～300万円	79
～400万円	30
～500万円	26
～600万円	4
～700万円	2
～800万円	2
～900万円	0
～1,000万円	0
～1,100万円	0
～1,200万円	0
～1,300万円	0
～1,400万円	0
～1,500万円	1
～1,600万円	0
～1,700万円	1
～1,800万円	0
～1,900万円	0

財産分与(金銭分)	認められた件数
100万円以下	18
～200万円	22
～300万円	18
～400万円	11
～500万円	6
～600万円	2
～700万円	10
～800万円	5
～900万円	9
～1,000万円	6
～1,100万円	5
～1,200万円	4
～1,300万円	2
～1,400万円	1
～1,500万円	4
～1,600万円	1
～1,700万円	1
～1,800万円	0
～1,900万円	0

〜2,000万円	2
〜2,100万円	0
〜2,200万円	0
〜2,300万円	0
〜2,400万円	0
〜2,500万円	0
〜2,600万円	1
〜2,700万円	0
〜2,800万円	0
〜2,900万円	0
〜3,000万円	1
それ以上	4
不明	0

〜2,000万円	6
〜2,100万円	2
〜2,200万円	0
〜2,300万円	1
〜2,400万円	2
〜2,500万円	2
〜2,600万円	2
〜2,700万円	0
〜2,800万円	2
〜2,900万円	2
〜3,000万円	1
それ以上	11
不動産売却代金の2分の1	2
その他（不明・相当額）	0
毎月定額支払	4

6　裁判官の離婚給付に関する相場感

　前掲の統計の分析については**本章第2**以下の記述に委ねるが、離婚給付額が判決又は審判によって定められる場合、分与される財産あるいはその金額の決定は裁判官の職権によるから、裁判官の判断の根拠を知ることは、離婚を予定する者にとっては重要である。裁判官の有している尺度と裁判官以外の者の持つ尺度の差を知ることが、財産給付額の正確な予測につながることは間違いがないところである。

　ところで、裁判官の行う離婚給付に関する判断の公平さは、当該具体的な事案に則し、同じ事案について、他の多くの裁判官も同様な判断をしたであろうという意味での判断の普遍性によって支えられると考えられる。したがって、離婚給付の判断をする裁判官の持つ離婚給付に関する相場感ともいうべき感覚の持つ意義は大きい。国民は裁判官が異なることによって、判決結果が異なり、将来の生活が左右されることには合点がいかないのではないだろうか。

　しかし、裁判官の有する相場感覚は、従前の裁判事例集の類や、裁判例の統計的な報告などからは必ずしも明白とは言えないと思われた小田八重子判事が、前出のとお

り、裁判官にアンケートをとった結果からは、財産給付額は裁判官の間でも事例により予想以上の開きがあった。そして、裁判官は有責性は慰謝料の要素として財産分与等の要素とは切り離して判断しているとの結果である。離婚についての有責性が財産分与の分配割合に連動すると一般的には思われやすいが、有責性が財産給付額へ与える効果には上限があると記述されている。審理の力点を相手の不法行為性とか人格への非難攻撃という慰謝料的な要素に置くことは、かえって紛争の泥仕合を招き、成果も十分に上がらないということになるのではなかろうかと結論されている（小田八重子「離婚給付額の裁判基準－裁判官に対するアンケート調査の結果報告」判例タイムズ1029号38頁(2000)）。詳細は、同誌を参照いただきたい。

このことは離婚給付実務の理解及び離婚等訴訟を遂行するに当たって、当事者や代理人にとって大変参考になると思われる。

7 離婚訴訟手続の改正と年金法

近年、人事訴訟法と年金法が改正された。

人事訴訟法の改正により平成16年4月1日以降の離婚訴訟の管轄は、地方裁判所から家庭裁判所へと移り、諸処の手続も変更された。

また、厚生年金保険法が改正され、離婚に伴い、厚生年金の基礎となる標準報酬等額を一方配偶者から他方配偶者へ分割譲渡することができることとなった。同居中に夫婦の協力によって保険料を納付してきて得た年金受給資格であるが、法改正前にはこれを分割できるか、あるいは年金に相当する金銭を財産分与の一部として認めることができるか否かに論争のあったところである。離婚請求の認容とともに、定期金の形で年金受給権のある元配偶者に支払を命ずる裁判例（札幌地判昭44・7・14判時578・74、東京高判昭63・6・7判時1281・96等）もあった。

しかし、法改正により、年金法に基づく権利として、標準報酬等額の分割を請求できることとなり、年金分割を財産分与と扱うことはなくなった。しかし、このような年金法の取扱いの変化により、離婚に伴う財産分与、特に扶養的財産分与の考え方や財産分与の金額にどのような影響を与えるかは、今後に残された問題である。

そこで、離婚給付事例を検討する前に、離婚給付に影響を与える可能性のある人事訴訟法の変更部分の概要及び年金法の骨子を紹介することとし、その後に、養育費・財産分与・慰謝料金額算定の実務の概要を記述し、各分野ごとに裁判例を事例と給付金額、それについてのコメントを紹介することとする。

第1 新人事訴訟法施行以降の離婚給付事件

1 人事訴訟法の改正

　司法制度改革審議会の「人事訴訟事件を、親子関係存在確認訴訟など解釈上人事訴訟に属するとされているものも含めて、家庭裁判所の管轄に移管すべきである」との提言を受けて、法制審議会民事訴訟部会、人事訴訟分科会において、具体的な人事訴訟手続の改正作業が行われてきたが、その結果、新しい「人事訴訟法」が制定され、平成16年4月1日から施行された。

　新人事訴訟法制定前は、人事訴訟関係事件の解決については、調停は家庭裁判所、訴訟は地方裁判所と二つの裁判所にまたがって取り扱われていた。財産分与や子の監護者の指定、養育費の負担、婚姻費用の分担等は家庭裁判所の審判事項であり、家庭裁判所で審理がなされる事項である。人事訴訟法改正前の離婚訴訟は地方裁判所の管轄とされていたため、附帯処分が離婚訴訟と同時解決される場合は、附帯処分も地方裁判所の審理裁判の対象とされた。ところが、離婚とは別個に附帯処分を審理するときは、家庭裁判所が審理するという法制度になっていた。このため、その管轄の配分が煩雑で利用者である国民に分かりにくい上、手続間の連携が図られていなかった。このような事情から、司法制度改革審議会の提言がなされたのである。また、家庭裁判所には、家庭裁判所調査官が配置されており、その専門的知識を活かした調査の結果が、調停・審判に利用されている。このことが調停・審判を適切なものとするのに大きな貢献をしているが、地方裁判所には調査官のような専門機関がなく、人事訴訟の審理に利用することができないという状況がある。そこで、調査官のような専門機関を利用できる家庭裁判所に人事訴訟を移管すべきであるとする司法制度改革審議会の意見書を受けて、新人事訴訟法が制定されるに至ったのである。

2 新人事訴訟法により変更された手続

　今回、人事訴訟法の改正に伴い、大きく変更となったのは、人事訴訟法2条に定義のある人事訴訟及びそれと関連する損害賠償事件が、地方裁判所から家庭裁判所へ移管されたことである（人訴4・8・17）。平成16年4月1日以降に提起される人事訴訟の管轄は、すべて家庭裁判所となった。また、人事訴訟に関連する損害賠償事件の管轄も人事訴訟事件の家庭裁判所にあることとされた。

　以下に、本書の目的である離婚に伴う財産給付算定手続に係わる改正部分を中心

第1章　離婚給付の概要

に変更内容を概説したい。概説する主な項目は以下のとおりである。

(1)　人事訴訟事件の土地管轄と移送
(2)　損害賠償請求事件の管轄
(3)　判決によらない婚姻終了の場合の附帯処分等の裁判
(4)　附帯処分の同時解決の原則
(5)　附帯処分における家庭裁判所調査官の関与等
(6)　その他の事項

　また、人事訴訟について職分管轄の変更があったが、新人事訴訟法施行前に提起された離婚訴訟と関連する損害賠償請求事件は地方裁判所に管轄があり、判決は地方裁判所で行われたこと、新人事訴訟法施行後も離婚とは別個に慰謝料請求等の損害賠償請求をする場合に地方裁判所へ提訴することが可能であることから、本書においては、家庭裁判所の判決・審判だけではなく、地方裁判所の判決も検討することとした。

　新人事訴訟法により変更となった手続の概要は以下のとおりである。

(1)　人事訴訟事件の土地管轄と移送

　　離婚訴訟の土地管轄は、原告又は被告の普通裁判籍である（人訴4①）。従来は婚姻住所地を第1順位とする段階的な専属管轄であったが、この複雑な専属管轄の規定は廃止された（旧人訴1）。このため土地管轄は従来に比べると、極めて簡明になったが、依然として専属管轄であることに変わりはなく、合意管轄や応訴管轄が認められているわけではないことは注意すべきである。

　　その一方で、裁判所が最適地を選択する途が広げられている。すなわち、離婚請求事件の管轄がない場合においても、当該事件に前置する調停事件が係属していたときは、調停の経過、当事者の意見、その他の事情を考慮して特に必要があると認めるときは、当該家庭裁判所は自ら審理及び裁判をすることができるとされている（人訴6）。これを「自庁処理」という。もっとも、自庁処理は「特に必要があると認める」とあるように例外的な措置であり、単に調停事件が係属していたという事情だけで認められているわけではない。

　　離婚請求事件の管轄がある場合においても、当事者及び尋問を受けるべき証人の住所その他の事情を考慮して、訴訟の著しい遅滞を避け、又は当事者間の衡平を図るため必要があると認めるときは、他の管轄裁判所に移送することができ（人訴7）、未成年の子がいる場合には、移送に当たっては、その子の住所又は居所を

考慮しなければならないとされている（人訴31）。

以上のとおり、管轄は一見すると広がったように見えるが、実際には、最適地がどこかを裁判所が検討することとなる。その検討要素としては、婚姻住所地・未成年の子の住所・被告の応訴の負担・証拠収集の便宜等の事情等が挙げられている。新人事訴訟法施行後は、原告の住所地を管轄として訴訟を提起している例が圧倒的に多いようであるが、このような場合には、上記の検討要素を考慮して、家庭裁判所が移送を決定することがあるようである。既に現れた事例として、代理人である弁護士の事務所が東京にあるという理由のみでは十分ではないとして当事者双方の住所地かつ未成年者の住所地を管轄する庁に管轄違いによる移送が決定された例や、原告が転勤赴任地において離婚訴訟を提起したところ人事訴訟法7条により移送された例（大阪高決平21・3・30判時2050・109）などがある。原告の普通裁判籍に訴訟を提起するに当たっては、注意をしたいところである。

(2) 損害賠償請求事件の管轄

人事訴訟の請求の原因である事実によって生じた損害賠償請求事件は、次の①②の場合は、人事訴訟の管轄家庭裁判所に申立てができ、次の③の場合は、申立てにより相当と認められた場合に、人事訴訟事件の係属する家庭裁判所に移送することができる（人訴8①）と規定された。

① 人事訴訟に係る請求と当該請求の原因である事実によって生じた損害の賠償に関する請求の訴えを一の訴えとするとき（人訴17①）。

② 人事訴訟が既に家庭裁判所に訴訟係属している場合に、人事訴訟の請求の原因である事実によって生じた損害賠償請求事件を提起するとき（人訴17②）。

③ 人事訴訟事件が既に家庭裁判所に係属している場合に、それに関連する損害賠償請求訴訟が第一審裁判所（地方裁判所又は簡易裁判所）に係属しているとき（人訴8①）。

婚姻関係を破綻させたことに基づく慰謝料請求を、離婚訴訟と別個に扱う場合は、地方裁判所に管轄がある。あえて離婚訴訟等と別個に訴訟を起こすことは、当事者の自由である。しかし、必ず別個に行うことを要求することは、審理の内容が重なることが多く、当事者の負担や訴訟経済の点から適当ではないことから、離婚に伴って慰謝料請求を行う場合、申立てにより家庭裁判所に管轄を認めることとする規定が置かれたものである（人訴17）。

ただし、上記②及び③の場合には、家庭裁判所に申し立てあるいは移送された

ときは、必ず人事訴訟事件と損害賠償請求事件の口頭弁論の併合をしなければならないとされている（人訴17③・8②）。もっとも、弁論を併合して審理をした後に弁論を分離し、損害賠償請求事件に先行して人事訴訟事件の判決をすることは可能と扱われている。

人事訴訟法で併合できるとされる損害賠償請求事件には、人事訴訟の当事者間の損害賠償請求事件だけでなく、当事者以外の第三者を相手とする損害賠償請求事件も含まれる。典型的なのは、不貞の相手方に対する慰謝料請求事件である。

家庭裁判所が例外的に管轄を有するのは、あくまでも「人事訴訟の原因である事実」による損害賠償（これを関連損害賠償請求事件と呼ぶ。）であって、それ以外の損害賠償請求事件や他の訴訟物の事件（貸金返還請求訴訟や不当利得返還請求訴訟等の事件）は含まれない。したがって、婚姻が破綻した後、相当期間が経過した段階で他方配偶者が持った男女関係に関し行う損害賠償請求については「人事訴訟の原因である事実」に該当しないため、家庭裁判所には管轄がないと扱われると考えられる。しかし、婚姻関係の破綻後の男女関係か否かの判断は微妙であり、管轄をめぐり紛争が生じることも想定されるし、事件を受理する裁判所の判断のいかんによって管轄が左右されるという点は、今後、問題となると思われる。

これと同様に人事訴訟と併合が可能か否かの限界的な問題として、原告から離婚を求められた被告が、原告の離婚請求は、不貞行為を行った有責配偶者からの離婚請求であり、信義則上許されないと主張して請求棄却を求めている場合に、被告が原告に対する離婚請求の反訴を提起しないで、人事訴訟法17条2項に基づき、原告の不貞行為の相手方に対する損害賠償請求を、離婚請求訴訟が係属している家庭裁判所に提起することができるかという問題がある。被告が原告の不貞行為を原因として離婚請求の反訴を提起すれば、不貞行為が反訴の原因である事実となるから、不貞行為の相手方に対する損害賠償請求事件は、関連損害賠償請求事件として家庭裁判所に提起することができるが、反訴の提起をしないで不貞相手の損害賠償請求事件を家庭裁判所に提訴することが可能かという問題である。

現在の東京家庭裁判所本庁では、このような場合も「人事訴訟の原因である事実」による損害賠償であるとして受理し、地方裁判所への移送をしていないようである。東京家庭裁判所本庁の扱いが一般的かどうかは、まだ必ずしも明らかで

はない。

　人事訴訟に係る請求の原因である事実によって生じた損害賠償請求を人事訴訟と併せて提起する場合には、その請求の趣旨は、金銭請求の常として単純な金員の支払請求となるので、それが損害賠償の請求なのか財産分与なのか、損害賠償の場合でもいかなる不法行為なのかを明確にしないと、人事訴訟と併合して提起することが認められないことがあるので、訴状の記載には関連損害賠償請求であることを明記することが必要となる。

(3)　判決によらない婚姻終了の場合の附帯処分等の裁判

　今回の人事訴訟法改正前は、離婚等とともに申し立てられた附帯処分（親権者の指定・子の監護に関する処分・財産分与に関する処分）については、前提となる離婚等の訴訟係属が失われると、その存立の基礎を失って、当該申立ては不適法として却下されていた（最判昭58・2・3判時1069・73）。附帯処分は家事審判法9条に定められた家庭裁判所の審判事項であって訴訟事項ではないため、離婚訴訟等の人事訴訟が係属していなければ訴訟手続内で処理できなかったからである。

　しかし、当事者にとっては、改めて附帯処分等に係る家事審判の申立てをするのでは手間がかかるだけであり、当事者の通常の意思に反する。そこで、改正人事訴訟法では、和解離婚や離婚訴訟係属中の協議離婚等により婚姻が判決によらないで終了した場合においても、新たに家事審判の申立てを要せず、引き続き附帯処分について審理・判断されるものとした（人訴36）。これにより、離婚の訴訟係属が失われた後の附帯処分の審理は、訴訟手続で行われ、判断も「判決」の形でなされることと改められた。

(4)　附帯処分の同時解決の原則

　離婚訴訟の実務においては、離婚請求自体よりもむしろ附帯処分事項等の方が激しい争いとなる場合も少なくない。それだけに、離婚と附帯処分の同時解決が当事者には重要であり、家庭裁判所に対し、実質的家事審判事項である附帯処分事項等に国家の後見監督機能を果たしてもらうことを期待するところが大と言える。

　改正人事訴訟法はこの期待に応え、改正前の人事訴訟手続法15条1項と異なり、人事訴訟法32条1項で、附帯処分の申立てがある場合に離婚請求を認容するときには、判決主文で附帯処分事項について判断しなければならないとし、人事訴訟法37条1項ただし書で、請求の認諾を附帯処分事項等の裁判を要しない場合に限

定した。これにより、申立人の同時解決の利益を強く保障したのである（ただし、判決によらないで婚姻関係が終了した場合については、人事訴訟法36条）。したがって、親権者の指定、子の監護に関する処分、財産分与に関する処分及び標準報酬等の按分割合に関する処分（いわゆる年金分割）等の附帯処分はすべて離婚と同時に裁判されなければならなくなった。

　ところで、附帯処分等の申立ては、事実審の口頭弁論終結時までに書面により行うことができると定められている（人訴規19①）ので、訴訟係属中に附帯処分の申立てがなされると、離婚判決も附帯処分事項の審理が終了するまでなされないことになる。離婚請求の認諾も附帯処分の申立てがあるときはできないとされているのである（人訴37ただし書）。

　人事訴訟法改正前は、同時解決の原則がなかったため、離婚に伴って直ちに財産分与を決定するのは適当ではないとして財産分与の申立てを棄却した事例（例：東京高判平7・3・13判タ891・233（68参照）等）もあったが、改正後は、附帯処分の申立てが取り下げられない限り、離婚等の判決と同時に附帯処分（財産分与の場合は、財産の内容や金額を具体的に示して）の裁判をしなければならなくなった（監護費用の分担の例：最判平19・3・30判時1972・86（4参照））。

　この同時解決の原則はどこまで貫徹されるべきかが問題とされたケースがあった。最高裁平成16年6月3日判決（判時1869・33）の事案は、第一審で請求が認容された離婚訴訟の控訴審で、控訴人から財産分与等の予備的申立てがなされたところ、控訴審は、控訴を棄却するとともに、財産分与等の予備的申立てを被控訴人の同意がないとして不適法却下した（68参照）。これを不服とした控訴人が上告したのであるが、最高裁判所は上告理由のうち、相手方の同意がないとして予備的申立てを却下したのは、人事訴訟手続法8条（人訴18）の解釈を誤っているとの主張を容れ、原判決を、予備的申立てに係る部分だけではなく、離婚請求を認容した部分も含めて全部破棄し、事件を原審に差し戻したのである。

　この事案では、離婚請求に係る部分は不服の対象となっていないので、財産分与の予備的申立てに係る部分のみ差し戻すという処理もあり得る。しかし、そのように処理すると、原判決の離婚請求部分のみが独立して確定する可能性がある。そこで最高裁判所は、時間的に離婚請求と附帯処分が同時解決されることを望む当事者の意思を尊重して、離婚と附帯処分を同時解決すべく、合わせて差し戻したものと見ることができそうである。

この事例にも見られるとおり、同時解決の原則がどこまで貫かれるのかについては、理論的にも議論の余地が残っている。今後の裁判例の集積が待たれる。

(5) 附帯処分における家庭裁判所調査官の関与等

子の監護に関する処分、財産分与に関する処分や標準報酬等の按分に関する処分（いわゆる年金分割）の3附帯処分についての裁判等については、人事訴訟法32条1項に規定が置かれ、離婚等を認容する判決においては附帯処分についても裁判しなければならない。親権者の指定は申立てがなくとも、裁判所は民法819条2項により職権で定めなければならないため、人事訴訟法32条3項に同条2項を準用するとの規定がなされている。

これらの附帯処分の裁判に当たっては、基本的な訴訟手続内の証拠調べ手続のほかに事実の調査という手続が規定された（人訴33）。この手続は、非形式的な、裁判所の行う資料収集方法であり、非公開が原則とされている（人訴33⑤）。審問（人訴33④）がその方法の一つである。事実の調査については、家庭裁判所調査官の活用が予定されている（人訴34）。財産分与については、従来どおりの法廷における証拠調べによる判断が中心であるため、家庭裁判所調査官の専門性は、子の監護に関する処分と親権者指定の問題に特化されていくであろう。

(6) その他の手続

改正人事訴訟法に以下のような新たな手続が規定された。

① 公開停止制度（人訴22）

家庭裁判所における人事訴訟の弁論の場合も公開が原則である。しかし、従来より公開の法廷では陳述しにくいという問題が提示されていた。そこで、新たに当事者や証人の尋問の公開停止の制度が人事訴訟法22条に定められた。

ただし、当事者には公開停止決定の申立権は認められておらず、当事者から公開停止を求めても裁判所の職権発動を促すにすぎない。

裁判の公開は憲法82条に規定されているところであって、公開停止はこの憲法上の原則に対する例外となるため、要件は厳格である。要件は

イ 訴えの基礎となる事項であって、自己の私生活上の重大な秘密に係るものについて尋問を受ける場合であること

ロ 当事者等が公開の法廷で当該事項について陳述をすることによって、社会生活を営むのに著しい支障を生ずることが明らかであることから十分な陳述ができないこと

ハ しかも他の証拠のみによっては当該身分関係の形成、又は存否の確認のための適正な裁判をすることができないと認められるとき

であり、イからハのすべての要件を満たしたときに公開の停止ができる。

② 参与員の関与（人訴9）

従来より家事審判手続に参与員制度が存在していたが、参与員は審理に立ち会い、和解に立ち会い、判決の内容に意見を述べることができると規定された（人訴9）。参与員制度は国民の良識の反映であるとされ、参与員制度の機能を有効に発揮させることが期待されている。

3 年金法の改正

(1) 離婚時年金分割制度制定の経緯

老齢基礎年金（国民年金。いわゆる1階建て部分）は、夫婦のいずれにも支給されるが、夫婦の一方のみが働き、厚生年金保険等の被保険者等となっている場合、老齢厚生年金は、被保険者本人である夫婦の一方配偶者のみが受給権者となり、他方配偶者は老齢厚生年金部分の受給権を有していない。仮に夫婦共働きあるいは、婚姻期間の途中まで就業していたとしても、男女の賃金格差を反映して夫婦の年金受給額に大きな差が生じることが多い。この結果、中高年以降の離婚においては、第三号被保険者であった者（多くは妻）は老齢基礎年金のみ、あるいは少額の厚生年金の上乗せしか受給できないという実態であった。これにより、離婚後の高齢の女性には、生活保障の問題があった。

そもそも婚姻中の第三号被保険者の貢献により、厚生年金等保険料の支払をなされ、第二号被保険者（多くは夫）の受給権が確保されたと評価できるが、離婚してしまうと多くの場合、婚姻中の貢献は報われないこととなった。離婚時に、財産分与の対象財産として年金受給権を含めることを請求することは可能であったし、審判例では年金受給権を分与対象財産に算入した例もあった。財産分与として一括払いを認めた例として、後掲 35・54 がある。また、定期金支給を認めた例として、後掲 57 がある。しかし、裁判例において年金受給権を財産分与対象財産に考慮した場合でも、年金受給権の一身専属性から、年金受給権自体を分与することはできず、一方配偶者から他方配偶者に対し定期金債務の形で支払を命じるものであった。長期にわたる定期金支払となるため、支払の履行確保が困難である上、年金受給者が死亡すると受給権が消滅し、定期金債務も消滅するので、

その後の定期金が受領できなくなるという限界があった。

　更に年金受給年齢に達するまでにいまだ年月のある若年から中年の離婚の場合には、受給権の発生も、その受給額も不確定なため、裁判例では年金を考慮することがほとんどなく、年金保険料支払への貢献は配慮されない実態があった（東京高判昭61・1・29判時1185・112等）。

　そこで、夫婦の協力を評価し、離婚後の生活保障を図ること、若年離婚でも対応できるようにするためには、保険料納付記録分割方式をとることが有効であるとして、年金制度改革のための法改正がなされた。このようにしてできた新たな制度が、離婚時年金分割制度である。

　なお、分割される年金は、厚生年金・国家公務員共済年金・地方公務員共済年金・私立学校教職員共済年金のいわゆる2階建て部分のみであり、いわゆる3階建て部分には及ばないため、改革はされたものの、部分的なものにとどまっている。

　また、この制度導入の結果、財産分与等の離婚給付にいかなる影響を与えるのかについては、裁判例において言及したものはなく、未知数である。しかし、これまで年金無支給となった妻が多かったことに比べれば、離婚後の所得保障に大きく一歩踏み出したことは確かであろう。なお、年金分割制度施行前の例であるが、年金についての分与を詳細に検討して判決として、後掲**41**を参照されたい。

　以下に今回改革された離婚時年金分割制度の概要を述べる。

(2)　離婚時年金分割制度の概要

　基本的な仕組みの概要は以下のとおりである。

　年金分割制度は離婚あるいは事実婚が解消等がされた場合にのみ、被用者年金を分割する制度である。婚姻中や事実婚継続中の分割はできない。

　年金分割の方法は、被用者年金の被保険者（第二号被保険者）の保険料納付に基づく対象期間（婚姻期間又は事実婚の継続期間）中の納付記録を分割するという方法が採られている。このため年金分割後は、分割を受けた者の納付記録が改定されて標準報酬が増額するため、分割を受けた者自身の年金受給権として、自己の受給年齢到達時等に改定後の標準報酬額に基づいて受給することができ、年金分割をした元配偶者が死亡しても自己の年金受給権には影響をきたさないので、受給を継続できる。分割された者は対象期間の標準報酬額が分割前より減額となるため、受給できるいわゆる2階建て部分の年金額は減少することとなる。

このような年金分割制度には2種類ある。合意分割と呼ばれるものと三号分割と呼ばれるものである。

合意分割は、平成19年4月1日以降に離婚する夫婦に適用される制度で、同日以降の離婚であれば、婚姻期間全体が分割の対象となる。分割を行うためには、当事者の合意又は裁判所の決定により分割割合を決めた上で、当事者が厚生労働大臣等（平成21年12月31日までは社会保険庁長官。平成19年法律第109号による一部改正。以下「厚生労働大臣等」という。）に対し標準報酬額の改定を請求することが必要である。標準報酬額の改定請求は、離婚又は事実婚の同居解消日等の翌日から2年を経過すると行えない。ただし、年金分割割合を定めるために裁判手続に期間を要しても、分割割合が確定した日等以後1か月以内は請求できる。

三号分割は、平成20年4月1日以降の第三号被保険者期間についてなされる年金分割制度で、当事者の合意や裁判所の決定を要さず、離婚した場合に三号被保険者であった当事者一方からの請求により、年金分割される制度である。第二号被保険者の厚生年金等の保険料納付記録を自動的に2分の1に分割されることになる。

(3) 合意分割の手続の概要

　イ　当事者間で分割割合の合意ができたときは、厚生労働大臣等に対し、保険料納付記録の分割（標準報酬改定）を求めることができる（厚年78の2①）。ここで、分割割合というのは、夫婦の対象期間（婚姻期間又は事実婚の継続期間等）における標準報酬総額の合計額のうち、分割を受ける者の分割後における対象期間標準報酬額の割合のことである。つまり、分割を求める者は、割り当てられるべき割合の形で請求することになる。そして、この割り当てられる割合は自由ではなく、法令で限定されている。その範囲は下記①を超える割合から②の割合以下と定められている（厚年78の3）。

　①　夫婦の対象期間標準報酬総額の合計額に対する、分割により標準報酬が増額改定される者（分割を受ける者）の、分割前の対象期間標準報酬総額の割合

　②　2分の1

　　分割に係る割合は、対象期間標準報酬総額の少なかった者（分割を受ける者）が分割後に増額されるようにするが、双方の合計額の2分の1以上にはしないように定めなければならない。

　　分割の例を示すと以下のとおりである。

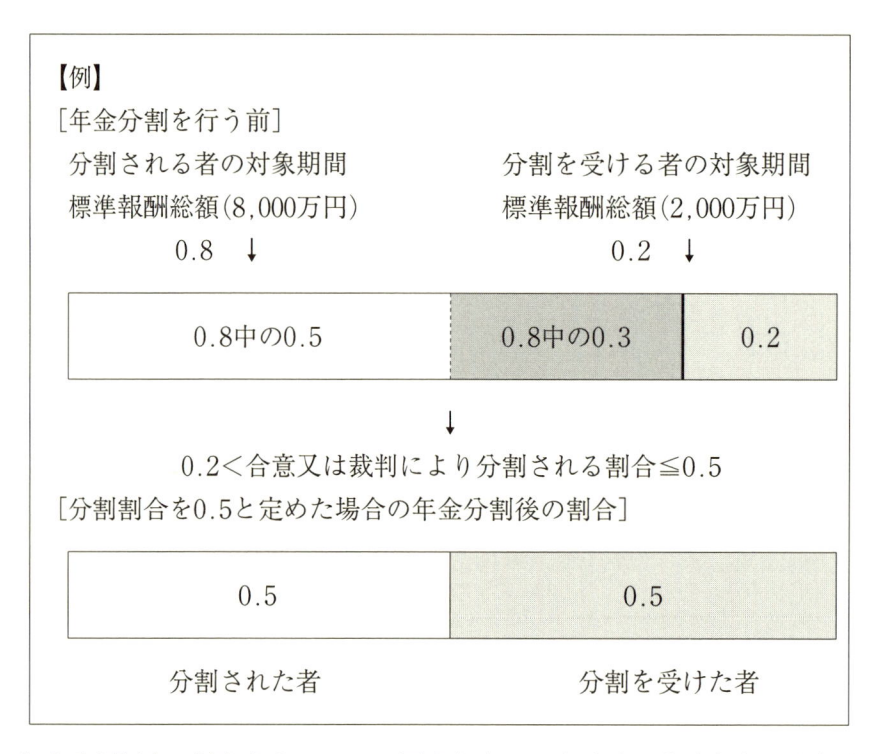

```
【例】
［年金分割を行う前］
  分割される者の対象期間            分割を受ける者の対象期間
  標準報酬総額(8,000万円)           標準報酬総額(2,000万円)
        0.8  ↓                        0.2  ↓

  ┌──────────────────┬──────────────┬──────┐
  │   0.8中の0.5      │  0.8中の0.3  │ 0.2  │
  └──────────────────┴──────────────┴──────┘

              ↓
  0.2＜合意又は裁判により分割される割合≦0.5

［分割割合を0.5と定めた場合の年金分割後の割合］

  ┌──────────────────┬──────────────────────┐
  │       0.5         │         0.5          │
  └──────────────────┴──────────────────────┘
     分割された者              分割を受けた者
```

　年金分割制度の対象となるのは、厚生年金・国家公務員共済年金・地方公務員共済年金・私立学校教職員共済年金の4種類である。これらはそれぞれ別個の制度であるから、転職により、厚生年金、国家公務員共済年金など複数の被用者年金の対象となる者については、これらの年金ごとに年金分割を行う必要がある。

　当事者間で割合を定める合意が成立したときは、当事者の双方又は一方から厚生労働大臣等に対して届出を行う。

ロ　裁判所の決定による分割

　当事者間で割合の合意が調わない又は協議をすることができないときは、当事者は家庭裁判所にその割合を定めるよう申立てをすることができる。この申立てはいわゆる乙類審判の申立てとなるため、調停が成立しなかったときには、家庭裁判所が審判を行う（家審9）。また養育費・財産分与等と同様に人事訴訟の附帯処分として、離婚請求とともに申立てを行うこともできる。その場合の分割割合は、イにおいて記載したような、合意による分割の場合と同様の制限を受ける。

　請求すべき按分割合を定めるに当たっては、按分割合の範囲を正確に把握する必要があり、厚生労働大臣等から情報提供を受ける必要がある。この情報提供は、「年金分割のための情報通知書」（以下「情報通知書」という。）という書面で行われる。離婚訴訟においては、「標準報酬等の按分割合に関する処分」が

附帯処分となっている（人訴32①）が、その申立ての趣旨は、例えば「原告と被告との間の別紙記載の情報に係る年金分割についての請求すべき按分割合を、0.5と定める。」（別紙として、情報通知書を引用する。）とする。この附帯処分の申立てにあたっては、情報通知書を提出する必要がある（人訴規19③）。

　請求すべき按分割合は、「対象期間における保険料納付に対する当事者の寄与の程度その他一切の事情」を考慮して割合を定めるとされており、当事者は、このような考慮すべき事情について、具体的な主張をする必要がある。現行の被用者年金の中心となる老齢年金は、その性質及び機能上、基本的に夫婦双方の老後のための所得保障としての社会保障的意義を有しているが、婚姻期間中の保険料納付は、互いの協力により、それぞれの老後等のための所得保障を同等に形成していくという意味合いを有しているものなので、対象期間における保険料納付に対する夫婦の寄与の程度は、特段の事情のない限り、互いに同等と見るのが制度の趣旨と解されている。したがって、同居期間に比例して割合が決まるものではなく、別居期間があっても、原則としては分割割合は2分の1と考えられている。別居期間が長期間に及んでいることやその原因等については、例外的な取扱いに関する考慮事情とするにとどめられているようである。東京家庭裁判所においては、和解において財産分与等その他の経済的給付に関する合意との兼ね合いから、0.5以外の割合を合意するケースもあるが、判決においては、平成19年12月31日現在、0.5以外の割合を定めた例はない。

(4)　三号分割

　三号分割は、当事者の合意も裁判所の決定も要することなく、年金を分割できる制度である。この場合には、分割を受ける当事者が厚生労働大臣等に請求を行えば足りる。

　三号分割が適用されるのは、平成20年4月1日以後の離婚で、分割の対象となるのは、同日以降第三号被保険者であった期間のみであり、それ以前の期間には及ばない。

(5)　年金分割の効果

　このように三号分割あるいは合意又は裁判所の決定により標準報酬等の改定等が行われると、分割を受けた者は改定等された標準報酬等に基づいて、受給資格に応じた年金を自分自身の年金として受給することができる。その結果、受給開始は自分の受給年齢時となるが、離婚前の配偶者の死亡により受給権を失うことはなくなる。

　この制度は、受給権そのものを分割譲渡するのではなく、標準報酬等を分割するため、改定等請求権は、譲渡・担保提供や差押え禁止の規定（厚年41①）には抵触しない説明とされている。

【鬼丸かおる】

第2 養育費算定基準について
1 養育費

養育費の支払義務は「生活保持義務」と言われ、その標準的な算定が、平成15年4月に公表された算定方式とこれに基づく算定表により、簡易迅速に算定されるようになった。

(1) 定義

養育費とは、「未成熟子」が経済的に自立した社会人として成長するまでに要するすべての費用、つまり子の通常の衣食住の費用、教育費、医療費、適度の交際費等をいう。「未成熟子」とは「未成年」の概念とは必ずしも一致しない。教育費は、幼稚園・保育園・小学・中学・高校・大学などの受験料、入学金、授業料、クラブ活動に必要な費用、その他学校に支払う諸費用等を言うが、大学や私立学校及び家庭教師や学習塾の費用まで含まれるかは、父母の学歴、資産、収入、社会的地位等生活レベルの教育的、生活的水準により、ふさわしい範囲と金額が個別的に判断される。ピアノレッスンや自動車教習所の費用は教育に関する費用に該当しないとしている（25参照）。

なお、養育費は、事柄の性質上、一括前払は、特段の事情がある場合に限り例外として認められるが、定期金払いが原則である（34参照）。一括前払の場合には、将来の紛争を避けるため、月額や期間等一括金の内訳を明記しておくことをお勧めする（18参照）。ただし、父母間で養育費の一括前払や放棄の合意をしても、子に扶養の必要性が生じた場合、子自身が扶養義務者である親に請求する権利は妨げられない。

(2) 扶養義務の程度

夫婦が離婚するときは、未成熟子の養育監護に必要な費用（養育費）の分担を協議で定めるとされており、その分担義務は、「生活保持義務」である（民766①）。生活保持義務とは、自分の生活を保持するのと同程度の生活を子にも保持させる義務である。親族間の扶養義務、自分の生活を犠牲にしない限度で、被扶養者の最低限の生活扶助を行う「生活扶助義務」とは異なり、親権や監護権がなくても親である以上子に対して分担する義務がある。

例えば、親である父は、子ら（大学生と高校生）が父に対する愛情を欠き、父との交流を望まない状態になっていたとしても（大阪高決平2・8・7家月43・1・119）、また、父が、無職で収入が無く、多額の負債を抱えていたとしても、自らの生活を維持し、債務の弁済をしている以上（24参照）、また、たとえ破産していても、未成熟子の扶養義務を免れない。

2　養育費の支払の始期と終期

養育費は、子の監護に要する費用であって、父母の一方が他方へ具体的な額を求めるものであるが、法は、調停や審判等の養育費申立権者として請求権者（権利者）を予定しているとして義務者からの養育費を支払いたいという申立てを認めていない（㉓参照）。また、養育費は、婚姻費用ではないから、支払の始期は、親権者を定め離婚が成立した時以降である。離婚前別居中は婚姻費用分担額の一部となる（㉗参照）。ただし、子の監護に関する処分として、別居後、離婚までの間の子の監護費用の支払を求めることはできる（❹・❿参照）。なお、履行を確保するためには始期終期を定めておくことが必要である。

(1)　支払の始期

始期は、離婚により、扶養を要する状態が発生した時であるが、実務では、離婚時、又は離婚後養育費の支払を請求したとき（裁判外の請求時、調停、審判の申立時）とされ、過去にさかのぼっての養育費請求は、原則として認めない。例外として、養育費の支払義務は、子が要扶養状態にあり、義務者である父親に支払能力があれば発生し、裁判所の裁量により相当と認める範囲内で過去にさかのぼって養育費の支払を命じることができるとしたり（㉘参照）、過去の養育費を財産分与の精算の中で考慮した（㉒・㉖等参照）判例がある。更に過去の分だけでなく、将来の養育費も考慮して財産分与を決めた審判例も存在する（㊻等参照）。

ただし、婚外子については、認知審判確定直後に養育費の請求の申立てをした場合には、出生時にさかのぼって請求が認められる（❿参照）。

(2)　支払の終期

終期は、子が未成熟子でなくなる時であり、一般的には成人（満20歳）に達する月までとするのが原則であるが、合意により、高校卒業（満18歳）まで、とか、大学（満22歳。負担義務者が子の大学進学を強く望み、大学進学費用を自ら負担する旨を認識しているときなど）、又は大学院を卒業するまでと定める例もある。

ただし、養育費分担合意当初において、終期が定められていた場合にも事情変更があればこれを変更することができるが、それには、その終期の定めを維持することが相当でない事情変更が必要である。例えば、子らが成年に達した時点において、現に大学に在籍しているか、あるいは在籍していなかったとしても合理的な期間内に大学に進学することが相当程度の蓋然性をもって断定できる特段の事情が存在する場合には大学卒業する月まで延長できるが、そうでない限り成人

に達する日の前日をもって終了する（㉒参照）。また、合意後、未成年者と権利者の再婚相手との養子縁組、支払義務者の再婚及び子の誕生といった養育費を減免させるような事情変更が生じたことを認めながら、これらを当事者間で一切考慮せず支払義務者が合意どおり分担額を支払ったという経緯を考慮し、終期の延長を否定した事例がある（❷参照）。

3　養育費の具体的な分担額

　養育費の具体的な分担額は、夫婦間の協議、又はこれに代わる家庭裁判所の調停、審判により、生活保持義務として、支払うべき適正妥当な金額が決まる。それには、まず子の必要生活費を算定し、その上で父母の負担額を決める。養育費の算定について、平成15年4月、家庭裁判所は、簡易迅速に標準的な算定を実現するため、「東京・大阪養育費等研究会」が作成した養育費算定方式とこれに基づく算定表を公表した（東京・大阪養育費等研究会「簡易迅速な養育費等の算定を目指して－養育費・婚姻費用の算定方式と算定表の提案－」判例タイムズ1111号285頁（2003）。以下、算定方式、算定表という）。その後は、人事訴訟においても養育費算定の基準として扱われるなど、全国の家庭裁判所において広く活用され、実務上定着している。

　平成15年4月までの実務では、統一的な算定基準はないが、事案毎に妥当な解決を図る必要性から、一般的には、①生活保護基準方式（国が生活困窮者に与える生活保護の額を定めるに当たって使用する基準を利用する方式（㉙参照））、②標準家計費方式（総務省統計局等が実施している各地の勤労者世帯の家計調査報告に基づき、標準世帯の標準的家計費を基礎にして、事件当事者の必要生活費を算出する方式）、③総合消費単位方式（労研方式。労働科学研究所が実施した実態調査に基づいて作成した総合消費単位を用いて、当事者双方の収入を同一水準に按分して分担額を算定する方式）を用いて算定されていたが、算定に長時間を要した。平成15年4月施行の新しい養育費算定方式は、基礎収入と生活費指数を標準化し、子の人数、年齢により、一定の幅を持たせて一覧表にしたことにより迅速な算定ができるようになったが、算定の基本的な考え方は、従前の実務の基本的な考え方（生活保持義務の考え）を踏まえている。そのため、養育費の具体的な分担額には従前の算定方式による分担額とほとんど差がないと言える。本書には新しい養育費算定方式を取り入れた平成15年前の事例が多数含まれているが、それらの事例も分担額の参考として利用する上で障害にはならない。

4 新しい養育費の算定方式

新しい養育費算定の基本的な考え方は、従前の実務の基本的な考え方を踏まえながら、収入の多い親（義務者）と子が同居している状態を仮定し、子の生活費を計算する。つまり、義務者・権利者双方の実際の収入金額を基礎とし、子が義務者と同居していると仮定すれば、子のために費消されていたはずの生活費（子の生活費）がいくらであるかを計算し、これを義務者・権利者の収入（基礎収入）の割合で按分し、義務者が分担すべき養育費の額を定めるのである。

新しい養育費算定方式は、迅速な算定ができるよう、基礎収入と生活費指数を標準化している。その基礎収入、子の生活費、義務者の分担すべき額を算定する基本的な計算式は、次のとおりである（東京・大阪養育費等研究会・前掲「養育費算定」判例タイムズ1111号285頁）。

(1) 基礎収入

養育費の算定には、まず、源泉徴収票（①給与所得者の場合）や確定申告書（②自営業者の場合）等の提出を求め、当事者の収入を把握し、必要に応じて、家計収支表の提出を求め、特別の事情があるかどうかを確認する。

基礎収入＝総収入×0.34～0.42（①給与所得者の場合）

（高額所得者の方が割合が小さい）

基礎収入＝総収入×0.47～0.52（②自営業者の場合）

（高額所得者の方が割合が小さい）

基礎収入＝総収入×職業費が不要のため基礎収入の割合を修正

（③年金受給者の場合）

(2) 総収入の認定

総収入：①給与所得者の場合は、源泉徴収票の「支払金額（1年間の）」である。なお、給与明細書は、1か月の支払額であり、賞与・一時金が含まれていない点に注意すること。

②自営業者の場合は、確定申告書の「課税される所得金額」である。総収入には、児童扶養手当や実家からの援助は加算しない。

なお、総収入の実額が不明のときや自営業者の作成した資料の信頼性の乏しいときは、賃金センサスにより平均収入を推計することもある（「賃金センサス」は厚生労働省統計情報部編集で労働法令協会から出版されている。独立行政法人統計センターがまとめた統計データも参考になる。http://www.e-stat.go.jp/SG1/estat/New-

List.do?tid=000001011429)。例えば、相手方が調停に不出頭の時（**21**参照）や収入等に関する資料を提出しない時、又は、相手方が提出した給与支払明細書によると地域別最低賃金より低い賃金で働いていることになるなど給与額が正しく記載されていない時（**10**参照）等賃金センサスにより平均収入を推計している。

その他、権利者が稼働能力があり、しかも十分稼働できる環境にあるのに稼働していない場合（広島高決平17・11・2判タ1208・92）や、義務者が養育費の支払を免れるため勤務先を退職、現在収入を得ていないことを理由に養育費を免除することは相当でないとして（**7**参照）、潜在的稼働能力を有していることを前提に賃金センサスで平均収入を推計し、養育費を算定している。

(3) 子の生活費

$$子の生活費 = 義務者の基礎収入 \times \frac{55 \text{ or } 90 （子の指数）}{100 + 55 \text{ or } 90 （義務者の指数 + 子の指数）}$$

子の生活費の指数は、親の指数を「100」とし、0歳から14歳まで「55」、15歳から19歳まで「90」とする。子が複数の場合には、分母と分子にそれぞれの年齢に対応した指数を加える。

例えば、ア）15歳未満の子が2人の場合は、

$$子の生活費 = 義務者の基礎収入 \times \frac{55 + 55}{100 + 55 + 55}$$

イ）15歳以上の子が1人と15歳未満の子が2人の場合は

$$子の生活費 = 義務者の基礎収入 \times \frac{90 + 55 + 55}{100 + 90 + 55 + 55}$$

ウ）15歳以上の子が2人と15歳未満の子が2人の場合は

$$子の生活費 = 義務者の基礎収入 \times \frac{90 + 90 + 55 + 55}{100 + 90 + 90 + 55 + 55}$$

(4) 義務者の分担額

$$義務者の分担すべき養育費の額 = 子の生活費 \times \frac{義務者の基礎収入}{義務者の基礎収入 + 権利者の基礎収入}$$

5 算定表の利用

　義務者が分担すべき養育費の額は、以上のような(1)～(4)の計算式によって算定されるが、実務上は、その標準的な額を簡易迅速に見出すために、算定表を使用している。算定表は、算定式に基づいて算定される養育費の分担額を1万円から2万円の幅を持たせて整理し、子の人数（1人～3人）と年齢（0歳～14歳と15～19歳の2区分）に応じて作成されている。

　算定表は、標準的な養育費・婚姻費用を簡易迅速に算定することを目的としており、あくまでも目安である。最終的な額は、各事案の個別的事情を考慮して定められる。

　ただし、個別的事情といっても通常の範囲のものは、基礎収入と生活費指数を標準化（親を100、14歳以下の子を55、15歳以上の子を90）するに当たって、収入額に応じた標準的な保険医療費及び保険料、住居関係費、教育費は、特別経費として、既に算定表の額の幅の中で考慮されているので、基本的には総収入の認定においてこれらを考慮する必要はない。例え標準的な額を超える医療費等の支出があったり、実家に居て居住費を支払っていなかったり、負債（住宅ローン等）がある場合などの個別的事情については、基本的には算定表により求められた額の範囲内で考慮すべき事情であるが、この範囲を超えるような額の算定を要するのは、算定表によることが著しく不公平となるような特別の事情がある場合に限られる（岡健太郎「養育費・婚姻費用算定表の運用上の諸問題」判例タイムズ1209号4頁（2006））

(1)　婚姻中に購入した不動産の住宅ローン

　　婚姻中に購入した不動産の住宅ローンは、本来、離婚に伴う財産分与において精算されているはずであるから、離婚時又は離婚後に養育費を算定するに当たっては基本的に住宅ローンを考慮する必要はない。

　　しかしながら、当該不動産がオーバーローンの状態であるため、精算をすることなく義務者がそのまま支払を継続することを前提に当事者が離婚している場合には、養育費の算定に当たって、住宅ローンを考慮することが相当な場合もある。住宅ローンは夫婦共同の債務であるから、財産分与の精算がされていないのに義務者のみが支払を継続することになると、義務者は権利者が負担すべき債務をも返済していることになる。このような場合の算定方法としては、住宅ローンの支払額を特別経費として控除する方法が考えられる。権利者が自宅に住むことを希望する理由、双方の収入額、住宅ローンの返済額など、各事例における個別的事情を総合考慮して双方にとって公平な結果となるように、控除額ないし控除割合

を決めることになる。

　なお、義務者個人の負債については、これを総収入から控除すると負債の返済が子の扶養義務に優先することになるので、特に養育費の算定の場合には一般的に特別経費とはみない。

(2) 教育費

　子の生活費指数を定めるに当たって、教育費も、公立中学校・公立高等学校に関する学校教育費などは考慮されているが、私立学校の費用や塾の費用等は考慮されていない。加算の対象となるものとして、私立学校の入学金、授業料、交通費、塾代等が考えられるが、このうちのどの範囲の費用を加算すべきかの統一的基準はなく、事案に応じて個別的事情を検討する必要がある。その事情とは、義務者の承諾の有無（義務者が私立学校への進学を了解していたか否か）、当事者の収入、資産状況等である。その結果、義務者に私立学校の学費等を負担させることが相当と認められた場合には、養育費及び婚姻費用の算定に当たって、算定表によって求められた額に私立学校の学費等の不足分を加算する方法によるのが相当とされている。算定表による算定結果に不足額を加算する場合、その加算額は私立学校の学費等から、算定表において既に考慮されている学校教育費を差し引く必要がある。

　特別事情の有無について、義務者の承諾が無い多額の補習教育費を特別事情として考慮することを否定したり、権利者には、一括前払で受領した養育費を計画的に使用して養育に当たるべき義務があり、公立小中学校に通学させ、学習塾の費用を節約すれば既払料の養育費で高等教育を受けさせることが可能であったとして、成立後の事情変更に当たらないとしている（**18**参照）。

6　養育費分担額の増減請求

　権利者又は義務者に養育費分担額を決めた時の事情に変化が生じ、従来の養育費の定めが実情に合わなくなった場合には、従来の定めを変更することができる。ただし、協議や調停等で一度決めた養育費の変更には、一定の期間が経過していること、かつ成立後相当程度の事情の変化、つまり、養育費を決めた当時当事者に予測不能であった事情が生じていることが必要となる。その場合に限り、これを事情の変更として養育費の分担額を変更することができる。養育費分担額の増減請求について、考慮される個別的事情とは、権利者の再婚、子と再婚相手との養子縁組、義務者の再婚、新たな子の出生、病気、職業の変更と収入の変化、子の成長、就職等

第1章　離婚給付の概要　　29

である。

　例えば、離婚後、当時当事者が予見し得なかった事情、義務者が再婚し、再婚相手との間に子が生まれ、義務者に再婚相手と子に対する扶養義務が発生した場合（**3**・**26**参照）や、母親の再婚相手と子が養子縁組をした場合（**31**参照）、合意後、未成年者と権利者の再婚相手方との養子縁組、支払義務者の再婚及び子が誕生した場合（**2**参照）に、養育費の分担額を減免する事情変更と認めた。その反面、調停成立時、義務者は既に再婚し、再婚相手の長女と養子縁組をしており、ひいては自己の総収入の減少についても具体的に認識していたか、少なくとも十分予測可能であったとして、離婚後の事情変更を認めなかった例もある（**1**参照）。

　また、公正証書の養育費約定により合意された2人分の月額養育費の額は14万円は、算定表による2人分の標準的な月額養育費の額の2倍以上の額であり、双方の生活を公平に維持していくためにも養育費の月額を減額することが必要とされるだけの事情の変更があると認めた例がある（**6**参照）。

7　養育費の履行確保

　調停や審判で、養育費の支払が決まったのに、義務者が支払わない場合の回収方法としては、家庭裁判所で行う「履行確保制度」と地方裁判所で行う「強制執行の制度」がある。

(1)　履行確保制度

　まず、調停又は審判で養育費の支払が決められているのに、義務者が支払を怠った（不履行）時、権利者は、家庭裁判所に履行の勧告の申立てができる。申立ては特別の様式を要せず、電話によってもよい。費用は不要。家庭裁判所は義務の履行状況を調査し、義務者に対してその義務の履行を勧告することができる（家審15の5・25の2）。

(2)　強制執行の制度

　次に、公正証書（認諾文言記載の）、又は調停や審判で養育費の支払が決められているのに、義務者が支払を怠った（不履行）時には、地方裁判所に強制執行の申立てができる。平成16年4月1日から養育費については扶養義務にかかる少額定期金債権について将来支払予定分についても差押えができるようになった。つまり、不履行があって、弁済期の到来した債務について強制執行するときは、同時に、いまだ弁済期の到来していない定期金についても執行ができる（民執151の2）。

差押対象財産は、給料その他継続的に給付される債権である。その差押えの範囲は、債務者の給料などについては、その2分の1である（民執152）。

8　養育費と婚姻費用との関係
(1)　婚姻費用の定義
　婚姻費用とは、夫婦と未成熟子によって構成される家族がその資産、収入、その他社会的地位に相応した通常の社会生活を維持するのに必要な費用である。費用には、通常の家族の衣食住の費用、医療費、子の教育費、娯楽費や交際費等が含まれる。夫婦が互いに分担するものとされている（民760）。

　夫婦の共同生活が破綻し、離婚の前段階として別居生活に入ったとしても、離婚しない限り、婚姻は継続しているのであるから、離婚するまでは、夫婦各自の相当程度の生活費や子の養育費は、婚姻費用であり、原則として夫婦が分担する。未成熟子の教育費も、夫婦の資産、収入その他社会的地位にふさわしい範囲と金額のものは婚姻費用の対象となる。「未成熟子」とは「未成年」の概念とは必ずしも一致しない。

(2)　扶養義務の程度
　婚姻費用は、家族全員が同等の生活を営み、円満な家庭生活を維持する費用であり、その分担義務は、婚姻の本質に基づく義務であり、その義務の程度は、親の未成熟子に対する扶養義務と同様、「生活保持義務」とされ（民752）、「生活扶助義務」とは異なる。離婚調停又は訴訟が係属している場合でも、夫婦は正式に離婚が成立しない限り、あくまでも夫婦としての地位を有するのであるから、夫婦である限り、いかなる理由があるにせよ現実に離婚に至るまでは、婚姻費用分担義務を免れない。例え、分担義務者が破産していても、免責にはならない。

　しかし、最近は、婚姻関係が破綻していない場合には、生活保持義務を負うが、婚姻関係が破綻しているような場合には、その破綻の度合いに応じて生活保持義務性が希薄となり、生活扶助義務の程度に至るとする考え方が実務でも支持されつつある。つまり、婚姻関係が破綻し、配偶者の一方が同居義務に違反する別居をしていても、また有責であったとしても法律上当然には婚姻費用分担義務は消滅しないし、免責されないが、その義務の程度は、未成熟子の養育費は別にして、請求者の有責性、婚姻関係の破綻状態によって生活保持義務から生活扶助義務まであり得るとされ、破綻の程度に応じて婚姻費用分担の額が軽減されるとしている。夫の意思に反して別居し、夫の同棲の要請にも耳を貸さず、かつ自ら同居生

活回復の努力をしなかった妻からの請求に対し、妻自身の生活費に当たる分については権利の濫用として認めず、子供2人の実質的監護費用を婚姻費用として認めた事例がある。

　その反面、婚姻費用は、夫婦と未成熟子の生活費であるが、夫の先妻の子や後妻の連れ子でも申立人（後妻）と同居している場合には、本来生活扶助義務である同居している夫ないし妻の両親や連れ子の生活費も婚姻費用に含まれるとした事例もある。

　また、裁判例の多くは、夫と同棲中の他の女性の生活費を婚姻費用分担額算定に一切考慮することは認めないが、他女との間に生まれた子の養育費の控除は認められる。

(3)　過去及び将来の費用の請求

　家庭裁判所の審判を行う場合、過去にさかのぼって婚姻費用分担の審判をすることができるとされているが、遡及について、最近では、申立ての時にさかのぼって生活費の支払を命じる考え方が実務上定着している。また、婚姻費用分担の終了時については、婚姻解消又は別居状態解消に至るまでとするものが最も多い。

　調停でも、申立時から調停成立時までを過去の婚姻費用とし、その過去の婚姻費用の一括支払義務と、調停成立後の将来の支払義務の両方を定める場合が多い。

(4)　婚姻費用分担額の算定

　婚姻費用をどのように分担するかは、当事者双方の資産、収入、学歴など一切の事情が考慮される（民760）。分担額の具体的な決定には、夫婦の別居に至った経緯や破綻の程度等のすべての事情を勘案して、その生活費を算定することになるが、破綻状態に至った配偶者の責任は、離婚に伴う財産分与及び慰謝料の額を定めるにつき斟酌すれば足りるとし、婚姻費用分担額の算定をより簡易化し、迅速な算定を実現するため、平成15年4月に基礎収入と生活費指数を標準化した新たな算定方式とこれによる算定表が公表された。実務においても広く活用され定着している。なお、資産については、賃料収入等の、資産からの収益・果実のみを考慮すれば足りる。

　婚姻費用の分担額算定の基本的な考え方は、義務者・権利者双方の実際の収入金額を基礎とし、義務者・権利者が及び子が同居しているものと仮定し、双方の基礎収入の合計額を世帯収入とみなし、その世帯収入を権利者グループの生活費の指数で按分し、義務者が権利者に支払う婚姻費用の額を定めるものである。その利用に伴う個別の注意事項は後掲**第2章**を参照されたい。

【白井典子】

第3 財産分与
1 財産分与とは
(1) 定義

財産分与は、離婚した一方が相手方に対して財産の分与を請求する権利である（民768①・771）。実務上、内縁関係解消の場合にも財産分与の規定の類推適用が認められている（広島高決昭38・6・19判時340・38他、本書で取り上げた判例としては60参照）。

ただし、離婚当事者の片方が、常に相手方に請求しうるという性質のものではないことは、後掲4⑴参照。

(2) 権利の法的性質

財産分与請求権の法的性質について、判例は、抽象的な財産分与請求権は離婚によって当然に発生するが、具体的な財産分与請求権は協議又は審判によって初めて形成されると解している（最判昭55・7・11判時977・62。折衷説）。この最高裁判所の判例は、財産分与権利者が財産分与請求権を被保全権利として債権者代位権を行使できるかに関するものであるが、財産分与請求権の法的性質論は、遅延損害金の発生時期においても意味を有する。具体的財産分与請求権が協議又は審判によって初めて形成されるものである以上、遅延損害金の発生時期は、協議が成立した時、又は審判若しくは判決が確定した時となる。したがって、訴状には「判決の確定した日の翌日から」と記載することになる。もっとも、被告が反訴を提起することなく予備的財産分与の申立てをした場合は、遅延損害金の請求はできない（71参照）。

(3) 権利の内容

財産分与には、①婚姻中の夫婦の財産の清算、②離婚後の扶養、③離婚による精神的苦痛に対する慰謝料の三つの要素があると解されている。

かつては、③の慰謝料を含むかについて争いがあったが、最高裁判所が「財産分与の制度は、夫婦が婚姻中に有していた実質上共同の財産を清算分配し、且つ、離婚後における一方の当事者の生計の維持を図ることを目的とするものであって、分与を請求するに当たりその相手方たる当事者が離婚につき有責の者であることを必要としないから・・・慰藉料の請求権とは、その性質を必ずしも同じくするものではない。したがって、既に財産分与がなされたからといって・・・・別途慰藉料の請求をすることは妨げられない」が、「（相手方の有責行為により離婚に至らしめたことにつき請求者の被った精神的）損害賠償のための給付をも含めて財産分与の額及び方法を定めることもできる」（最判昭46・7・23判時640・3）と

判示したので、現在の実務では、財産分与の額及び方法を定めるに当たり、③の慰謝料的要素が排除されることはない（❻❻他）。

　もっとも、夫婦の一方に婚姻破綻についての有責性が認められる場合には、財産分与とは別に不法行為に基づく慰謝料を請求するのが通常である。この場合に重ねて慰謝料的財産分与を求めることができないのは当然である（❻❶参照）。

　したがって、上記判例の意義は、例えば、夫婦の実質的共同財産としては不動産しかなく、清算的財産分与のみではこれを一方の配偶者に単独取得させることができないような場合に慰謝料的要素を加味してその取得を認めることを可能にしたり、あるいはまた、離婚後に財産分与と慰謝料を請求する場合、本来であれば、財産分与は審判手続、慰謝料は訴訟手続と別々の手続となるところ、慰謝料的要素を含めて財産分与の申立てをすることにより、一つの手続（家庭裁判所の審判手続）で行うことを可能にするなどの点にあると考えられる。

2　財産分与の手続

　財産分与は当事者の協議によって決めることができるが、協議が調わない場合、当事者は家庭裁判所に協議に代わる処分を請求することができる（民768②）。

　財産分与は家事審判法9条1項乙類5号の乙類審判事項であるから、当事者はまず家庭裁判所に調停の申立てをする（調停前置主義（家審18））。調停が成立しない場合には審判に移行する（家審26）。

　財産分与の申立ては離婚後2年以内にしなければならない（民768②ただし書）。この期間は除斥期間と解されている。後掲❼❾は、除斥期間経過後の対応策として参考になる。

　また、当事者は離婚訴訟に附帯して財産分与の申立てをすることもできる（人訴32①）。附帯処分の申立ては控訴審の口頭弁論終結時まで相手方の同意なくしてすることができる（最判昭58・3・10判時1075・113、最判平16・6・3判時1869・33）。他方、離婚訴訟の被告が反訴を提起することなく予備的に財産分与の申立てをすることも認められている（❼❶他）。

　分与義務者からの申立てが認められるかという論点がある。有責配偶者からの離婚請求を認めた判例（最大判昭62・9・2判時1243・3）の補足意見で分与義務者からの申立てを認める考えが示されたが、その後の裁判例は分かれている。これを認めた裁判例として後掲❽❶、認めなかった裁判例として大阪高裁平成4年5月26日判決（判タ797・253）、東京高裁平成6年10月13日判決（判タ894・248）などがある。この場合の分与義務者が有責配偶者であるとは限らない。特殊な事例ではあるが、心神喪

失の常況にあり禁治産宣告を受けた妻との離婚を求める夫からの請求において、義務者である夫からの財産分与の申立てを認めた裁判例（**72**参照）もある。

3　財産分与の基準

民法768条3項は「家庭裁判所は、当事者双方がその協力によって得た財産の額その他一切の事情を考慮して、分与をさせるべきかどうか並びに分与の額及び方法を定める」と規定して、裁判所に広い裁量を与えている。同項の解釈に関する最高裁判所の判例は現在のところ次の二つしかない。

一つは清算的財産分与の対象となる財産の評価の基準時に関するものである。最高裁判所は「一切の事情とは当該訴訟の口頭弁論終結時における当事者双方の財産状態の如きものも包含する趣旨」であり、口頭弁論終結時における当事者双方の財産状態を斟酌して分与を命じても違法ではないと判示した（最判昭34・2・19判時180・36）。

もう一つは、過去の未払の婚姻費用に関するものである。最高裁判所は「婚姻継続中における過去の婚姻費用の分担の態様は右事情（注：民法768条3項の「一切の事情」のこと）の一つにほかならないから、裁判所は、当事者の一方が過去に負担した婚姻費用の清算のための給付を含めて財産分与の額及び方法を定めることができる」と判示した（最判昭53・11・14判時913・85）。

財産分与をさせるべきか、その額及び方法を定めるに当たって検討すべき論点は多数あるが、最高裁が示した基準としては、今のところ上記二つしかなく、それ以外の論点について裁判所がどのような基準に従って判断しているかは、個々の裁判例をあたっていくしかない。同じ論点であっても担当裁判官によって考え方が異なる場合も少なくない（例えば、将来の退職金についての審判例は多岐に分かれている。）。したがって、財産分与を請求する場合においても、これを争う義務者の場合においても、本書掲載の裁判例を含めた過去の裁判例を参考にしながら柔軟に考えていくことが必要であろう。

4　清算的財産分与について

(1)　清算的財産分与の本質

婚姻中に形成した財産を、夫婦双方の財産形成についての貢献度・寄与度を考慮し、公平に分配するというのが基本的考え方である。つまり、貢献度・寄与度について、主張・立証を要する。

夫が専ら収入を得、妻は専業主婦として家事を担当し、子供を生み育てて夫名義の財産形成に貢献してきたという場合に、離婚に際して婚姻後に形成された夫

名義の財産の一部を妻に分与する、というのが典型である。
　したがって、片方の財産形成について相手方の貢献が全くない場合は、少なくとも清算的財産分与として分与される財産はないことになる。
　また、財産形成に貢献したにもかかわらず、その者の名義の財産として確保されていない場合に財産分与として清算するのであるから、婚姻中に形成された財産が既に夫の名義、妻の名義と分配されている場合は、清算的財産分与の問題は発生しないことになる。
(2)　清算の基準時
　清算的財産分与は、夫婦が協力して形成した財産を清算するものであるが、清算の基準時については、別居時か離婚時か（訴訟の場合は口頭弁論終結時か）という争いがある。
　前掲判例（最判昭34・2・19判時180・36）は「口頭弁論終結時で算定した原審の判断は違法ではない」と判示したが、この判例は積極的に財産分与の基準時を口頭弁論終結時とすべきであるとしたものではないと解されている。
　実務では、①分与する財産の確定をいつの時点で行うかという問題と、②確定した具体的財産の評価をどの時点で行うかという二つの問題に分けて考えている（松谷佳樹「財産分与の基本的な考え方」ケース研究294号134頁以下（2008））。
(3)　対象財産確定の基準時
　清算的財産分与は夫婦が協力して形成した財産を清算するというものであるから、その協力関係がなくなったとき、すなわち別居時に存する財産が分与の対象となると考えるのが理論的であり、実務の一般的な傾向である（松谷・前掲）。しかし、例えば、別居後も一緒に事業を行って財産形成に寄与したという事例や反対に別居後離婚時までに一方が生活のために資産を減少させた事例などのように、離婚時（訴訟の場合は口頭弁論終結時）を基準にした方が公平かつ妥当な場合もある。個別具体的な事案に応じて検討する必要がある。
(4)　評価の基準時
　次に、別居時（又は離婚時）を基準に確定した具体的財産の評価をいつの時点で行うべきか。不動産、株式、投資信託、外貨などは短期間で大幅な変動をすることもあるので、いつの時点で評価すべきかは、当事者にとって極めて深刻な問題である。実務では、確定した具体的財産の評価については、離婚時（訴訟の場合は口頭弁論終結時）の時価で行うのが合理的であると考えられているようである（松谷・前掲）。もっとも、財産の急騰急落があった場合には、基準時を固定することなく、その後の変動及び変動を来した理由も斟酌して分与額を定めるのが公平である（福岡高決昭51・11・1家月29・3・82）。

別居後に夫婦共有財産が処分された場合には、その処分価格が評価額とされている（33参照）。

評価の点で特に困難な問題が生ずるのは不動産（問題点については後掲(5)②参照）や非上場会社の株式等である。後者については、株式の時価を求めるには当該会社の決算資料等の入手が必須であるが、その入手が困難という立証上の問題もある。

(5) 清算の対象となる財産

婚姻前から有する財産や婚姻後に取得した財産でも相続や第三者からの贈与により取得した財産（固有財産又は特有財産という）を除き、婚姻中に形成した財産は、その名義のいかんを問わず、すべて清算の対象になる。ただし、第三者名義の場合については下記⑥参照。

実務上よく問題となる財産としては、以下のものがある。

① 特有財産（固有財産）

特有財産は、財産分与の対象とならないのが原則であるが、例外として、他方配偶者が特有財産の維持管理に貢献ないし寄与した場合には一定の限度で清算の対象とすることが認められている（46・67・71参照）。

固有財産かどうかが争われた事例として、後掲50は、夫が小遣いで購入した万馬券を換金して得られた資産を原資にして購入した不動産を特有財産と認めなかった。

ところで、特有財産が婚姻後に形を変えた場合（例えば、相続した不動産の売却金で株式を購入した等）や特有財産と婚姻後に形成した財産が混在している場合（例えば、婚姻後に不動産を取得したが、その取得費の一部に相続財産が充てられ、残りについてローンを組んだ等）には、その立証、計算方法などについて困難な問題が生じる。

特有財産と婚姻後に形成した財産が混在する場合に関する裁判例としては次のものがある。

後掲67は、各財産の帰属について「特有財産の換価代金と婚姻中に蓄えられた預金等を併せて取得した財産も夫婦の共有財産に当たり・・・財産分与の対象となる・・・ただ、財産分与の判断をするに当たって、その財産形成に特有財産が寄与したことを斟酌すれば足りる」とした上で、各財産が特有財産か共有財産かは、取得の際の原資、取得した財産の維持管理の貢献度等を考慮して判断しなければならないが、特段の事情がない場合には夫婦の共有財産に属するとした。

後掲34は、自宅マンションの購入資金に特有財産が充てられた事案で、マン

ションの評価額のうち財産分与の対象とみるべき額を「自宅マンションの評価額（3,785万）から、取得価額（5,020万）に占める被控訴人の特有財産（1,681万）が原資とされた割合を控除して夫婦の実質的財産を算出」とした（計算式＝3,785万×（1－1,681万÷5,020万）＝2,517万）。

その他には、二度マンションの買換えがあり、その購入資金の一部に一方の特有財産が充てられていた事案（**56**参照）、一方が婚姻前から所有していたマンションの売却代金の一部が婚姻後に取得したマンションの購入資金に充てた事案（**63**参照）などが参考となる。

② 不動産

ア 財産分与の対象となる場合

婚姻後に取得し別居時に存在する不動産が財産分与の対象となるが、その取得費の一部が一方の特有財産から支払われている（頭金であったり繰上返済であったりと事案により様々である）、あるいは、一方若しくは双方の親からの贈与金が充てられている場合も多く、その評価については、複雑な計算を要する場合も多い。計算方法については、後掲**34**や**69**が参考になる。

イ 不動産の評価

不動産の時価については、不動産業者の簡易査定書などが書証として提出されていれば足り、常に不動産鑑定が要求されている訳ではない。不動産が売却された場合、売却にかかる経費を控除した手取額を評価額とした裁判例がある（**33**参照）。

ウ 住宅ローン債務が残っている場合

住宅ローン債務が残っている場合はどのように考えるべきか。通常は、不動産の時価から住宅ローンの残元金を控除した残額を当該不動産の評価額としているようである。

いつの時点の住宅ローン残元金を控除するかについては、ローンの債務者が別居後もローンを支払っており、債務者でないほうの配偶者に支払についての寄与が認められない場合は、別居時のローン残元金を控除するのが公平である。しかし、実際には住宅ローンを支払うために婚姻費用の額を調整していたり、別の資産の一部を充てたり等複雑な事情がある場合も多く、このような事情がある場合には、別居後のローン残高の減少について他方の寄与の割合を考慮すべきであるという主張も当然考えられる。

後掲**33**は、不動産が売却された事例であるが、売却時の住宅ローン残額を控除すべきであるとした。

なお、婚姻期間中の住宅ローンの既払分については、夫婦が平等の割合で

返済に貢献したものと推定されるとした裁判例がある（63参照）。
エ　住宅ローン債務が不動産の時価を上回る場合
　住宅ローン債務が不動産の時価を上回る場合はどうか。後掲62は「（不動産の）価値は零であって、右返済の結果は積極財産として存在していない。そうすると、清算すべき資産がないのであるから、返済した住宅ローンの一部を財産分与の対象とすることはできない」としている。
オ　借地上の建物
　財産分与の対象となる建物が借地上にある場合は、建物の価格に加えて借地権価格も評価される（東京高判昭57・2・16判時1041・73）。しかし、一方の親族の情誼に基づき借地権を取得した場合は、夫婦が協力して取得した財産ということはできないから、借地権価格を財産分与算定の基礎に入れることはできないというべきである（75参照）。もっとも、後掲45は、建物の敷地が一方の特有財産である場合について、一方がこれを無償で提供しているからこそ夫婦が建物を建築（取得）することができ、その賃料収入を得ることができたとして、他方の建物の維持管理についての貢献を考慮しても、建物の4分の1に相当する価額を分与財産に加算すべきであるとした。

③　退職金
ア　財産分与の対象となるか
　退職金は、賃金の後払いとしての性質を有すると解されているから、所得の中から形成した預貯金等と同様、他方配偶者の寄与ないし貢献があったものとみて、財産分与の対象になると解されている。
　なお、後掲58は、離婚して1年後に夫の勤務先の合併に伴い支給された（離婚時には支給が決定されていなかった）生活保障金は財産分与の対象となる退職金あるいは功労金ではないとした。
イ　退職金が既払いの場合
　既払いの退職金については、その支給金額に寄与期間割合（後掲49は、同居期間だけを寄与期間としている）を乗じた金額が清算の対象となる。ただし、後掲52は、既に受領した退職金が清算の基準時点において残存していない場合は、清算の対象とはならないとした。
ウ　退職金の支給が将来の場合
＜裁判所の傾向＞
　裁判例は、近い将来に退職金を受領できる蓋然性が高い場合には財産分与の対象としている。ただし、「近い将来」というのが何年先の退職をいう

のかは明確ではない。将来の退職金が認められた事案としては、定年まで5年以内の中小企業金融公庫の職員（㉞参照）、定年まで6年の会社員（㊺参照）、8年余後に定年退職する国家公務員（㊼参照）、退職予定時期が約13年後の地方公務員（㊶参照。ただし、この事案は財産分与の対象財産となり得るものが将来の退職金のみであった。）などがある。

＜算定方法、支払時期＞

次に、将来の退職金額をどのように算定し、いつこれを他方配偶者に支払うか（支払時期）についても、裁判例によって異なっている。将来の退職金額の算定方法及びその支払時期については、おおむね次のような考え方がなされている（松谷・前掲138頁）。

(a) 別居時（又は離婚時若しくは口頭弁論終結時）に自己都合退職したと仮定して、その場合の退職金相当額から婚姻前の労働分を差し引いた額が財産分与の対象となるという考え方である（㉝・㊼・㊷など）。支払時期（清算時期）について、後掲㉝・㊼・㊷は、いずれも退職時としている。

(b) 定年退職時に受給する予定の退職金から、婚姻前労働分と別居後労働分を差し引き、中間利息を控除して口頭弁論終結時の額を算定する考え方である（㊶・㊺等）。この考え方の支払時期（清算時期）は離婚時である。なお、後掲㉟は、口頭弁論終結時から退職手当を受給（見込み）するまでの間が約6か月であることにかんがみ、その間の中間利息を控除しなかった。

(c) 定年退職時の退職金から、婚姻前労働分と別居後労働分を差し引くが、財産分与金の支払時期を退職時として中間利息を控除しない考え方である（㉞など）。

④ 年　金

ア　立法的解決

厚生年金、共済年金については、立法的解決がなされたので、財産分与として考慮されることはなくなった（第1章第1の3参照）。しかし、企業年金など立法的解決がなされていない年金もある。これらの年金については、(a)財産分与の対象となるか、(b)財産分与の対象になるとしてその根拠、(c)どのような分与を認めるべきかという問題が依然として残る。この点については、従前の年金に関する裁判例が参考となる。

イ　既払いの年金

既払いの年金について扶養的財産分与として定期金の給付を認めた裁判例

(48・57参照）とこれを否定した裁判例（54、東京高判平10・3・18判時1690・66など）に分かれる。扶養的財産分与としてではなく、清算的財産分与として定期金の給付を認めた裁判例（仙台地判平13・3・22判時1829・119）もある。

　　ウ　将来の年金
　　将来の年金については、民法768条3項の「その他一切の事情」として考慮されている。例えば、後掲53は、将来の年金は清算の対象とはならないが、「その他一切の事情」として考慮すべきであるとした。また、後掲35は、年金を夫婦の実質的な共有財産ではないとしつつ、扶養の必要性に照らして両者の受給額に相当の格差があるという事情を財産分与に当たり考慮すべきであるとした。後掲43は、夫婦の年金格差があることを分与額決定に当たり考慮すべきであるとした。後掲52は、老齢厚生年金と退職共済年金は夫婦が協力して生活してきたことによって残された財産的権利と解して財産分与の対象になると解した。

⑤　保険金
　　ア　生命保険金
　　生命保険や学資保険のように貯蓄性の有る保険金は財産分与の対象となると解されている（ただし、生命保険金につき不確定要素の多いことを理由に否定した裁判例：東京高判昭61・1・29判時1185・112もある。）。裁判実務では、別居時（又は離婚時）の解約返戻金の額を清算すべき額とすることが多い（東京地判平15・8・27（平14（タ）770））。
　　婚姻前に保険契約を締結し、婚姻後も引き続き保険料を支払っているような場合は、特有財産に相当する部分を解約返戻金から控除する必要がある。
　　なお、財産分与の対象となる財産が学資保険のみの事例ではあるが、妻が家事育児に専念して夫の仕事を支えて資産形成に協力があったこと、子らの学資に充てるために積み立てられたこと、子らの親権者を母と指定したことを理由に、解約返戻金610万円のうち500万円を妻に分与した裁判例がある（東京地判平15・8・27（平14（タ）770））。

　　イ　損害保険金
　　交通事故のために夫婦の一方が受領した保険金について、後掲55は、休業損害は財産分与の対象となるが、将来の逸失利益、慰謝料、治療費、付添看護費、入院雑費、交通費、器具等購入費は、財産分与の対象とはならないとし、その内容に応じて判断している。
　　後掲38は、逸失利益について、症状固定日から離婚調停の成立日の前日までの分について財産分与の対象と認めた。

⑥　第三者名義の財産
　　成人している長男名義の預金について実質的に夫婦共有財産と認定して清算

対象とした例（**47**参照）もあるが、海外にある二男名義の不動産について財産分与の対象と認めなかった例（**49**参照）もある。

その他には、例えば、配偶者が経営する法人の資産がある場合などに問題となる。

配偶者と法人とは法人格が別であるから、法人の財産は財産分与の対象とならないのが原則である（**60**など）。しかし、法人の財産が実質的に配偶者の個人資産と同視できる場合は分与の対象になるとした裁判例（大阪地判昭48・1・30判時722・84）がある。後掲**42**は、原・被告が所有するマンションの管理会社として設立され、原・被告を中心とする同族会社で、原・被告がその経営に従事していたという事情の下、会社名義の財産も財産分与の対象になるとした。これに対して、配偶者が有する株式を財産分与の対象財産として評価すればよいとの見解もあるが、非公開会社においてはその株式の時価を評価することが困難である場合が多いことは前述したとおりである。

法人の代表者が配偶者の親族となっている場合にも同様の問題が生ずる。

⑦ 事業用財産

事業用財産についても、夫婦が協力して形成したものであれば、財産分与の対象となると解されている（東京高判昭54・9・25判時944・55他）。

⑧ 負債

　ア　財産分与で考慮される場合

　財産分与の際に考慮される債務としては、住宅ローン債務（住宅ローン債務については前掲②参照）の他にも、財産分与の対象となる資産を購入するための借入金や生活費の不足分としての借入金などがある。これらの債務については双方で負担するのが公平である。夫婦に資産と負債がある場合には、資産総額から負債総額を控除した残額を全体財産とし、これに債務発生に対する双方の寄与の程度を乗じて清算するのが一般的である（**60**他）。

　後掲**56**は「債務についても夫婦共同生活の中で生じたものについては、財産分与に当たりその債務発生に対する寄与の程度（受けた利益の限度）に応じてこれを負担させることができ・・・その負担割合については・・・・特段の事情のない限り、平等と解すべきである」とし、夫の取得すべき財産の額と妻の取得すべき財産の額から、それぞれの債務負担額を控除して、実際に取得すべき額を計算している。

　なお、後掲**75**は、負債が個人的な投資の失敗に基づくものが大半であるから、財産分与算定の消極的要素としてこれを全額基礎にすることは相当ではないとして、3分の1に相当する負債を算定の基礎とした。

　イ　財産分与で考慮されない場合

他方、ギャンブルのためにした借金、親族や友人のためにした借金などのように個人的な事情に基づいて負担した債務は、夫婦共有財産を形成するための負債ではないから、財産分与の際には考慮されない。例えば、後掲35は消費者金融からの借入金は一方の小遣いのためのものであり、他方と話し合って解決することなく高利のために負債額を増加させたから、夫婦の実質的財産（負債）として考慮することは相当ではないとする。また、後掲60は、内縁の夫が経営する会社の債務について夫が連帯保証している場合について、この債務は会社の運営のために生じたものと推認され、夫婦の実質的な共有財産を形成するに当たり生じたものではないから、清算的財産分与の対象ではないとした。

ウ　負債の方が多い場合

資産総額よりも負債総額の方が多い場合はどのように考えるべきか。負債を債務者ではない他方配偶者にも負担させることができるか。

債務者ではない他方配偶者に債務の負担を命じた裁判例は見当たらない。第三者である債権者の利益を無視することはできないからである。後掲56も夫名義となっている債務について夫に負担を命じている。

⑨　未払婚姻費用

前掲3のとおり、民法768条3項の「その他一切の事情」として、過去の未払婚姻費用を財産分与の中で清算することが認められている（最判昭53・11・14判時913・85、64他）。いくら支払うべきであったかについては、算定表（判例タイムズ1111号306頁以下）をもとに算出する。義務者の収入不明の場合は、賃金センサスで推計するのが実務の傾向である。

なお、後掲78は、妻が長年自力で生活してきたこと、過去に婚姻費用分担の申立てをしたことがないこと等を理由に過去の婚姻費用を財産分与として清算するのではなく、慰藉料算定に当たり考慮すれば足りるとした。

⑩　離婚後の子の生活費、教育費

本来は養育費の問題であるが、後掲76は、離婚後の大学生である子の卒業までの生活費、教育費の負担も「広い意味では、夫婦関係における経済的分担問題であり、紛争解決の効率性などに照らすと‥‥一切の事情に含まれる」とした。

⑪　その他

ア　過当に負担した婚姻費用

後掲65は、一方が婚姻期間中に過当に負担した婚姻費用についての清算の可否について判示した。

イ　別居の際に一方が財産を持ち出した場合

別居の際に一方が財産を持ち出した場合について財産分与の中で処理している裁判例として東京高裁平成7年4月27日判決（家月48・4・24）がある。なお、東京地裁平成4年8月26日判決（判タ813・270）は、妻の財産持ち出しについては財産分与で決すべきであるとして、夫からの不法行為に基づく損害賠償請求を否定した。

　ウ　その他の特殊事案

　　万馬券で購入した不動産の売却代金について財産分与が認められた例（**50**参照）、競走馬について資産価値が無いとして財産分与の対象と認めなかった例（**60**参照）などがある。

5　扶養的財産分与

(1)　要件

　ア　要扶養性があること

　　扶養的財産分与は、清算的財産分与や慰謝料を受領しても離婚後の生活に困窮してしまうという場合に補充的に認められる。それゆえ、例えば、財産分与請求者が高齢、病気のために働くことができないとか（妻が高齢の事案として東京高判昭63・6・7判時1281・96、**78**、妻が病気の事案として東京高判昭57・2・16判時1041・73、東京地判昭60・3・19判時1189・68、浦和地判昭60・11・29判タ596・70など）、未成熟子の監護の必要があって就労が制限される（**37**・**64**など）というように財産分与請求者に要扶養性がなければならない。財産分与請求者に要扶養性がなければ、扶養的財産分与は認められない（要扶養性が認められなかった事案として、内縁の妻が別の男性と同居し、パート勤務をしている場合**60**など）。

　イ　義務者に扶養能力があること

　　他方、財産分与義務者の方に扶養能力があることが必要である。扶養能力は、義務者の収入や財産などから考慮される。後掲**38**は、後遺障害等級5級の夫に月額10万円のパート収入がある妻への扶養的財産分与を否定した。

　ウ　有責性との関連

　　権利者が有責配偶者の場合には、扶養的財産分与を認めないか、分与の額を減額する裁判例が多い（東京高判昭57・1・18東高民報33・1・1他）。最近の裁判例として後掲**64**は、権利者が有責配偶者でないことを扶養的財産分与の要件としている。他方、義務者が有責配偶者の場合は、他方配偶者にかなり高額の扶養的財産分与が認められた裁判例もある（東京高判昭63・6・7判時1281・96他）。

　エ　清算的財産分与が相当額ある場合

　　アの要扶養性の問題とも関わるが、清算的財産分与として相当額の財産を取

得した場合には、扶養的財産分与は認められない（大阪家審昭62・7・17家月39・11・135など）。

しかし、相当額の財産分与や慰謝料が認められていながら、更に扶養的財産分与が認められた事案もある。例えば、後掲**78**は、有責配偶者からの離婚請求に関する大法廷判決（最大判昭62・9・2判時1243・3）の差戻審であるが、慰謝料1,500万円に離婚後扶養として1,000万円が認められた。また、後掲**64**は、膠原病の二男（大学院生）の面倒を見ている妻が取得すべき財産総額を、夫婦財産の半額2,382万円に未払婚姻費用1,168万円を加算し、更に扶養的要素を考慮して3,650万円とした。

(2) 扶養を継続する期間・方法

離婚後扶養を継続する期間は、おおむね2～3年間程度と言われているが、長期のものとしては、妻が死亡するまで毎月16万円の支払を命じたもの（**57**参照）、月額10万円ずつ平均余命の範囲内である今後10年間分の支払を命じたもの（**78**参照）、小学6年生の長男が成人に達する月までマンションの使用貸借権の設定を命じたもの（**37**参照）などがある。

一切の事情として、清算的財産分与などに加えて一時金の支払を命じるものもある。例えば、75歳の高齢の妻に対して1,200万円の支払を命じたもの（東京高判昭63・6・7判時1281・96）、病気がちの妻に対して清算的分与に加えて150万円の支払を命じたもの（東京地判昭60・3・19判時1189・68）などである。後掲**64**・**78**も義務者に一時金の支払を命じている。

6 財産分与の割合（寄与度）

(1) 原則

共稼ぎ夫婦の場合に限らず、妻が専業主婦の場合であっても、財産分与の割合については2分の1を原則とするのが現在の実務の傾向である（いわゆる2分の1ルール）。専業主婦の寄与度を2分の1とした裁判例として、後掲**33**（専業主婦である妻の扶養的要素を考慮して財産分与割合を2分の1としている）・**34**、**38**・**41**などがある。

(2) 例 外

2分の1ルールが適用されない場合としては、例えば、分与義務者が医師や会社経営者など個人の特殊な能力や努力によって高額の資産形成がなされた場合である（福岡高判昭44・12・24判時595・69など）。2分の1ルールが適用されなかった裁判例としては、次のものがある。

後掲**69**は、夫が画家、妻が作家でそれぞれが各自の収入、預貯金を管理し、必要なときに夫婦の生活費用を支出していた事案で、各人名義の預貯金、著作権は清算の対象とせず、不動産について妻6、夫4の割合とした。後掲**39**は、様々な

事情を総合考慮して財産分与の割合を35：65とした。後掲❹は、財産ごとに分与の割合を認定している。共有財産の原資のほとんどが原告の特有財産であり、その管理運用も原告がしていた事案において、原告の有責性、扶養的要素を加味して、共有財産の合計約220億円の５％相当の10億円を分与額とした裁判例もある（❹参照）。

(3) 有責性との関係

　清算的財産分与は、有責配偶者であっても請求できるが（❼❼他）、一方配偶者の有責性は、財産分与の割合に影響を与えるのであろうか。

　後掲❼❼は「清算的財産分与は、婚姻中に築いた財産を公平に分配するものであるから、破綻の責任とは無関係である」と判示している。これに対して、後掲❸❾は、一方の有責性も分与割合を考慮するための一つの事情としており、総合考慮の結果ではあるが、有責配偶者の財産分与の割合を35％とした。

7　財産分与の方法

(1) 金銭の支払を命じる場合

　財産分与の方法については、金銭の支払を命じるのが基本である。なお、前掲判例（最判昭55・7・11判時977・62）は、具体的な財産分与請求権は協議や審判によって形成されると解しているので、遅延損害金の発生は「判決確定の日の翌日から」であり「訴状送達の日の翌日から」ではないことに注意する必要がある。

(2) 現物の給付を命じる場合

　不動産などの財産については、現物の給付を命じることがある（❻❸参照）。現物の給付を命じるかどうかについては、その取得経緯、利用状況、取得希望の有無、その必要性、その他の事情（例えば、財産分与の対象となる建物の敷地が一方の固有財産である、あるいは一方の親族名義であるなど）などが考慮されている。

　後掲❻❻は、（不動産の）取得経緯、双方の出捐割合、現在までの利用状況などを考慮して具体的な財産分与の方法を決定している。また、後掲❹❼は、被告名義の土地の利用処分につき原告が具体的な必要性を主張立証していないことを理由に被告に取得させた。後掲❻❹は、妻の年収からは居住用不動産の取得ないし賃借が困難なこと、膠原病の二男との同居の必要性などを理由に妻に不動産を取得させた。

(3) その他の方法

　例えば、財産分与の対象となる不動産の所有権の全部移転を命じることができないが、一方の居住権を確保する必要があるような場合に、使用貸借権その他の利用権を設定する裁判例がある（❸❼など）。

【中村順子・澄川洋子】

第4　慰謝料

1　慰謝料の意義と法的性質

　離婚に伴う慰謝料は、財産分与とともに、離婚に際して給付される金銭債権の主たるものである。その法的性質は、不法行為に基づく精神的損害に対する賠償請求権であって（民709・710）、相手方配偶者に不法行為があれば当然認められるものである。

　離婚に伴う慰謝料は、相手方配偶者の不法行為の内容によって、①離婚原因である相手方配偶者の不貞や暴力などによる個別的不法行為に基づく慰謝料（離婚原因に基づく慰謝料94参照）と、②相手方配偶者の有責行為（婚姻義務違反）によって、やむを得ず離婚に至ったことによる慰謝料に分けられる（離婚自体慰謝料あるいは離婚慰謝料）。この場合は、個別的不法行為とは別に離婚つまり配偶者たる地位を喪失したこと自体を独立した不法行為とする。

　本書でも取り上げた判例には、前訴で夫の不貞行為につき妻の慰謝料請求権が認められた事案につき、妻が離婚訴訟において離婚自体慰謝料を請求すること自体は前訴と訴訟物を異にし、許される（前訴の既判力は、本件の慰謝料請求に及ばないと解するのが相当である）としたが、妻が新たに請求することができるのは、完全に形骸化した婚姻関係を法的に解消したことによって被る新たな精神的損害のみであるところ、妻に新たな精神的損害が生じたと認められない、として離婚自体慰謝料の請求を認めなかった事案がある（33参照）。

　離婚慰謝料の解釈について、個別的有責行為と見るのか、それとも離婚に至る一連の経過を不法行為ととらえるのかということであるが、条文の規定の仕方からいっても、一義的な解釈はできない。

　離婚訴訟の実際から見ても、離婚に伴う慰謝料は単に離婚することそのものについての精神的苦痛ではない。この点につき、「家事・人訴事件の理論と実務」（北野俊光・梶村太市編　131頁以下（民事法研究会、2009））は、「離婚は、日常的な精神的な苦痛がある臨界点に達したときに夫婦関係を解消しようとする意思が出てきたものであり、損害賠償との関連で言えば、その際求められる精神的苦痛に対する賠償は、それまで受忍してきた精神的な苦痛に対するものではないだろうか。そのような包括的な精神的苦痛に対して慰謝料が認められるものだとすれば、たとえば個々の暴力に基づく精神的苦痛に対する慰謝料を別途認めるという見解は成り立たないであろう。」とし、離婚に基づく精神的苦痛に対する慰謝料は、婚姻生活中の精神的苦痛の連続的総量と考えられ、それゆえ、離婚慰謝料の存否や額を判断するためには、離婚原因が問題とならざるを得ないとする。

多くの裁判例も、離婚原因とされる事実を離婚慰謝料を基礎づける有責行為の認定に用い、これによって原告が離婚により精神的苦痛を受けたとしており（**42**参照）、離婚慰謝料に関して、有責行為から離婚に至る一連の経過を一体として、一個の不法行為としてとらえ、離婚原因慰謝料をも含めて離婚自体慰謝料を判断している（島津一郎・阿部徹編『新版注釈民法(22)』231頁（有斐閣、2008））。

離婚慰謝料の法的性質は、婚姻関係を破綻に至らしめた有責行為に基づく精神的苦痛に対する賠償である。精神的苦痛に対する損害は離婚に至らせた有責行為の違法性の評価の問題として考えられ、不貞や暴力など離婚原因としてあげられる個々の行為の違法性を判断して決められることになる。

ちなみに、離婚訴訟の場においては、有責行為とその違法性の主張立証のために、相手の非を生の社会的事実のままで並べるという作業から逃れられないが、瀬木比呂志判事と水野紀子教授の判例タイムズ1087号誌上対談において、瀬木判事は、離婚慰謝料とはどういう性格か、どのような事由についてどういうメルクマールで決定されるべきかの議論を尽くし、解釈が具体化すれば、もう少し争点の限定ができるはずである。離婚慰謝料の解釈論が、個別的有責行為をみるのかそれとも離婚に至る一連の経過を不法行為ととらえるのかといったごく初歩的なところにとどまっていることが、上記の主張立証の一つの原因になっていると述べておられる（瀬木比呂志・水野紀子「離婚訴訟、離婚に関する法的規整の現状と問題点」判例タイムズ1087号19頁〔瀬木発言〕（2002））。

2　離婚慰謝料と財産分与の関係

慰謝料は財産分与の要素の一つとして考慮できるかについて争いがあったが、最高裁判所は考慮できると判示し、現在の実務もそのように処理している。両者の関係については、前掲**本章第3の1(3)**参照。

3　離婚慰謝料額の算定について

(1)　慰謝料算定の困難性

既に述べたように、離婚慰謝料は離婚せざるを得なくなったことに基づく精神的苦痛に対する損害賠償であるとすると、精神的苦痛そのものは離婚原因によってもたらされたものであるから、離婚原因となる事実の違法性の評価によって、慰謝料は算定されることになる。

離婚原因事実と精神的苦痛は原因と結果の関係にあり、これらの事実に関しては具体的に微に入り細に入り立証することは、決して不可能なことではない。

しかし、精神的損害の発生がいかに具体的に詳細に立証されたとしても、その場合の精神的苦痛が金額にして全体として幾らになるのか、という金銭的計量値で表すことは、ことの性質上絶対的に不可能なものである。

そもそも財産的損害に対し財産以外の損害として精神的損害を区別するのは、精神的損害が性質上金銭で計量できないような種類・態様の損害であるからであるが、それにもかかわらず法的には金銭によって損害を賠償するよりほか方法がない（民417・722①）。

このようなことから、慰謝料額の算定は裁判官の裁量的判断に委ねられている。慰謝料を請求する当事者にとって、あらかじめ慰謝料額を予想することは、かなり難しい。その辺りの事情は本章前掲はじめにの**第1**において触れている。

(2) 慰謝料に関する裁判例

① 東京家庭裁判所の実情

判例タイムズ社「東京家庭裁判所における人事訴訟の審理の実情」107頁の表により損害賠償が認められた件数をみると、500万円以下が302件で94.3％を占めている。そのうち100万円以下が86件で最も多い。ちなみに1,000万円を超える高額の損害賠償は、いずれも慰謝料以外のものである。600万円～800万円は8件である。

同掲載105、106頁には終局事由の内容も統計化されており、それによると民法770条1項5号事由として、性格の不一致が最多の626件で、544件の暴力がこれに続いている。この統計上慰謝料額が全体として見ると低額であると感ずるのは、離婚原因である性格の不一致や暴力に対する評価が相対的に低く、その占める割合が大きいことにもよるのでないかと思われる（東京家庭裁判所家事第6部編著『東京家庭裁判所における人事訴訟の審理の実情』（判例タイムズ社、改訂版、2008））。

② 離婚慰謝料に関する裁判例の動向

本書では、平成2年から平成19年までの離婚慰謝料に関する判決例25件（後掲**第4章**の算定事例参照）について検討した。慰謝料額について概観する。

根拠とされた事実関係	裁判所・判決年月日	認容額
夫の不貞行為	大阪高裁平成19年5月15日判決 81	150万円
	東京地裁平成14年10月25日判決 91	800万円
	神戸地裁平成2年6月19日判決 103	600万円

夫の不貞行為・一方的別居	東京地裁平成13年9月7日判決[93]	700万円
夫の不貞行為・同居協力義務違反	那覇地裁沖縄支部平成15年1月31日判決[90]	300万円（参考事例）
夫の有責行為	東京地裁平成19年3月28日判決[82]	300万円
夫の一連の言動の中に不法行為を構成するもの有り	横浜地裁平成9年1月22日判決[96]	300万円
夫の暴力	大阪高裁平成12年3月8日判決[94]	350万円（逸失利益等の損害賠償は別に1,713万5,023円）
夫の暴力・有罪判決	東京地裁平成16年1月30日判決[86] 仙台高裁秋田支部平成8年1月29日判決[98]	300万円 100万円（原審20万円）
妻子ある男性の内縁不当破棄	京都地裁平成4年10月27日判決[100]	300万円
夫が妻の人格無視	横浜地裁平成3年10月31日判決[101]	300万円
夫の性交拒否	京都地裁平成2年6月14日判決[104]	500万円
妻の不貞行為	最高裁平成5年11月2日判決[99]	200万円
妻の性交拒否	岡山地裁津山支部平成3年3月29日判決[102]	150万円

以上は算定事例として取り上げた判決のうち、慰謝料が認められた事案のみを選んだものである。他は離婚自体が認められなかったり、離婚は認容されたが、慰謝料は認められなかったものなどである。

　事案の内容はそれぞれ異なるが、裁判における慰謝料額についてみると、昭和50年以降大きく変動していないように思われる。

　上記算定事例の場合、単純に平均すると1件375万円となる。これに対し、昭和50年頃より平成2年頃までの不貞行為及び暴行虐待等を原因とする離婚に関する慰謝料掲載事例一覧（家事実務研究会編『家事財産給付便覧—離婚給付・慰謝料・婚姻費用・扶養料の算定—』第1　慰謝料の項（新日本法規））によると、平均361万円である。物価指数の変動を考慮したらほとんど変わらないか若しくは現在の方が低いと考えられる。

　かかる状況については、離婚給付全体の状況からみて増加傾向にあることからすると、財産分与で増額を図り、慰謝料額の算定については裁判例は慎重な傾向にあるものと思われる（東京弁護士会・第一東京弁護士会・第二東京弁護士会編『離婚問題法律相談ガイドブック2006年』173頁(1)（東京弁護士会・第一東京弁護士会・第二東京弁護士会、2006））。

③　慰謝料算定の要素

　離婚慰謝料の具体的算定については、明確な基準は少なく裁判官の裁量に委ねられている。判例に掲げられている算定要素となるべき事由としては、破綻原因、有責行為の種類・態様、程度、婚姻期間（同居期間・別居期間）、年齢、性別、婚姻生活の実情、婚姻中の協力度、双方の資産・収入の程度、離婚後の経済状況、家族関係、未成熟子の有無、離婚後の要扶養、財産分与の額等であって、有責配偶者と被害者の双方の諸事情が斟酌される。すなわち慰謝料算定に影響を及ぼすとみられる直接間接の事情を考慮して決定される。

④　離婚慰謝料と今後の動向

　離婚慰謝料は、一連の有責行為により婚姻関係が破綻し離婚のやむなきに至らしめたことを不法行為と構成し、その責任ある配偶者に対する精神的損害賠償と解されている（最判昭46・7・23判時640・3）。

　いわゆる離婚法の見直しにおいて、離婚原因に別居期間を加えるなど破綻主義が進むと、夫婦は婚姻関係を有責かどうかに関係なく終了させることができるようになるであろう。離婚訴訟関係の当事者が一様に辿らねばならぬと思われている離婚原因やその違法性の主張立証の悩みからもかなり開放されるに違いない。財産分与制度が充実しその趣旨が十分生かされるようになれば、離婚慰謝料につ

いては有責的要素を弱められるのではないか。そうすれば、有責性をめぐる紛争の激化からも逃れられる。

反面、離婚によって経済的に不安定な立場に立つ配偶者への一層の配慮が必要となる。年金法の改正によって、離婚時年金分割制度が実現したことや、実務では離婚時に清算する夫婦の財産に将来の退職金を含めて処理するなど、近時離婚後の当事者間の衡平を図るための方策が具体化されてきている。

従来離婚紛争の当事者にとって、慰謝料という観念がいつも付きまとっていて、紛争を複雑化し徒に長期化させている面が否めない。

今後、婚姻生活の解消は、有責的要素をできるだけ限定的にとらえ、離婚後の生活設計を見通した上で、双方が社会的経済的に再スタートできるような方向で解決することが望ましいと考える。

4　婚約の不当破棄と慰謝料

(1)　婚約の意義

婚約とは、将来婚姻することを約する契約である。合意の内容には、将来夫婦としての共同生活を営む意思と、将来婚姻の届出をなす意思が含まれていれば足りる。

婚約については民法には何らの定めがなく、婚約の成立には方式や儀式の必要はない。

(2)　慰謝料

① 正当な事由なく婚約を破棄した場合は、これによって被った苦痛に対し、精神的損害として慰謝料が認められる。

問題は何をもって正当事由というのかだが、相手方の有責行為（他の異性との肉体関係、暴力行為、理由のない挙式の延期など）や、婚姻生活の維持に重大な影響を与える事情（精神病、経済的破綻など）がある場合などがそれに該当する。家風が合わないとか、方位が悪い、家族が反対している、などは正当事由に当たるとはされない。

性格の不一致については次のような判例がある。相手方の男性が「原告には常識が欠け、家庭的なしつけが出来ておらず、ルーズで責任感に乏しいことが婚約後に判明したのみならず、その体形があまりに細く劣等であって」次第に愛情を喪失した、と主張したのに対し、「相手方の性格一般をあげつらったり、いわんやその容姿に関する不満をことあげしても、これをもって婚約破棄の正当事由となしうるものとは到底解し得られない」と判示している（徳島地判昭57・

6・21判時1065・170)。

これに対し、相手方婚約者の性格ないし物の考え方に起因するものとして、婚約を破棄すべき正当な事由ありとして破棄の違法性を否定した判例がある(福岡地小倉支判昭48・2・26判時713・108)。

一般的には、性格などが婚姻生活を維持できないと認められるときには正当事由ありと言えるが、そのような事実を知って婚約したのであれば、破棄は簡単に認められない(岡部喜代子『親族法への誘い』17頁(八千代出版、第2版、2003))。

② 慰謝料額

慰謝料の額は、婚約期間、交際の状況、周囲への周知の有無、結婚へ向けての具体的準備の程度、婚約破棄の事情などが考慮される。

慰謝料の額については、離婚慰謝料同様裁判官の裁量によって決められるが、離婚の場合に比してかなり低額となっている。

比較的最近の判例では30万円～250万円をもって相当とするものが散見される。

5 内縁の不当破棄と慰謝料

(1) 内縁の意義

内縁とは、結婚する意思の下に夫婦共同生活を営んでいるが、婚姻届を提出していない関係をいう。

判例は、はじめは婚姻予約として(大判大4・1・26民録21・49)、後に準婚として(最判昭33・4・11判時147・4)、事実上の夫婦を保護するに至った。

2人の子供がいるが、互いに束縛しないよう法律上の婚姻をせず、住居の生計も異にして好きなときに行き来する男女の片方が、一方的に別れを告げた場合、他方は慰謝料を請求できるかが争われた事案があったが、裁判所は「婚姻やこれに準じるもの(内縁)と同じように法的に保護する必要は認められない」と判断した(最判平16・11・18判時1881・83)。

(2) 慰謝料

内縁の不当破棄による慰謝料算定の要素は、基本的には離婚の場合と同じで、内縁の期間、内縁破棄に至る事情、子供の有無などである。

慰謝料額については、事例を統計表にして一覧できるものがいくつかあるので参考になる(前掲・家事実務研究会編、千葉県弁護士会編『慰謝料算定の実務』41頁(ぎょうせい、2002))。

【宇田川濱江】

第 2 章
養育費をめぐる算定事例

1 調停により定められた養育費を減額した審判の取消しを求めた即時抗告が認められた事例

▶協議離婚後、親権者であった抗告人（妻）が申し立てた養育費請求調停申立事件において、未成年者1人につき月額2万2,000円を支払う旨の調停が成立した後、相手方（夫）が、養育費減額の申立てを行い、当該申立てが、事情変更を理由に認められたため、これを不服として、抗告人が即時抗告を行ったところ、事情変更は認められないとして、原審判が取り消された事例

（東京高決平19・11・9家月60・6・43）

抗告人の主張（妻）	相手方の主張（夫）	裁判所の判断
養育費：2万2,000円／月（成人まで）	養育費：1万5,000円／月（成人まで） ※ただし、審判での主張は、1万1,000円	養育費：2万2,000円／月（成人まで）

事実関係（裁判所の判断時）					
抗告人の事情	年　齢	昭和39年生まれ	職　業	－
	収　入	176万593円	財　産	－
	学　歴	－	健　康	－
相手方の事情	年　齢	昭和39年生まれ	職　業	運送業
	収　入	680万4,411円	財　産	－
	学　歴	－	健　康	－
その他	婚　期 （別居）	－	子	男子3人（平成元年・3年・7年生まれ）
	家事分担	共稼ぎ	親　権	抗告人

事実経過（裁判所が認定した事実）	
H15	協議離婚（養育費1人3万円、平成16年6月から2万円）
H17	相手方が再婚。
H18	再婚相手の長女（平成7年生まれ）と養子縁組。

H18. 6	養育費請求調停申立事件において、相手方が抗告人に対し、養育費として、1人当たり月額2万2,000円の養育費を支払う旨の調停が成立。
H18. 8	抗告人が相手方に対し、養育費支払についての履行勧告の申出。
H18. 9	相手方が抗告人に対し、平成18年8月分の養育費支払。
H18秋	再び、相手方の養育費不払があったため、抗告人が相手方に対し、養育費支払についての履行勧告の申出。
H18. 12	相手方が養育費減額の調停申立。
H19. 7. 19	養育費の減額を認める審判。

裁判所の判断理由

調停成立時において、相手方は既に再婚し、再婚相手の長女と養子縁組をしており、当時仕事に使用していた自己所有のトラックを買い換えるか又は会社からトラックをレンタルで借りるかしなければならないという事情を認識していたのであるから、トラックを利用した事業者というべき相手方としては、レンタル料が幾らであるかは重大な関心事であり、レンタル料の額、ひいては自己の総収入の減少についても相手方は具体的に認識していたか、少なくとも十分予測可能であったというべきであるから、相手方の養育費減額の申立ては理由がない。

なお、原審判は、事情変更を認めているが、相手方がどの程度の減収を予想していたかなどを含め予想できた減収の範囲を超えていることを認めるに足りる証拠はないと言わざるを得ない。

また、相手方が調停で定められた養育費の支払をしばしば怠っている理由は、トラックのレンタル料の支払のみではなく、それ以外の借金や税金の滞納にもよるのであって、これらの点について、相手方において調停の成立時に予測不能であったと認めるに足りる証拠はない。しかも、相手方は、トラックのレンタル料の支払が必要になった平成18年9月に先立つ平成18年8月の段階で養育費の支払を遅滞し始めているのであって、相手方が養育費の支払をしない理由は、必ずしもトラックのレンタル料の支払のみであるとは言えない。

コメント

本事例は、調停で定められた養育費の支払を行わない夫が、その後に、当該養育費の減額を申し立て、その請求が審判で認められたものの、抗告審でその審判が、取り消された事例である。

法律上の論点としては、養育費算定の根拠となった夫の収入がその後減少したことが事情変更に該当するかという点になるが、裁判所は、相手方は自己の収入減少について調停成立時に具体的に認識していたか、少なくとも十分予測可能であったとして、相手方の主張を排斥している。

　調停は、確定判決と同一の効力を有するのであるから、調停成立時に予測不能であったことが後で生じた場合に限り、調停内容の変更が認められるのであって、この点について、裁判所は、原審よりも、詳細に事実認定及び評価をした結果の判断と思われる。

2　協議離婚当事者の合意により定められた養育費の支払終期の延長を認めた審判の取消しが認められた事例

▶協議離婚に際し、妻が未成年者の親権者となり、養育費として夫が月額5万円を当該未成年者が18歳に達するまで支払うとの合意後、妻が離婚後の事情変更を理由に、未成年者が22歳に達するまでの支払を求めて調停を申し立て、この申立てを認める審判がなされたところ、夫が不服を申し立て、認められた事例

（大阪高決平19・11・9家月60・6・55）

抗告人の主張（夫）	相手方の主張（妻）	裁判所の判断
養育費：5万円／月（18歳まで）	養育費：5万円／月（22歳まで）	養育費：5万円／月（18歳まで）→既に支払義務なし

事実関係（裁判所の判断時）					
抗告人の事情	年　齢	昭和39年生まれ	職　業	会社員	
	収　入	192万円（平成18年度）	財　産	－	
	学　歴	－	健　康	－	
相手方の事情	年　齢	昭和40年生まれ	職　業	自営業	
	収　入	269万839円（平成18年度）、なお、遺族基礎・厚生年金として、169万（平成18年度）	財　産	－	
	学　歴	－	健　康	－	
その他	婚期（別居）	9年（－）	子	男子1人（平成元年生まれ）	
	家事分担	－	親　権	相手方	

事実経過（裁判所が認定した事実）	
H7	協議離婚、当事者間で養育費（月額5万円、18歳まで）の内容を口頭で合意。
H9	相手方が再婚、未成年者と再婚相手とが養子縁組。
	抗告人が再婚、同年に再婚相手との間に長男誕生。

第2章　養育費をめぐる算定事例

H12	抗告人と再婚相手との間に長女誕生。
H13	相手方と再婚相手との間に長女誕生。
H15	相手方の再婚相手が死亡。
H18.12	相手方が、未成年者が22歳に達する月まで引き続き月額5万円の養育費の支払を求める調停を申立て。
H19	調停不成立により審判手続に移行。
H19.6.22	原審判（月額1万5,000円、成人まで）。

裁判所の判断理由

　当事者の合意によって養育費の分担額や分担期間を定めた場合も、その後、事情変更が生じて従来の養育費の定めが実情に適さなくなった場合にはこれを変更することができると解され、本件において、相手方が本件合意による養育費分担の終期以降も更に抗告人に対し養育費の分担を求めるためには、上記合意による終期の定めを維持することが、その実情に照らして相当でないと認め得るような事情変更があることを要する。

　ところで、本件合意後に未成年者と相手方の再婚相手との養子縁組、抗告人の再婚及び二子の誕生という養育費の分担義務を減免させるような事情変更が生じている点に着目すれば、未成年者の大学入学やその準備に費用を要することをもって、本件合意による養育費分担義務の終期の定めの延長を認めるべき事情変更があったとみることは相当でない。

コメント

　本事例においては、①前年度の夫と妻の年収を比較すると、妻の年収（遺族基礎・厚生年金を含む）が養育費支払義務者の夫の2.28倍であること、②夫には、再婚相手との間にまだ養育すべき小学生の子が2人いることからすれば、例え未成年者が大学進学を志し今後学費の出費が予想されるとしても、そのような事態は、合意成立時点で予測可能であり、衡平の観点から見て、相対的に妻より夫の方が生活に困窮していると考えられるので、事情の変更が認められないとした裁判所の判断は正当であると評価できる。したがって、本件は、支払義務者の年収が親権者に比べて相対的に低い場合の結論であって、支払義務者の年収が支払権者の年収に比べ同等又は相対的に高い場合には、その他の状況が類似していても、同一の結論とはならない可能性は十分あると思われる。

3 公正証書により定められた養育費の減額の申立てに対し、支払義務者の再婚相手の育児休業期間中に限り、減額を認めた事例

▶協議離婚において作成した離婚給付契約公正証書において定められた養育費について、支払義務者であった夫が、当該公正証書作成後の事情の変更があったとして、養育費減額を申し立て、この申立てに対し、裁判所が、夫の再婚相手の育児休業期間中に限定して、当該減額を認めた事例

(福島家会津若松支審平19・11・9家月60・6・62)

申立人の主張（夫）	相手方の主張（妻）	裁判所の判断
養育費：3万円／月（成人まで） （期日において慰謝料・財産分与額の減額を陳述）	養育費：6万円／月（成人まで）	養育費：6万円／月、ただし、平成19年7月〜平成20年4月までは、3万円／月（成人まで） ※慰謝料等は民事訴訟の対象につき、審判対象外

事実関係（裁判所の判断時）					
申立人の事情	年齢	−	職業	会社員	
	収入	322万3,665円	財産	−	
	学歴	−	健康	−	
相手方の事情	年齢	−	職業	会社員	
	収入	145万5,278円	財産	−	
	学歴	−	健康	−	
その他	婚期（別居）	−	子	1人（平成15年生まれ）	
	家事分担	共稼ぎ	親権	相手方	

事実経過（裁判所が認定した事実）	
H15	婚姻、第一子誕生するも、申立人の浮気相手の妊娠発覚。
H16	親権者を相手方と定めて協議離婚、公正証書作成。
H19	申立人、再婚相手と婚姻し、同年長男誕生。
H19.4	相手方が、養育費支払請求権等を請求債権とする債権差押命令によ

	り、申立人の給料を差押え。
H19. 6	申立人が相手方に対し、養育費減額の調停を申し立て、同年、事件が審判に移行。

裁判所の判断理由

　事情変更に基づく養育費の減額（民880）は、当初の協議の際、当事者が予見し得ない事情の変更が後になって生じ、協議が実情に合わなくなった場合にのみすることができると解するのが相当であるところ、申立人が養育費を定めた離婚給付契約公正証書を作成後第三者と婚姻し、子供をもうけたという事情は、本件養育費条項を変更すべき事情に当たるとするのが相当である。

　ところで、子の養育費については、養育費の支払義務者と子が同居していると仮定した場合に捻出することができる生活費を基準に算出すべきものであり、そこでは、成人の生活費の指数を100、15歳未満の子のそれを55とするのが相当である。すると、現時点において、申立人と子が同居していると仮定した場合の子の生活費の割合は、再婚相手及びその子の存在を考慮しなければ55／（100＋55）となるのに対し、これらの者の存在を考慮すれば55／（100×2＋55×2）となり、後者は前者の2分の1の割合となっている。これによれば、本件養育費条項は、現時点において、その額を2分の1に変更するのが相当である。

　ただし、以上の検討は、再婚相手に収入が無く、再婚相手との間の子の養育費全額を申立人が負担することを前提としたものであるから、再婚相手の育児休業期間中のみ、本件養育費条項の減額を認めるのが相当である。

コメント

　本事例は、夫と妻が協議離婚により作成した離婚給付契約公正証書において定められた養育費について、その後第三者と婚姻し、その者との間に子供をもうけた夫が、養育費の減額を求めた調停で、期間を限定して減額が認められた事案である。

　裁判所は、申立人が婚姻し、当該再婚相手との間に養育すべき子供ができたことは、公正証書作成時点において当事者が予見し得ない事情の変更に当たると判断して、養育費の減額について肯定的な判断をしている。

　ただし、減額については、申立人が単独で、再婚相手との子供の養育費を負担しなければならない前提においてのみ認められるとし、再婚相手の育児休業期間中に限定して減額を認めている点が注目される。なお、本件と同様、公正証書作成後、養育費支払義務者が家庭を持った場合でも、養育費条項を変更すべき事情に当たらないとする判断も事例によってはあり得ると考えられる。

4 別居後離婚までの期間における子の監護費用の分担は、離婚の訴えに附帯して申し立てられるとした事例

▶原審は、離婚後の子の監護費用の支払は命じたものの、別居後離婚までの子の監護費用については、家庭裁判所の専属管轄に属するとして申立てを却下したところ、別居後離婚までの期間の子の監護費用の申立てがあれば、離婚判決の際に同時に解決しなければならないとして、これを破棄差し戻した事例

（最判平19・3・30判時1972・86）

上告人の主張（妻）	被上告人の主張（夫）	裁判所の判断
養育費：別居時から離婚時までの養育費分担の申立ては適法	養育費：離婚訴訟において、婚姻期間中の養育費の分担の申立てをすることは不適法	養育費：婚姻期間中の監護費用の申立ては適法

※ 上記は、上告理由に限定した主張のみ記載。

事実関係（裁判所の判断時）					
上告人の事情	年齢	昭和45年生まれ	職業	－
	収入	470万8,875円（平成16年度）	財産	－
	学歴	－	健康	－
被上告人の事情	年齢	－（昭和46年生まれ）	職業	会社員
	収入	1,029万5,397円（平成16年度）	財産	－
	学歴	－	健康	－
その他	婚期（別居）	－	子	男子1人（平成13年生まれ）
	家事分担	共稼ぎ	親権	上告人

事実経過（裁判所が認定した事実）	
H12	婚姻。
H13.7	上告人、第一子妊娠中に別居。
H13.10	第一子（長男）誕生。
H16	上告人、離婚訴訟提起。
H17.2.16	第一審判決（上告人が親権者、別居後離婚までの養育費（平成13年

第2章　養育費をめぐる算定事例　　63

	10月～平成14年9月が月額7万円、平成14年10月～平成16年11月が月額6万円、平成16年12月～成人になるまでが月額8万円）の支払を命じる、財産分与等の点は省略）言渡し。
H17. 2	被上告人が控訴。
H17. 7．6	控訴審判決（本判決確定日から成人に達する日まで養育費として月額8万円の支払を命じる）言渡し。
H19. 4	妻は、控訴審が別居後離婚までの監護費用の申立てを認めなかったことを不服として、上告。

裁判所の判断理由

　離婚の訴えにおいて、別居後単独で子の監護に当たっている当事者から他方の当事者に対し、別居後離婚までの期間における子の監護費用の支払を求める旨の申立てがあった場合には、民法771条、766条1項が類推適用されるものと解するのが相当である（**20**参照）。そうすると、当該申立ては、人事訴訟法32条1項所定の子の監護に関する処分を求める申立てとして適法なものであるということができるから、裁判所は、離婚請求を認容する際には、当該申立ての当否について審理判断しなければならないものというべきである。
　以上と異なる見解に立って、本件申立てを不適法として却下した原審の判断には、判決の結論に影響を及ぼすことが明らかな法令の違反がある。論旨は理由があり、原判決のうち本件申立てに関する部分は破棄を免れない。そして、同部分につき、更に審理を尽くさせるため、本件を原審に差し戻すこととする。

コメント

　人事訴訟法32条1項は、子の監護者の指定、その他子の監護に関する処分等については、離婚判決の際に同時に裁判しなければならない旨定める。ここで、当該同時解決の対象となる処分等の中に、離婚後の子の監護費用の分担が含まれることは、本事例の第一審、原審も肯定する立場にあり、本上告審も同様の立場である。問題は、婚姻中の子の監護費用、つまり、別居後離婚までの期間の子の監護費用の分担も、同時解決の対象に含まれるか否かという点である。別居後離婚までの期間の子の監護費用については、婚姻費用の一部と考えれば、同時解決の対象とならないとの結論となり、監護費用であることを重視して考えれば、同時解決の対象となるとの結論になりやすいと言える。本判決は、監護費用としての性質を重視して、平成9年4月10日の最高裁第一小法廷判決（前出）と同様に、別居後離婚時までの監護費用について、人事訴訟法32条1項の同時解決の対象として、附帯処分の申立てが認容される立場を明らかにしたものとして意義があるものと言える。
　なお、人事訴訟法32条1項については、前掲**第1章第1の2(4)**を参照されたい。

5 養育費及び財産分与に関する契約に基づいてした債務者の相続人に対する養育費支払請求が認められた事例

▶原告２名の両親と祖父（又は祖母）の３名が締結した「養育費及び財産分与に関する契約」で祖父（又は祖母）の孫に対する毎月の養育費支払及び財産分与義務が定められていたが、祖父が死亡したので相続人に対し養育費支払及び財産分与を請求し、当該養育費支払請求が認められた事例

（東京地判平19・3・12（平18(ワ)7646））

原告の主張（孫）	被告の主張(祖母(祖父)、叔母(叔父))	裁判所の判断
養育費：契約に基づく養育費未払分各395万円と平成18年４月から平成19年１月まで各３万5,000円／月余 財産分与：各749万5,000円	養育費・財産分与：契約当事者でない原告両名の受益の意思表示がなく、原告両名の権利は時効消滅	養育費：原告へ各317万円余の支払 財産分与：時効消滅

事実関係（裁判所の判断時）					
原告の事情	年齢	－	職業	－	
	収入	－	財産	－	
	学歴	－	健康	－	
被告の事情	年齢	－	職業	－	
	収入	－	財産	－	
	学歴	－	健康	－	
その他	婚期（別居）	－	子	2人（昭和63年、平成元年生まれ）	
	家事分担	－	親権	－	

事実経過（裁判所が認定した事実）	
S63	原告 X_1 誕生。
H元	原告 X_2 誕生。

H6．3．14	祖父（祖母）D、A、E（Dの子）間で「離婚に伴う財産分与契約」締結（平成6年4月より平成19年10月まで、Dは、原告両名の養育費として、月額10万円を毎月末支払う、D所有でA及び原告らが使用していた土地建物の売却代金から諸費用等を控除した金額の2分の1を、原告両名に分与する等の契約）。
H6．12．28頃	E死亡。
H17．9．10	D死亡。

裁判所の判断理由

　本件契約の当事者はD、A及びEと解するのが相当であり、原告両名の権利を定める条項については第三者たる原告両名のための契約としての性質を有し、本件契約の趣旨や本件各条項が原告両名に対して利益を与えるものであることに照らせば、法定代理人親権者でもあるA及びEは、本件契約を成立させること自体により原告両名を代理して受益の意思表示をしたものと解することが相当であるから、原告両名の本件契約に基づく請求権は有効に発生したと認定できる。そして、被相続人の可分債務は、被相続人による相続分の指定がある場合でも、法定相続分に従って分割され承継されると解するべきである。

　ただし、本件請求権は、遅くとも本件売買契約に基づく代金支払時である平成7年4月28日に発生したものと認めるのが合理的であり、消滅時効の起算日から平成18年の本訴提起までに10年が経過していることは明らかで、被告両名は、本件裁判期日において時効援用の意思表示をした、あるいはそうみなされ、本件分与条項に基づく原告両名の請求権は時効消滅したというほかない。

コメント

　本事例は、本来は養育費支払義務者ではない祖父（又は祖母）が養育費支払義務を負うことを両親との間の契約で認めていた場合に、その相続人に対しても、当該支払義務の承継を根拠に、支払を請求できるとした事例である。このような契約の存在自体が特殊な事情に基づくものであっただけでなく、親及び祖父（又は祖母）が韓国国籍であったために、相続に関しては、韓国民法によることを認めながら（旧法例26、法通則36）、韓国民法に基づいた相続分の割合に応じて、相続人についても、養育費支払義務を認めた点でも、特殊な事例である。

　養育費支払義務が相続の目的となるかについては、養育費支払義務の一身専属性と絡んで争いがあるところであるが、本事例での裁判所は、この点について明確な説明は施していないが、契約成立時に受益の意思表示があるので、この時点で相続性が生じ、可分債務として相続されるとの立場に立つようである。よって、養育費支払義務が相続の目的となるかについては、本事例の結論を容易に一般化することには慎重になるべきと解される。

6 申立人と相手方の双方の生活の公平な維持のため、公正証書により定められた養育費の減額を認めた事例

▶協議離婚において作成した離婚給付等契約公正証書に規定した、未成年者1人月額7万円、合計月額14万円の養育費は、いわゆる標準的算定表による養育費の2倍以上の金額であったこと等を理由に、養育費の減額変更に必要とされるだけの事情の変更があるとし、未成年者1人につき月額4万5,000円に減額変更された事例

(東京家審平18・6・29家月59・1・103)

申立人の主張（夫）	相手方の主張（妻）	裁判所の判断
養育費（2人分）：7万円／月（成人まで）	養育費（2人分）：12万円／月（成人まで）	養育費（2人分）：9万円／月（成人まで）

事実関係（裁判所の判断時）					
申立人の事情	年齢	昭和43年生まれ	職業	調理師	
	収入	563万8,856円	財産	－	
	学歴	－	健康	－	
相手方の事情	年齢	昭和42年生まれ	職業	会社員	
	収入	240万6,000円	財産	－	
	学歴	－	健康	－	
その他	婚期（別居）	13年（－）	子	女子2人（平成4年・7年生まれ）	
	家事分担	共稼ぎ	親権	相手方	

事実経過（裁判所が認定した事実）	
H3.11.26	婚姻。
H4	第一子誕生。
H7	第二子誕生。
H16.3.18	親権者を相手方と定めて協議離婚。
H16	離婚給付等契約公正証書作成（養育費として、1人当たり月額7万円）。
H16.4.30	申立人、別居して実家に居住。

H16. 7	申立人、賃貸住宅に転居。
H16. 7. 2	申立人が相手方に対し、養育費減額の調停申立て。
H17. 3	申立人は、それまで、養育費として、1人当たり月額7万円支払っていたが、この月から、1人当たり月額4万5,000円の支払となる。
H17. 4. 27	調停不成立、審判に移行。

裁判所の判断理由

①公正証書の養育費約定により合意された2人分の養育費の額は、月額14万円であり、算定表による2人分の標準的な月額養育費の額（約6万円）の2倍以上の額であることが明らかであること、②相手方自身も、「養育費の14万円は臨時出費分も考慮した金額」である旨述べていること、③本件公正証書作成当時、申立人としては、離婚後も当分の間同居生活を継続できるものと考えていたこと、④申立人は毎月14万円を1年近く支払ってきたが、それは他人からの借入れによるものであり、今後、当該借入金の返済をしなければならないこと等を考慮すると、本件においては、当事者間に、公正証書によってされた本件養育費約定に基づく合意が存在するとはいえ、双方の生活を公平に維持していくためにも、本件養育費約定により合意された養育費の月額を減額変更することが必要とされるだけの事情の変更があるものと認められる。

なお、養育費は、その定期金としての本質上、毎月ごとに具体的な養育費支払請求権が発生するものであるから、そもそも公正証書上の期限の利益喪失約定に親しまない性質のものというべきであり、また、養育費の定期金としての本質から生じる事情変更による減額変更が、本件期限の利益喪失約定により許されなくなる理由もない。

コメント

本事例は、夫と妻が協議離婚により作成した離婚給付等契約公正証書において定められた養育費が、夫と妻の収入に基づき算定したいわゆる標準的算定表に基づく養育費の2倍以上の金額であったところ、夫が養育費減額を求めて調停を申し立て、審判において、標準的な月額養育費の1.5倍に相当する金額に減額変更が認められた事例である。

裁判所は、事情の変更を理由に減額変更を認めているが、事情の変更の根拠となる事実は、どちらかと言えば、本件公正証書作成時に存在していた事実であり、むしろ、その事実の認識や評価が、申立人において当初希薄であったが、その後痛感せざるを得ない状況になったことを考慮して、裁判所は事情の変更の存在を認めたものと解される。

7 無収入を理由にした養育費免除の申立てに対し、潜在的稼働能力を前提に養育費を算定した事例

▶先行する審判において養育費の支払を命じられた申立人が、勤務先を退職し収入がなくなったことを理由に養育費免除の申立てをしたが、勤務を続けていれば得べかりし収入に基づき養育費を算定した事例

(福岡家審平18・1・18家月58・8・80)

申立人の主張（夫）	相手方の主張（妻）	裁判所の判断
養育費：免除	—	養育費：子1人当たり3万円／月（20歳まで）

事実関係（裁判所の判断時）					
申立人の事情	年齢	—	職業	—	
	収入	なし（前件審判時に467万円／年程度）	財産	—	
	学歴	—	健康	—	
相手方の事情	年齢	—	職業	—	
	収入	平均13万円／月程度	財産	—	
	学歴	—	健康	—	
その他	婚期（別居）	—	子	3人（17歳、13歳、10歳）	
	家事分担	—	親権	相手方	

事実経過（裁判所が認定した事実）	
H11. 5. 10	協議離婚（子3人の親権者は相手方）。
H16. 11. 12	審判（養育費未払分、及び平成16年11月から未成年者が満20歳に達する月まで、1人当たり月額3万円の支払）。 ※同審判において、申立人は、給料の差押え等の強制執行を受けた場合には、退職してでも抵抗する旨記載した書面を提出。
H16. 12. 28	上記審判に対する抗告棄却。
H17	上記審判に基づき申立人の給与債権差押え（平成17年7月給与、賞与、同年8月給与）
H17. 8. 24	申立人が勤務先を退職。

第2章　養育費をめぐる算定事例　　69

| H17. 9 . 30 | 養育費免除の調停申立て。
調停不成立により審判へ移行。 |
| H18. 1 . 18 | 審判。 |

裁判所の判断理由

　申立人は、前件審判において養育費の支払を命ぜられたにもかかわらず、一度も任意に履行せず、強制執行を受けるやそれを免れるために勤務先を退職したのであるから、申立人が現在収入を得ていないことを前提に養育費を免除することは相当ではなく、申立人が潜在的稼働能力を有していることを前提として、勤務を続けていれば得べかりし収入に基づき、養育費を算定するのが相当である。申立人の給与収入は、平成16年は少なくとも総額467万1,931円、平成17年7月は43万5,076円、同年8月は32万8,035円、賞与として26万9,300円を得ている。よって、申立人が勤務先を退職していなければ、少なくとも年額467万1,931円の給与収入を得ていたと認められるから、これに基づいて算定する。

コメント

　申立人は、養育費分担に関する審判において、相手方に対する金銭等の支払をすべて拒否し、給与差押え等の強制執行が行われる場合には退職してでも抵抗する旨の書面を提出した。そして、審判によって定められた養育費を一度も任意に支払わず、その意思もなく、強制執行を受け強制的に支払わされることに納得できないため退職した。そのような事情の下、裁判所は、申立人の潜在的稼働能力を認め、申立人が勤務を続けていれば少なくとも申立人が退職前に得ていた給与収入を得ていたと認められるとして同収入に基づいて養育費を算定した。

8 養育費支払義務を22歳まで継続すべき格別の事情があるとして、その終期を22歳までとした事例

▶非監護親は、監護親の収入を承知しながら、子の大学進学を希望していることから、子の大学進学費用を自ら負担する旨の認識があるなどとして、養育費支払義務の終期を22歳までとした事例

（東京地判平17・4・15（平14（タ）178・381、平15（タ）309・944））

原告ら（X₁～X₃）の主張		被告の主張	裁判所の判断
（X₁（妻）） 離　婚 親権：原告 養育費：1人当たり6万円／月（22歳まで） 財産分与：750万円 慰謝料：300万円	（X₂・X₃（妻の両親）） 離　縁	（対X₁） 離　婚 親権：被告 財産分与：2,450万円 慰謝料：500万円 （対X₂・X₃） 離　縁 慰謝料：7,000万円	（X₁、被告） 離　婚 親権：原告 養育費：1人当たり　4万円／月（22歳まで） 財産分与：約60万円 （X₂・X₃、被告） 離　縁 〔財産分与の割合〕 2分の1

事実関係（裁判所の判断時）					
原　告 （X₁） の事情	年　齢	－	職　業	パート店員
	収　入	9万円／月程度（基礎収入）	財　産	な　し
	学　歴	－	健　康	－
被告の事情	年　齢	－	職　業	大学職員（守衛）
	収　入	22万円／月程度（基礎収入）	財　産	積立貯金
	学　歴	－	健　康	－
	婚　期 （別居）	約19年（約4年）	子	3　人

その他	家事分担	-	親権	-
	その他	被告は、妻（X_1）の両親（X_2・X_3）の家業を継ぐことを前提に原告らの姓を名乗り、X_2・X_3と養子縁組。		

事実経過（裁判所が認定した事実）	
S57. 11. 16	X_1・被告結婚。
S61. 2. 21	長男誕生。
S61. 3. 27	X_2・X_3・被告養子縁組。
S63. 8. 5	次男誕生。
H 3. 7. 1	長女誕生。
H 8	X_1・X_2らが離婚・離縁調停申立て（いずれも取下げ）。
H 9. 4	X_1被告らは、マンションに転居。
H13. 3	X_1子らが実家に戻る。→別居開始。
H14. 1	被告はX_2に対し、不法行為に基づく損害賠償請求訴訟提起（平成15年5月には、X_1に対しても同種訴訟提起）。→いずれも棄却。
H15. 3	X_1婚姻費用分担調停。→不調。→審判。
H16. 10. 29	決定（婚姻費用月額13万円）。→X_1差押え。

裁判所の判断理由

　養育費負担義務は、一般的には子が成人に達した段階で消滅するのが原則と考えられる。しかし、その一方で、4年制大学への進学率が相当高い割合に達している現状において、子が大学へと進学する場合、学費や生活費に不足を生じることはやむを得ないことというべきである。そして、本件においては、非監護親は、監護親の収入を十分に承知した上で、子が大学を卒業することを強く望んでいる旨を明確に述べているから、子の大学進学に関する費用を自らが負担する旨の認識を示したものと判断することができる。

　また、もし、将来、子が大学に進学しなかった場合には、そのことが明らかになった段階で、家庭裁判所に養育費減額等の申立て等を行うことにより不合理な結論を避けることは十分に可能である。

コメント

　養育費負担義務は、子の監護に関する処分（民766②）の一環として請求できるものであるから、成年に達した段階で消滅するという原則を述べた上で、本件では、22歳まで上記義務が継続されるべき「格別の事情」が存在するとして、その終期を22歳までとした。

　すなわち、4年制大学への進学率が高いという現状、子が大学へと進学した場合には、成人後も学費や生活費がかかること、非監護親は、監護親には十分な収入がないことを承知しながら、子が大学に進学することを望んでおり、子の大学進学に関する費用を自らが負担する旨の認識を示したと言えること、将来、大学に進学しなかった場合には、その時点で家庭裁判所に養育費減額等の申立てをすることができることなどを認定して、4年制大学の卒業が予定される満22歳時までは、養育費支払義務を継続すべき格別の事情があるとした。

　なお、本件は、原・被告（X_1・Y）間の離婚等とともに、原告の両親と被告（X_2・X_3・Y）間の離縁についても争われた事例であるが、養親子双方の帰責性により養親子関係が破綻し、それが波及して婚姻関係が破綻したなどとして、X_1の被告に対する慰謝料請求も棄却されている。

9 養育費の増額合意及び養育費の給付義務の終期の合意の解釈並びに過去の養育費増額分の一括請求に関する事例

▶増額を規定する合意に基づき行った過去の養育費増額分の一括支払請求の可否及び養育費の給付義務の終期を「子が大学を卒業する月まで」とした合意の解釈について判断した事例

(東京地判平17・2・25判タ1232・299)

原告(反訴被告)の主張(妻)	被告(反訴原告)の主張(夫)	裁判所の判断
(本訴)増額を規定する調停条項に基づき過去の養育費等の増額分を一括支払請求	(本訴)左記調停条項に基づく債務の不存在確認 (反訴)支払済の養育費の返還等	(本訴)合意に基づく過去の養育費の一括支払請求棄却 (反訴)一部認容(子らが成人後に夫が支払った養育費の返還等)

事実関係(裁判所の判断時)				
原告の事情	年齢	-	職業	-
	収入	-	財産	-
	学歴	大卒(慶応)	健康	-
被告の事情	年齢	-	職業	-
	収入	-	財産	-
	学歴	大卒(慶応)	健康	-
その他	婚期(別居)	10年(6年)	子	2人(いずれも成人)
	家事分担	-	親権	原告(妻)

事実経過(裁判所が認定した事実)	
S52.2.17	結婚。同年長女出産。
S56	別居開始。
S57	長男出産。
S62.3.30	調停離婚(養育費等合計毎月40万円(大学卒業まで)。原則として年

	ごとに増額する旨の合意。慰謝料3,000万円。)
H9. 12. 6	長女成人。
H14. 8. 22	被告は養育費等の支払を中止。
H14. 8. 23	長男成人（英国の１年制卒業資格取得コースに在籍）。
H14. 12. 22	長男帰国。→アルバイトをしながら音楽を勉強。
H15	原告が、昭和63年１月１日から平成14年８月22日までの養育費等増額分の合計の支払請求。
H15. 12. 6	長女結婚。→原告とは生計が別になる。

裁判所の判断理由

　調停条項において定めた「養育費等は原則として年ごとに総務庁統計局編集の消費者物価指数編東京都区部の総合指数に基づいて増額する」旨の規定から、直接、具体的な金銭支払請求権は発生しない。仮に、養育費等増額分が毎年１月１日をもって例外なく増額されるとしても、本件請求は、扶養権利者等からの請求以前の過去の扶養料を一括して遡及的に請求するものであり認められない。

　「子が大学を卒業するまで」とする養育費等の支払義務の終期についての規定は、「子らが成年に達した時点において、現に大学に在籍しているか、あるいは在籍していなかったとしても合理的な期間内に大学に進学することが相当程度の蓋然性をもって肯定できる特段の事情が存在する場合には、子らが大学を卒業する月まで養育料等の支払義務は延長され、そうでない限り、子らが成年に達する日の前日をもって終了する」との趣旨で合意されたものと解するのが相当である。

コメント

　「養育費は、原則として、年毎に消費者物価指数に基づいて増額する」旨の規定は、その増額の時期、原則、例外の区別基準について一義的に明確になっていないことなどを理由に、具体的な金銭支払請求権の発生原因とならず、いずれにしろ、扶養権利者等からの請求以前に発生した過去の扶養料を一括して遡及的に請求することは認められない旨を判断した。

　また、本事例では、長女は結婚し、長男はアルバイトをしながら音楽の勉強を続けている状態にあるという事情の下、「子が大学を卒業する月まで」との養育費の支払義務の終期に関する合意は、原・被告ともあえて具体的終期を定めず、子らが大学を卒業するまで実質上無期限に被告が支払義務を負うとの趣旨でした合意ではないとして、上記のとおり解釈した。

　養育費支払に関する合意条項作成において留意すべき判断を示した判決である。

10 子の認知審判直後に養育費分担請求がなされた場合には、子の出生時にさかのぼって分担額を定めるべきとした事例

▶幼児について認知審判が確定した直後に養育費分担調停の申立てがされた場合には、認知された幼児の出生時にさかのぼって分担額を定めるのが相当であるとし、また、父が提出した給与明細は給与額が正しく記載されたものではないとして、賃金センサスにより収入額を推計した事例

（大阪高決平16・5・19家月57・8・86）

抗告人の主張（妻）	相手方の主張（夫）	裁判所の判断
養育費の増額（原審は2万円／月と判断）	給与所得の源泉徴収票、給与支払明細書記載の収入額に基づく分担	①養育費分担の始期は子の出生時から ②相手方の収入は賃金センサスにより推計（4万5,000円／月に増額）

事実関係（裁判所の判断時）					
抗告人の事情	年　齢	－	職　業	無　職	
	収　入	0円（＋児童扶養手当約4万円／月）	財　産	－	
	学　歴	－	健　康	－	
相手方の事情	年　齢	－	職　業	会社員（正社員）	
	収　入	約155万円（源泉徴収票）	財　産	自宅土地建物	
	学　歴	－	健　康	－	
その他	婚期（別居）	0年（婚姻届未提出）	子	1人	
	家事分担	－	親　権	抗告人（妻）	
	その他	相手方は、勤務先社長（叔父）が購入した、約500万円のベンツを使用。相手方は、月額10万円のローンのうち4万円のみ負担。			

事実経過（裁判所が認定した事実）	
H12.8	交際を始める。 相手方は、母方叔父が経営する株式会社に正社員として入社（社員20名程度）。

H13. 12. 10	抗告人が、相手方との間の子を出産。
H15. 3. 21	家事審判により相手方の子と認知。
H15. 4. 2	抗告人が子の認知に関する戸籍届出。
H15. 4. 19	養育費分担調停申立て。
H15. 11. 11	調停不成立。→審判に移行（直近2年分の源泉徴収票、直近15か月分の給与支払明細書提出）。
H15. 12. 4	家事審判（相手方は、平成14年6月分以降、養育費として月額2万円を支払え。）。
H16. 4	子が保育所に通い始めるが、気管支ぜんそくの症状悪化のため、同月28日以降通所していない。
H16	抗告人が即時抗告。

裁判所の判断理由

未成年者の認知審判確定前に、抗告人が相手方に未成年者の養育費の支払を求める法律上の根拠はなかったから、幼児について認知審判が確定し、その確定の直後にその養育費分担調停の申立てがなされた場合には、民法784条の認知の遡及効の規定に従い、認知された幼児の出生時にさかのぼって分担額を定めるのが相当である。また、相手方提出の給与支払明細書は、相手方が勤務先から受けている給与額を正しく記載したものであると考えるには疑問があるから、その収入は賃金センサスにより推計するのが相当である。

コメント

扶養権利者等による請求以前の養育費の遡及的一括請求を否定した事例があるが（ 9 参照）、本件のように養育費の支払を求める法律上の根拠がなかった場合、養育費の支払請求時をもって分担の始期とすることに合理的な根拠がないとして、出生時にさかのぼって分担を認めた。

また、相手方は、叔父が経営する会社で正社員として稼働しており、その収入の証明として親族が作成した給与支払明細と源泉徴収票を提出した。しかし、同社では高級外車を使用し、同社の経営者である叔父は、相手方に通勤用に高級外車をあてがうなど、相手方をかわいがる一方で、上記給与支払明細書によると、相手方は地域別最低賃金より低い賃金で働いていることになるなど不自然であったため、同給与明細により相手方の収入を認定することは困難であるとして、賃金センサスにより収入を推計した。なお、抗告人については、子が病気のため保育所に通所できない状況を認定して、潜在的な稼働能力を認めなかった。

第2章　養育費をめぐる算定事例

11　統計資料を基に推計された基礎収入等の客観的な数額を基に、父が無職となった等の個別事情を加味して養育費の額を算定した事例

▶関係法規の規定等から導かれた公租公課の収入に対する標準的な割合等から算定される父母の各基礎収入や、統計資料に基づき推計された子の生活費割合を基に、父母の現在の収入や今後の見通し等を加味して養育費の額を算定した事例

(東京高決平15・8・15家月56・5・113)

抗告人の主張（夫）	相手方の主張（妻）	裁判所の判断
養育費の減額（原審：2万5,000円／月）	養育費：6万円／月	養育費：平成13年9月1日から平成15年3月分まで2万5,000円／月、平成15年4月分から成人まで2万円／月

事実関係（裁判所の判断時）					
抗告人の事情	年　齢	38　歳	職　業	無職（宝石鑑定士資格を保有）	
	収　入	0円（ただし、失業給付として15万円／月程度）	財　産	－	
	学　歴	高　卒	健　康	－	
相手方の事情	年　齢	29　歳	職　業	父の会社で事務	
	収　入	3万円程度（＋児童手当等として2万円／月程度）	財　産	－	
	学　歴	－	健　康	－	
その他	婚　期（別居）	0年（婚姻届未提出）	子	1　人	
	家事分担	－	親　権	相手方（妻）	
	その他	両者とも内縁関係の不当破棄を理由とする損害賠償請求訴訟提起し係争中。子の出産や安否、性別、発育状態などについて連絡が図られたことがなく、父子と言える生活関係なし。			

事実経過（裁判所が認定した事実）

H11. 6. 26	挙式。
H11. 7. 12	同居開始。
H11. 9末	別居（内縁関係破綻）。
H11. 10. 8	相手方から抗告人に対し弁護士名で書簡（実質的婚姻関係の解消等の話合いを求める。）。
H11. 11. 10	抗告人退職（リストラ対象者）。→無職。
H11. 12. 9	相手方が未成年者を出産。
H11. 12. 27	抗告人から相手方に対し弁護士名で書簡（相手方本人の真意が知りたい旨の通知）。
H12. 1. 27	相手方調停申立て（認知及び養育費支払請求）。
H12. 2. 28	調停不調。
H12. 4. 5	相手方訴訟提起①（認知、及び内縁の不当破棄を理由とする損害賠償請求）。 →抗告人訴訟提起②（内縁の不当破棄を理由とする損害賠償請求）（併合）。
H12. 11. 29	認知判決（平成12年12月16日確定）。
H13. 6. 23	相手方、養育費分担の申立て。
H13. 8. 27	抗告人は契約社員としてA社に再就職（月額18万円程度の収入）。
H14. 11. 14	抗告人・相手方間の損害賠償請求訴訟について、①相手方の請求一部認容（仮執行宣言付）、②抗告人の請求棄却。→抗告人が控訴。
H15. 2. 26	審判（平成13年9月1日以降分から養育費月額2万5,000円を支払え）。→抗告。
H15	①に基づいて相手方が抗告人の給与を差押え。
H15. 4. 1	抗告人は無職となる（平成15年3月31日に契約期間終了）。
H15. 4. 14～	抗告人、失業保険受給（月額15万円程度）。

裁判所の判断理由

　抗告人は、A社に勤務することとなった翌月の平成13年9月1日から、無職になる平成15年3月分までは、月額2万5,000円、同年4月以降は、月額2万円の養育費を支払うべきである。その分担額は、関係法規の規定等から導かれた公租公課の収入に対する標準的な割合及び統計資料に基づき推計された費用の収入に対する標準的な割合から算定される抗告人及び相手方の各基礎収入並びに生活保護の基準及び統計資料に基づき推計された子の生活費の割合を基に、抗告人が雇用契約の終了により無職とな

第2章　養育費をめぐる算定事例　　79

っていること、抗告人及び相手方の現在の収入（負担能力）及びその今後の見通し、両者間の損害賠償をめぐる争いの状況等を加味して決定するのが相当である。

┌─────────────── コ　メ　ン　ト ───────────────┐

　相手方は、「子の養育には1ヶ月12万円を必要とするから、抗告人はその半額を負担すべき」旨を主張したが、裁判所は、養育費の分担額は、統計資料に基づき算出された客観的な金額を基に、抗告人がその後無職となっていること、それぞれの負担能力及び今後の見通しなどの個別的事情を加味して決定すべきとした。そして、養育費の支払開始時期については、抗告人が契約社員として稼働を始めた時（標準的な最低生活を賄うに足りる給与収入を受けるようになった後）から養育費の分担能力を認めた（認知審判直後になされた養育費分担請求について、子の出生時にさかのぼって認めた事例後掲 10 参照。）。

　なお、本事例では、抗告人は養育費支払の履行に伴い、未成年者との面接交渉権を行使する意向であるから、面接交渉権について審理、審判するため本件を原審に差し戻すべきと主張したが、裁判所は、抗告人と未成年者との面接交渉に関する事項は、本件と併合して審理することが相当であるとはいえないとして、養育費に関する点のみを判断した。

12 離婚後も、子に対し手厚い経済的支援を行うことなどを前提に、有責配偶者からの離婚請求が認定された事例

▶有責配偶者からの離婚請求に対し、別居後に手厚い経済的支援を行ってきたことや、離婚後も離婚前と同程度の経済的支援を行うことを前提に離婚が認められた事例

(福岡高那覇支判平15・7・31判タ1162・245)

控訴人の主張（妻）	被控訴人の主張（夫）	裁判所の判断
離婚請求棄却	離婚 親権：控訴人 養育費：1人当たり 15万円／月、3・7・12月は1人当たり 10万円を加算	離婚 親権：控訴人 養育費：1人当たり 15万円／月、3・7・12月は1人当たり 10万円を加算（成人まで）

事実関係（裁判所の判断時）					
控訴人の事情	年齢	34歳	職業	－	
	収入	－	財産	－	
	学歴	－	健康	－	
被控訴人の事情	年齢	41歳	職業	医師	
	収入	1,000万円／年程度	財産	マンションその他	
	学歴	大学卒	健康	－	
その他	婚期（同居）	13年（3年11か月）	子	未成年の子2人 被控訴人は別の女性との間に子1人（認知）	
	家事分担	－	親権	－	

事実経過（裁判所が認定した事実）	
H2.5.16	結婚。
H2.9.2	長女A誕生。
H5.6.24	次女B誕生。
H5.7頃	被控訴人が甲山と不貞。 →夫婦関係がうまくいかなくなる。

H5. 12	被控訴人がマンション購入。
H6. 7	別居。控訴人・子らは上記マンションに居住。 →被控訴人は控訴人に対し、年850万円を交付（〜平成10年）。
H9. 7頃	被控訴人は甲山と離別、乙川と交際開始。
H9. 10頃	被控訴人は乙川と同居開始。
H10. 4	被控訴人が離婚調停申立て。→不調。
H10. 10. 6	被控訴人が離婚請求訴訟提起（①）。
H10. 10. 27	婚姻費用分担、子の監護に関する処分調停成立（婚姻費用年額480万円（⑦）等）。
H11. 8. 28	被控訴人・乙川間で子Cが誕生。
H12. 2. 14	被控訴人の離婚請求認容判決（①）。→控訴人控訴提起。
H12. 2. 29	被控訴人、⑦を変更し、年額360万円とする旨の通知。
H12. 7. 18	控訴審判決にて離婚請求棄却判決（①）。→上告。 被控訴人、送金額を⑦年額480万円に戻す、離婚に応じてもらえるなら相応の慰謝料を払う旨の通知。
H12. 10. 8	被控訴人、子Cを認知。
H12. 11. 28	上告受理しない旨の決定（①）。
H13. 1. 12	被控訴人、離婚調停申立て。
H13. 5. 17	調停不成立（控訴人は出頭の意思なし。）。
H13. 8. 13	被控訴人、離婚訴訟提起（②）。
H14. 4. 15	被控訴人、送金額を⑦を下回る月額20万円とする意思表示。
H14. 4〜6	月額20万円を送金。→子Aから抗議のメール。
H15. 1. 31	離婚請求認容判決（②）。→控訴提起（本訴）。
H15. 2. 17	被控訴人、100万円の支払（毎月の送金とは別途）。
H15. 2. 18	被控訴人、200万円の支払。

裁判所の判断理由

　2人の子の親権者は、現在までこれを養育、監護してきた控訴人と指定するのが相当であり、養育費の額については、婚姻費用分担調停において合意された、控訴人及び2人の子が居住するマンションの費用負担及び処分の禁止の遵守を前提に、被控訴人の申出額は証拠上相当な金額であると認められる。ただし、婚姻費用の分担の調停は、本件における離婚請求認容判決の確定までは効力を有するから、本件申立てに係る養育費の支払開始時期は、本件の離婚請求認容判決の確定の日の属する月の翌月からとする。

コメント

　本事例は、有責配偶者（夫）から離婚請求がなされたものであるが、裁判所は、夫は別居後も子らに対して手厚い経済的支援を行ってきたこと、離婚後もそれと同程度の経済的支援（養育費の支払等）を行うことを約束していることなどの事情も踏まえて、夫からの離婚請求を認容した。

　なお、有責配偶者からの離婚請求が信義誠実の原則に照らしても容認されるかについては、有責配偶者の責任の態様、相手方配偶者の婚姻継続についての意思、離婚を認めた場合における相手方配偶者の精神的状態、夫婦間の子の状況、別居後に形成された生活関係などを考慮して判断する旨の最高裁判例がある（最判平6・2・8判時1505・59、最判昭62・9・2判時1243・3）。本事例は、上記考慮要素を実質的に詳細に検討し、有責配偶者が子らに手厚い経済的支援を行ってきたこと、今後も同様の支援を行うことなども考慮して、有責配偶者からの離婚請求を認容した事例であり、また養育費の支払開始時期を離婚請求認容判決確定日の属する月の翌月としたことに意義がある。

13 養育費算出の際、再婚後に生じた権利者の住宅ローンを特別経費として考慮すべきではないとした事例

▶親権者たる母が子の父に協議離婚の際に定めた養育費の支払を求めたのに対し、子の父は申立人及び未成年者の養父（母の再婚相手）に劣後する扶養義務を負担するにすぎず、申立人が再婚後に組んだ住宅ローンについては養育費算定の際に考慮すべきではなく、相手方には具体的な養育費負担義務は生じていないとした事例

(神戸家姫路支審平12・9・4家月53・2・151)

申立人の主張（母）	相手方の主張（父）	裁判所の判断
養育費：4万円／月	－	養育費：理由がない（却下）

事実関係（裁判所の判断時）					
申立人の事情	年齢	－	職業	（申立人）なし （A氏）建設会社従業員	
	収入	（申立人）1万2,000円／年 （A氏）422万5,992円／年	財産	A氏名義の土地建物、預貯金100万円程度	
	学歴	－	健康	－	
相手方の事情	年齢	－	職業	トラック運転手	
	収入	754万524円／年	財産	土地建物	
	学歴	－	健康	－	
その他	婚期（別居）	－	子	女子1人	
	家事分担	－	親権	申立人	

事実経過（裁判所が認定した事実）	
H 5.10.28	協議離婚。親権者を申立人、養育費月4万円とする旨の合意成立。
H 7. 2	申立人に面接交渉を拒否され、相手方、養育費の支払を止める。
H10. 1.22	申立人、A氏と再婚。未成年者、A氏と養子縁組。同時期、A氏名

| H12. 5. 1 | 義で総額3,400万円の住居を購入し、3,000万円の住宅ローンを組む。相手方再婚。 |

裁判所の判断理由

　養子制度の本質からすれば、未成熟の養子に対する養親の扶養義務は親権者でない実親のそれに優先すると解すべきであり、申立人の養育費分担額を決めるに当たっては、養父の収入支出等も考慮することとする。

　申立人らが負担する住宅ローンについては、平成10年の再婚後に新築したもので、申立人は同ローンが家計に及ぼす影響を十分理解しながら、養父A氏の収入でこれを返済することが可能であるとの自己判断に基づき負担したものと言うべきであるから、これを申立人らの基礎収入を算出する際控除すべき特別経費として計上することは相当ではない。

コメント

　本事例は、①扶養義務の順位、②再婚後に負担した住宅ローンを申立人の基礎収入算定の際に、特別経費として考慮すべきかにつき判断したものである。

　本件審判は、扶養義務の順位について、養親が親権者でない実親に優先するとの他の裁判例（札幌家小樽支審昭46・11・11判タ289・399等）と同様の考えに立ち、養育費算定に必要な権利者（申立人）の基礎収入認定の際、養親の収入・支出を考慮している。

　上記基礎収入とは、権利者（養育費を請求する申立人）・義務者（養育費を請求される相手方）それぞれの総収入から公租公課、職業費、特別経費を控除した金額である。特別経費とは、住居費や医療費などの「家計費の中でも弾力性、伸縮性に乏しく、自己の意思で変更することが容易でなく、生活様式を変更させなければその額を変えることができないもの」とされている。

　本事例では、申立人が家計に影響を与えることを認識しながら、再婚相手（養親）の収入で返済可能と判断して再婚時にローンを負担したものであることなどの事情を考慮し、裁判所は、当該ローンを特別経費として認めることは申立人にとって有利となり（控除が大きいと養育費分担額が低くなる）、相手方に対し養育費の負担を押し付けることになるなど、扶養の順位からしても公平でないと判断したと思われる（なお、相手方の負担する住宅ローンは全額控除されている）。

　関連判例として、山口家裁平成4年12月16日審判（家月46・4・60）（住宅ローンの半額を特別経費として控除）がある。

14 有責配偶者の妻からの離婚請求について、離婚、親権、養育費として子1人当たり3万円の支払が認められた事例

▶不貞行為のあった妻が、夫に対し離婚を請求するとともに、自己を未成年の子2人の親権者と指定し、養育費として子1人につき月額5万円、慰謝料200万円の支払を請求した事例で、原審を破棄し、本件離婚請求が信義則に反するものとまでは言えないとして離婚を認容、子1人につき月額3万円の養育費の支払を認めた事例

（仙台高判平12・8・2（平11（ネ）453））

控訴人の主張（妻）	被控訴人の主張（夫）	裁判所の判断
原判決を取り消す 離　婚 養育費：5万円／月（20歳まで） 慰謝料：200万円	－	原判決を取り消す 離　婚 養育費：3万円／月（20歳まで） 慰謝料：0円

事実関係（裁判所の判断時）					
控訴人の事情	年　齢	39　歳	職　業	老人保健施設勤務	
	収　入	手取り156万円／年～168万円／年 実家からの支援	財　産	－	
	学　歴	－	健　康	－	
被控訴人の事情	年　齢	49　歳	職　業	廃品回収業	
	収　入	200万円／年	財　産	－	
	学　歴	－	健　康	－	
その他	婚　期 （別居）	12年（4年）	子	男子2人（15歳、12歳）	
	家事分担	－	親　権	控訴人	

事実経過（裁判所が認定した事実）	
S59．8．20	婚姻。
S60．8．8	長男出産。

S63．12．12	次男出産。
H7．9	控訴人、JAおきたまに臨時職員として勤務。
H7．12	控訴人、職場の上司A氏と不貞関係を持つ。
H8．4．25	控訴人退職。
H8．6	別居。控訴人、離婚調停申立て。
H8．8．26	被控訴人が控訴人に対し、平成8月から別居解消時まで婚姻費用として月5万円を支払う旨の調停成立。しかし、同年7月から9月に各2万円、同年12月に1万円を支払った以外、婚姻費用の支払なし。
H9．8．10	被控訴人・A氏間で、A氏が被控訴人に対し金600万円を支払う旨の示談成立。
H9．9．29	本件訴訟提起。

裁判所の判断理由

　当事者は、婚姻以来12年以上にわたり一応平穏な婚姻生活を続けており、控訴人の不貞がなければ両者の信頼関係が損なわれることはなかったと言えるから、破綻の主たる原因は控訴人の不貞行為にあると言える。控訴人は、被控訴人及び義母が控訴人を人間扱いしないこと等から心が離れ、平成7年9月ころには破綻していたと主張するが、控訴人が被控訴人らの態度等に不満の気持ちを募らせたことがあるとしても、そのことにより平成7年9月の時点で完全に関係が破綻していたと認めることはできない。慰謝料請求については、被控訴人に婚姻関係破綻について不法行為責任があるとは言えず、認められない。
（有責配偶者からの請求）
　本件請求が信義則に反するかにつき検討すると、①別居期間は4年以上に及び、この間控訴人は被控訴人なしに生活しうる基盤を築き、未成熟子2人は控訴人の許で安定した生活を送っている、②離婚が認められても被控訴人が経済的に困窮するような事情はない、③被控訴人は不貞の相手方A氏より示談金600万円の支払を受け、精神的損害の回復が一応図られている、④被控訴人は婚費分担金月額5万円の支払をせず、婚姻生活の維持に向けた努力を怠っており、婚姻継続を望む被控訴人の意思が真摯なものか疑問が残る、⑤現状、控訴人及び子らは経済的に困窮を強いられており、離婚が成立すれば母子手当の受給が可能となり、経済的に安定した生活が望めること等が認められる。これらの事情を考慮すれば、離婚により被控訴人が新たな打撃を受ける可能性は少なく、子の福祉にもかなうと言うべきであり、本件離婚請求は信義則に反するとまでは言えない。
　子2人の親権者については、上記認定の子両名の年齢、現在の養育状況、控訴人及

び被控訴人の生活状態等に照らせば、これをいずれも母である控訴人と指定するのが相当であり、また、その養育費については、被控訴人が子1人当たり月額3万円ずつを、本判決確定時から上記子らがそれぞれ成年に達する月まで支払うべきものとするのが相当である。

なお、控訴人は、被控訴人に対し、離婚慰謝料200万円を請求するが、上記認定の事実関係の下においては、被控訴人には、婚姻関係破綻について損害賠償義務が生じるような不法行為責任があるとは言えないから、この点に関する控訴人の請求は失当である。

コメント

本事例は、不貞行為をした有責配偶者の妻から夫に対する本件離婚請求が信義則に反するかについて判断したものである。一般的に、有責配偶者からの離婚請求が信義則に反するかについては、①別居期間が相当の長期間に及ぶこと、②夫婦間に未成熟子がいないこと、③相手方配偶者が離婚により極めて苛酷な状態に置かれることがないこと（最大判昭62・9・2判時1243・3）に加え、④時の経過が当事者の諸事情に与える影響も考慮して判断される（最判平2・11・8判時1370・55）。

この点、別居期間4年、未成熟子2人がいることからすると、①②の点から本件請求は信義則に反するようにも思える（原審も信義則に反し許されないとして請求を棄却している）。しかし、本判決は、④を考慮しながら本件につき具体的な判断を行い、子の福祉の観点（②）、相手方配偶者保護の観点（③）から、本件離婚は信義則に反しないとした。

また、本事例は、有責配偶者の妻から夫に対する養育費請求を認めているところ、養育費請求の可否は、請求者の離婚原因についての有責性とは無関係に判断されるものであるから、その結論は妥当と言える。

なお、関連する裁判例としては、東京高裁平成3年7月16日判決（判時1399・43）がある。

15 申立人母が外国籍、相手方父及び未成年者が日本国籍を有する場合の養育費請求に対し、子の常居所地法である日本法を適用した事例

▶フィリピン籍の申立人母が、日本国籍の相手方父に対して、胎児認知された非嫡出子（日本国籍）の養育費を請求した場合に、準拠法について「扶養義務の準拠法に関する法律」2条により子の常居所地たる日本法とし、推定年収を基準に、調停申立時以降の養育費の支払を認めた事例

（浦和家川越支審平11・7・8家月51・12・37）

申立人の主張（妻）	相手方の主張（夫）	裁判所の判断
養育費：相当額	－	養育費：①36万円（即時）、②4万円／月（20歳まで）

事実関係（裁判所の判断時）					
申立人の事情	年　齢	29歳	職　業	スナック従業員	
	収　入	給与平均11万6,926円／月、児童福祉手当4万2,130円／月	財　産	－	
	学　歴	高　卒	健　康	－	
相手方の事情	年　齢	－	職　業	建築業（自営）	
	収　入	推計381万7,000円	財　産	－	
	学　歴	－	健　康	－	
その他	同居期間（別居）	2年10か月（2年2か月）	子	女子1人（2歳）	
	家事分担	－	親　権	申立人	
	その他	相手方に妻及び3人の子（いずれも成年）あり			

事実経過（裁判所が認定した事実）	
S63	申立人、フィリピンより来日。スナックで稼動。
H7．6	相手方と同棲。
H9．1．23	申立人妊娠、相手方胎児認知。

H9．4．29	実家（フィリピン）で出産。出産後、相手方は6回ほど申立人の元を訪れ、その度金員を交付（合計約100万円）。
H10．5	相手方からの連絡が途絶える。
H10．8	申立人、子を連れて来日。
H10．10．23	内縁関係解消の調停申立て。相手方出頭せず、取下げ。
H10．12．3	本審判申立て。相手方、呼び出しに応じず。
H10．12．9	申立人及び子、日本でアパートを借りて居住。スナックで稼働。

裁判所の判断理由

　本件は、申立人母がフィリピン国籍、相手方父及び未成年者が日本国籍を有する養育費請求事件であるところ、相手方の住所地国が日本であるから、日本に国際裁判管轄権があることは明らかである。本件の準拠法は、扶養義務の準拠法に関する法律2条により、扶養権利者たる未成年者の常居所地法である日本法である。

　養育費の算定に当たっては、相手方が資料の提出を拒否したため、総務庁統計局の個人企業経済調査年表を基に相手方の収入を推定することとし、その他本件で認められる一切の事情を考慮すると月額4万円とするのが相当である。また養育費支払の始期については、内縁関係解消調停を申し立てた平成10年10月とすることが相当である。

コメント

　本事例は、養育費請求の国際裁判管轄権、準拠法、認知された子の養育費の支払の始期について判断したものである。

（養育費請求の国際裁判管轄権）

　本事例では、相手方が呼び出しに応じず争っていないこともあり、相手方の住所地国に国際裁判管轄権を認める根拠について言及していない。この点、東京高裁平成9年9月18日判決（判時1630・62）は、養育費請求の国際裁判管轄権は、原則として子の住所地又は常居所地国の裁判所にあるが、手続を現実に遂行する紛争当事者の間の公平にも十分配慮する必要があることから、特別の事情のある場合には、相手方の住所地又は常居所地国の裁判所に認められるとしている。

（養育費請求の準拠法）

　未成熟子の養育費請求は、親の未成熟子に対する扶養義務に基づくものであるところ、「扶養義務の準拠法に関する法律」は親子間を含むすべての親族間の扶養義務について規定していることから、監護者の親から非監護者の親に対する未成熟子の養育費請求の準拠法も同法によって決定されると考える。

（養育費の支払の始期）

養育費支払の始期については、離婚成立時、離婚成立後の養育費支払請求の場合は申立時とされているところ、認知された子の養育費分担請求について、前掲❿は、民法784条の認知の遡及効の規定に従い、認知された幼児の出生時にさかのぼって養育費の分担額を定めるのが相当としている。本件では、内縁解消調停の申立時を始期としているが、その根拠は不明である。

支払義務者が資料を提出しない場合の養育費額の決定方法を示した審判例として参考になる。

16 養育費支払免除の請求に対し、事情変更には当たらないとして申立てを却下した事例

▶離婚に伴い、申立人が養育費を支払う旨合意したところ、その後、相手方妻が財産分与で取得した土地(以下「本件土地」)に付着していた根抵当権が解除されたことで本件土地の資産価値が変化したとして、事情変更による養育費支払免除を求めたところ、事情変更には当たらないとした事例

(広島家審平11・3・17家月51・8・64)

申立人の主張(元夫)	相手方の主張(元妻)	裁判所の判断
養育費:支払免除	-	却下

事実関係(裁判所の判断時)					
申立人の事情	年齢	-	職業	-	
	収入	-	財産	本件土地以外は不明	
	学歴	-	健康	-	
相手方の事情	年齢	-	職業	-	
	収入	-	財産	-	
	学歴	-	健康	-	
その他	婚期(別居)	-	子	2人(長女、長男)	
	家事分担	-	親権	相手方	

事実経過(裁判所が認定した事実)	
H8.3.26	訴訟上の和解で協議離婚成立。和解条項は、①極度額3,000万円の根抵当権付きの本件土地所有権が相手方にあることを確認、②申立人から相手方へ本件土地の持分2分の1につき所有権移転登記手続をする、③申立人は子2名の養育費として、平成8年3月から長男が満23歳に達するまで月額5万円ずつ支払う。
H10.4.5	解除を原因に上記根抵当権抹消登記。

裁判所の判断理由

（事情変更の有無）

　和解成立時に本件土地に設定されていた根抵当権が解除、抹消登記され、本件土地の資産価値が変化したことは明らかであるが、これによって相手方の可処分所得が増加するわけではなく、前記和解において、根抵当権を解除したときには養育費を減額あるいは免除とすることを合意した形跡はない。そもそも、本件土地についての和解は、離婚に伴う財産分与の清算を目的としてなされたものであり、本件土地に根抵当権設定登記があること、将来解除により根抵当権が消滅し抹消登記がなされることがありうることは当然に予測できたことである。

　したがって、未成年者の養育費を減額し又は支払義務を消滅させるような事情変更には当たらない。

コメント

　本事例は、養育費支払免除が認められる事情変更の有無について判断したものである。

　事情変更に基づく養育費の減額又は免除（民880）は、当初の養育費決定の協議の際、当事者が予見し得ない事情の変更が後になって生じ、協議が実情に合わなくなった場合にのみ認められる。本件では和解当時、既に本件土地に根抵当権が設定されていることは判明しており、解除によって根抵当権が消滅する可能性は十分予測し得たことから、根抵当権が抹消されたときには養育費を見直す等の合意がない以上、事情変更に当たらないとする判断は妥当と言える。

　なお、養育費減額（免除）請求の判例として、福岡高裁宮崎支部昭和56年3月10日決定（家月34・7・25）、■1■、■3■、■6■、■31■などがある。

17 未成年者の親権者である母から、子の父である元夫に対する養育費請求を却下した事例

▶未成年者の親権者である申立人の養育費請求に対し、申立人側の基礎収入は最低生活費を下回っているが、本件申立ては養育費請求の形式をとって相手方に自己の借金の肩代わりをしてもらうのに等しく信義に反し権利濫用であるとして申立てを却下した事例

(札幌家審平10・9・14家月51・3・194)

申立人の主張（妻）	相手方の主張（夫）	裁判所の判断
養育費：8万円／月	－	理由なし（却下）

事実関係（裁判所の判断時）				
申立人の事情	年 齢	－	職 業	パート従業員
	収 入	（申立人）8万9,685円／月 （同居する子の養親の収入）20万5,774円	財 産	－
	学 歴	－	健 康	－
相手方の事情	年 齢	－	職 業	会社員
	収 入	240万円／年	財 産	－
	学 歴	－	健 康	－
その他	婚 期（別居）	6年10か月（3年8か月）	子	女子1人（10歳）
	家事分担	－	親 権	申立人
	その他	申立人は再婚し、子は申立人の再婚相手と養子縁組。		

事実経過（裁判所が認定した事実）	
S63.3.15	申立人、相手方と婚姻。
H元.5.4	申立人、子を出産。
H7.1.20	協議離婚。親権者は申立人。離婚時、相手方から生活保障の趣旨で約900万円受領。申立人、左記金員を自己及び再婚相手の借金返済

	に充てる。
H7．10．22	申立人、子とともにA氏と同居、再婚。
H7．11．10	子、A氏と養子縁組。
H8．10．18	不定期に支払われていた月数万円の養育費が途絶える。申立人、子とともにいったん実家に戻る。相手方、申立人の転居費用約50万円を実家に送金、以後月数万円を申立人に交付。
H8．12．22	申立人、子とともにA氏との同居再開。以後、相手方からの養育費送金が途絶える。
H9．7．14	本件審判申立て。
H9．10．24	申立人、A氏と協議離婚。子、A氏と協議離縁。申立人、子とともに実家に戻る。相手方、申立人に、申立人の滞納家賃分として約40万円交付。
H9．12末頃	申立人、民事調停にて債務整理。
H10．4．7	申立人、実家を出てA氏と再々婚。子、A氏と再度養子縁組。

裁判所の判断理由

　申立人及びA氏の基礎収入は生活保護法による最低生活費を下回っており、未成年者に対し十分な扶養義務を履行することのできない状況にあると言える。

　しかし、申立人が本件申立てに及んだのは、専ら自己の都合で抱えてしまった多額の借金の返済による生活の困窮が理由であることは明らかであるところ、①相手方から受け取った900万円もの離婚給付金を借金返済のため短期間で費消し、離婚後も相手方から何度となくまとまった金員の支払を受けては未払家賃に充てている、②本件申立て後の申立人の行動は高額の養育費を得るための行動であり、そのために未成年者に転居等を強いるなど、未成年者のことを考えて行動しているとは言えない、③申立人は、生活状況をめまぐるしく変動させ、そのことを裁判所に知らせなかったことにより養育費試算の調査を長期化させた等の事情を総合考慮すれば、本件申立ては、借金返済による生活困窮から免れるため、未成年者の養育費請求という形式をとって相手方に自己の借金の一部を肩代わりしてもらうことに等しく、信義則に反し、権利の濫用であると認めることが相当である。

コメント

　本事例は、親権者で監護者である申立人の養育費請求を権利濫用にあたるとして棄却したものである。

　通説・実務で認められている離婚後の未成熟子の養育費請求の方法には、本件のよ

うな監護親から非監護親に対する監護費用分担請求と、子自身の親に対する扶養請求とがある。本件では、前者の方法による養育費請求につき、子を監護する申立人の事情を理由に権利濫用としてこれを排斥しているが、仮に、後者の方法をとって、子自身が父に扶養請求した場合にも、子とは別人格の監護親の事情を子の事情として考慮し、権利濫用に当たるとして請求が排斥されるのであろうか。

　本件では、扶養義務を果たす能力のある親が存在しながら、結果として、未成熟子が、自分自身以外の者の事情を理由に十分な扶養を受けられないという状況が続くことになり、子の福祉の点からは問題が残ることになる。

18 養育費一括金受領後の新たな養育費請求が排斥された事例

▶離婚調停で成年までの養育費1,000万円を一時金として一括支払う旨及び将来相互に金銭上の請求をしない旨約し、給付を受けた後、私学の学費、塾費用等に全額使ったとして、監護権者から新たに養育費支払を求めたが、調停内容を変更すべき事情変更なしとされた事例

（東京高決平10・4・6家月50・10・130）

抗告人の主張（夫）	相手方の主張（妻）	裁判所の判断
養育費：0円	養育費：20万円／月	養育費：0円

事実関係（裁判所の判断時）				
抗告人の事情	年齢	－	職業	（審判時）証券会社部長、（抗告時）勤務先廃業決定
	収入	（審判時）給与等1,900万円超／年、（抗告時）不明	財産	多額のローンあり
	学歴	大卒	健康	－
相手方の事情	年齢	－	職業	無職
	収入	なし	財産	－
	学歴	大卒	健康	病弱
その他	婚期（別居）	9年（－）離婚後約13年経過	子	男子1人（18歳）
	家事分担	－	親権	相手方
	その他	抗告人は再婚。相手方：子は公立大学医学部進学希望と主張。		

事実経過（裁判所が認定した事実）	
S51. 6. 26	抗告人と相手方が婚姻。昭和54年8月事件本人をもうける。
S60. 11. 22	離婚調停成立。
S61	事件本人、私立小学校入学（平成4年私立中学）。

S61～63	相手方は秘書として稼動するも、病弱にて平成元年以降家業手伝い。
S62．10	抗告人が再婚。
H6．6	相手方父が死亡し、家業収入無くなる。
H7．4	事件本人、私立高校入学。
H7．8．4	相手方、本件養育費調停申立て。
H7．11．20	調停不成立。
H9．10．3	原審判（平成7年4月1日～平成9年9月30日分合計406万1,160円、平成9年10月1日～平成10年3月31日分13万円／月、平成10年4月1日～平成14年3月31日分12万円／月認容）。

裁判所の判断理由

本件離婚調停成立後に、調停時には予見できなかった事情の変更が生じたことにより、調停で定めた養育費の額が事件本人の生活の実情に適さなくなり、新たに養育費を定めるべき相当な事情が生じた場合には、養育費の請求が許される（民880）。

本件調停時の合意からすれば、相手方は受領した養育費を計画的に使用して養育に当たるべき義務があり、公立小中学校に通学させ、学習塾の費用を節約すれば、既払の養育費1,000万円の大半は使用せずに済み、高等教育を受けさせる費用に使用可能であった。養育方法については相手方の資力の範囲内で行うべきであり、相手方は、事件本人を私立学校と学習塾に通わせた場合には、高等教育を受ける以前に既払の養育費を使い尽くすことは当初から容易に予測可能であった。

以上から、上記調停成立後にその内容を変更すべき事情の変更が生じたと認めることはできず、事件本人が既に就労可能な年齢に達していることを併せて考慮すれば、本件請求は理由がない。

コメント

本事例では元妻側は既に養育費用1,000万円、慰謝料・財産分与3,000万円の支払も受けた等の背景事情がある。

関連する裁判例としては、大阪家裁平成元年9月21日審判（家月42・2・188）、札幌高裁昭和43年12月19日決定（判タ240・315）等がある。

19 所得税の確定申告書等から相手方の農業収入を認定して婚姻費用分担額を算定した事例

▶原審判が分担能力がないとして婚姻費用分担の申立てを却下したのに対し、抗告審が所得税の確定申告書等から相手方の農業収入を確定して分担額を算定した事例

(東京高決平9・7・30家月50・1・153)

抗告人の主張（妻）	相手方の主張（夫）	裁判所の判断
原審取消し（婚姻費用：10万円／月）	－	婚姻費用：40万円（2万円×20か月）

事実関係（裁判所の判断時）					
抗告人の事情	年　齢	－	職　業	会社勤務	
	収　入	6万8,041円／月	財　産	－	
	学　歴	－	健　康	－	
相手方の事情	年　齢	60～61歳	職　業	農業経営	
	収　入	11万2,227円／月	財　産	－	
	学　歴	－	健　康	－	
その他	婚期（別居）	18年（4年）	子	－	
	家事分担	－	親権	－	
	その他	離婚の裁判確定				

事実経過（裁判所が認定した事実）	
S54.11.1	抗告人と相手方、いずれにとっても再婚。 抗告人が相手方住所地で同居し、相手方の農業の手伝いをするとともに、相手方の父母及び相手方の先妻の子である二男夫婦ら大家族の主婦として家事に従事。
S60頃～	精神病で入院していた相手方の姉が退院し、同居するようになり、抗告人と相手方との間でトラブルが起こるようになる。
H4.12	抗告人が家を出て、実家へ（別居開始）。

H7	抗告人は、同年5月に実家を出て、借家で1人暮らしを開始。会社勤務で月収7～8万円で、基礎収入は6万8,041円。他方、相手方は農業経営者で、年収977万1,335円、基礎収入は月額11万2,227円。
H8.6.25	原審が、相手方に支払能力がないとして抗告人の婚姻費用分担申立却下。
H8.12.3	離婚裁判確定。

裁判所の判断理由

平成7年分の所得税の確定申告書及び平成7年分所得税青色申告決算書によると、相手方の平成7年の農業収入は、977万1,335円である。収入から控除すべき必要経費は、公租公課、農業経営の必要経費（平成7年分青色申告決算書によれば、減価償却費を含めて560万3,209円）、二男に対する専従者給与240万円で、計800万3,209円となる。そうすると、相手方の基礎収入は、134万6,726円となり、月額は11万2,227円である。

生活保護基準による最低生活費は、抗告人が6万6,103円、相手方が6万2,475円であり、生活保護基準方式で抗告人の生活費を算定すると、9万2,677円となる。上記金額から抗告人の基礎収入を控除して相手方の分担すべき婚姻費用を計算すると、2万4,636円となる。

そして、当事者間の婚姻関係が既に破綻していることをも考慮すると、相手方が抗告人に分担すべき婚姻費用分担金は月額2万円とするのが相当である。したがって、相手方は、抗告人に対し、申立てのされた平成7年4月から婚姻が解消した平成8年12月3日まで（ただし、平成8年12月の3日分は含めないこととして20か月分。）の婚姻費用分担金の合計40万円を支払う義務がある。

コメント

本事例は、現在広く利用されている婚姻費用算定表（判例タイムズ1111号285頁参照）が公表される以前の判断であり、従前の生活保護基準方式に従って、婚姻費用の分担額を算定している。

そして、原審判（千葉家佐原支審平8・6・25（平7（家）226））がいかなる根拠に基づいて相手方の総収入を認定したかは明らかでないが、原審判は、相手方の1か月の基礎収入が1か月の最低生活費を下回るとして、相手方の分担能力を否定した。これに対して、抗告審は、自営業者である農業経営者の相手方の基礎収入を算定するに当たっ

て、当該年度の所得税の確定申告書及び所得税青色申告決算書により総収入を認定し、総収入から控除すべき必要経費も青色申告決算書を利用して認定し、婚姻関係が既に破綻していることも考慮して、最低生活費を基準に婚姻費用分担額を算出した点に特徴があると言える。

　なお、本件は婚姻費用請求事案だが、養育費が生活保持義務の問題として広い意味で婚姻費用に含まれることから、参考事例として紹介した。

20 離婚前の監護費用について離婚訴訟の附帯処分として支払を命ずることができるとされた事例

▶離婚の訴えにおいて、別居後単独で子の監護に当たっている当事者から他方に対し、別居後離婚までの期間の子の監護費用の支払を求める旨の申立てがあった場合には、裁判所は、離婚認容判決に際し、民法771条、766条1項を類推適用し、附帯処分として子の監護費用の支払を命ずることができるとした事例

(最判平9・4・10判時1620・78)

上告人の主張（夫）	被上告人の主張（妻）	裁判所の判断
養育費（別居～離婚及び離婚後）：0円 慰謝料：0円	養育費（別居～離婚及び離婚後）：原審のとおり 慰謝料：原審のとおり	養育費：原審是認 （別居～離婚及び離婚後：学齢期前後で分け、平成4年1月～平成7年3月：5万円／月、平成7年4月～平成21年3月：6万円／月） 慰謝料：原審是認（150万円）

事実関係（裁判所の判断時）					
上告人の事情	年齢	－	職業	鰻屋経営	
	収入	－	財産	店舗兼家屋建築費ローンあり（約20万円／月）	
	学歴	－	健康	－	
被上告人の事情	年齢	－	職業	同居時は家業手伝い 別居後会社勤務	
	収入	約15～16万円／月	財産	－	
	学歴	－	健康	－	
その他	婚期（別居）	9年（5年4か月）	子	女子1人（8歳）	
	家事分担	－	親権	被上告人	

事実経過（裁判所が認定した事実）

S63．3	上告人・被上告人、婚姻。
H元．3	被上告人、長女出産。上告人の家業鰻屋の店舗兼住居が完成し、上告人家族との同居生活始まる。
H3．12	被上告人、長女を連れ別居。
H4	被上告人、離婚調停申立て。同調停不調。
H6．9．28	第一審判決。
H7．6．26	原審判決。

裁判所の判断理由

　離婚の訴えにおいて、別居後単独で子の監護に当たっている当事者から他方の当事者に対し、別居後離婚までの期間における子の監護費用の支払を求める旨の申立てがあった場合には、裁判所は、離婚請求を認容するに際し、民法771条、766条１項を類推適用し、人事訴訟手続法15条１項により、上記申立てに係る子の監護費用の支払を命ずることができるものと解するのが相当である。

　けだし、民法の上記規定は、父母の離婚によって、共同して子の監護に当たることができなくなる事態を受け、子の監護について必要な事項等を定める旨を規定するものであるところ、離婚前であっても父母が別居し共同して子の監護に当たることができない場合には、子の監護に必要な事項としてその費用の負担等についての定めを要する点において、離婚後の場合と異なるところがないのであって、離婚請求を認容するに際し、離婚前の別居期間中における子の監護費用の分担についても一括して解決するのが、当事者にとって利益となり、子の福祉にも資するからである。

コメント

　本判決は、民法771条、766条１項を類推適用し、人事訴訟手続法15条１項により、離婚前の監護費用についても離婚認容判決時に同時解決できることを明らかにした。本判決の射程については争いがあったが、人事訴訟法施行後の最高裁平成19年３月30日判決（**4**参照）において本判決が引用され、新法下でも本判決の考え方が妥当することが確認された（ただし、人事訴訟法施行後の附帯処分申立ての根拠条文は人事訴訟法32条１項である。**第１章第１の２(4)参照**。）。

　なお、離婚前の監護費用については、財産分与の中で婚姻費用全般の清算として分与額を定める方法も認められている（最判昭53・11・14判時913・85）。

21 養育費算定に当たり、相手方の収入等が不明の場合に賃金センサスを用いて算定した事例

▶認知後疎遠だった相手方が養育費調停に不出頭であった事案につき、収入等に関する資料が得られなかったため、申立人の陳述に基づき相手方の職業を特定した上で賃金センサスを用いて相手方の収入を算定し、また、生活保護一類の基準値の1.5倍を事件本人の養育費とし、これを父母の各余力で按分して、相手方が負担すべき額を認定した事例

(宇都宮家審平8・9・30家月49・3・87)

申立人の主張 (親権者(母))	相手方の主張(父)	裁判所の判断
養育費:平成7年7月(調停申立時)から成人まで	不出頭	養育費:平成7年7月~平成8年3月3万7,000円/月、平成8年4月~成人まで4万8,000円/月

事実関係 (裁判所の判断時)					
申立人の事情	年　齢	－	職　業	自営(食品青果小売業)
	収　入	410万9,130円/年(確定申告書)だが、10万円/月と認定	財　産	－
	学　歴	－	健　康	－
相手方の事情	年　齢	－	職　業	ダンプカー持込みの運転手
	収　入	－	財　産	－
	学　歴	－	健　康	－
その他	婚　期 (別居)	－	子	申立時の未成熟子1人(女19歳)、ほかに兄
	家事分担	－	親　権	申立人
	その他	相手方の被扶養家族は2人(相手方の妻と母)			

事実経過（裁判所が認定した事実）
S52. 7. 11　事件本人、誕生。
S52. 7. 22　相手方認知。
H7. 7　　　本調停申立、相手方不出頭。
H8. 4　　　事件本人、短大入学、寮生活開始。

裁判所の判断理由

　相手方については、家族状況、職業、収入、支出などに関する資料が全く得られない。そこで、家族状況については、住民票から6人家族同居と推定し、相手方の子は全員成人しているので相手方の妻及び母を被扶養家族とする。相手方の職業は申立人の陳述よりダンプカー持込みの運転手と認める。また、その収入については、平成6年「賃金構造基本統計調査報告」（賃金センサス）中の「営業用大型貨物自動車運転者（男）及び営業用普通／小型貨物自動車運転者（男）50〜54歳」（企業規模別及び都道府県別）により、月額収入は決まって支給する現金給与額の平均の36万5,000円、賞与なし、職業経費30％とし、相手方の算定の基礎となる収入を25万6,000円とする。

　事件本人個人単位で計算できる生活保護一類に着目して、事件本人の養育費相当額を生活保護基準額の約1.5倍として算出し、これに対する父母の負担額を、各余力で按分し諸般の事情を勘案して算定する。

コ　メ　ン　ト

　関連する裁判例としては、前掲**10**がある。

　なお、相手方が審判で命じられた養育費を支払わない場合、家裁の履行勧告（家審15の5）、履行命令（家審15の6）の手続を利用する、あるいは、審判書を債務名義として、強制執行を申し立てることが考えられる（民執151の2・152③）。養育費等の定期金債権を請求する場合の特例として、期限未到来分も請求債権となり、また、相手方の給与・賃金等の差押禁止債権は2分の1となるので、第三債務者が判明している場合には、強制執行も有効な回収手段となろう（ただし、各定期金債権の確定期限到来後に弁済期が到来する給与・賃金等債権のみを差し押さえることができる（民執151の2②）。**第1章第2の7参照**。）。

22 過去の養育費を財産分与に含ませ、諸事情を考慮し算定した事例

▶日本人男性とイタリア人女性が離婚原因、子の過去及び将来の養育費支払等について争ったが、過去の養育費につき、諸事情を考慮し、婚姻費用の清算として財産分与の中で請求する場合の金額として合計700万円の支払が認められた事例

（東京地判平 7・12・26判タ922・276）

原告（反訴被告）の主張（夫）	被告（反訴原告）の主張（妻）	裁判所の判断
養育費：－ 財産分与：－ 慰謝料：3,000万円	養育費：2人合計15万円／月（判決言渡後から平成17年11月19日まで）及び過去の養育費合計1,887万5,806円 財産分与：－ 慰謝料：0円	養育費：2人合計10万円／月（判決確定日の翌日から平成17年11月19日まで） 財産分与：過去の養育費として2人合計700万円 慰謝料：0円

事実関係（裁判所の判断時）					
原告の事情	年齢	45歳		職業	医師
^	収入	－		財産	－
^	学歴	国立大医学部卒		健康	－
被告の事情	年齢	42歳		職業	在伊 大使館勤務
^	収入	－		財産	－
^	学歴	大卒（日本へ国費留学）		健康	－
その他	婚期（別居）	12年余（9年余）		子	男子2人（双子9歳）
^	家事分担	－		親権	被告
^	その他	原告（夫）は日本人、被告（妻）はイタリア人			

事実経過（裁判所が認定した事実）	
S58. 3. 1	婚姻。
S60. 11. 19	本件子ら（双子）誕生。
S61. 3. 20	被告、子らとともにイタリアへ帰国。
S61. 4. 27	被告、原告に対し協議離婚申入れ。
S61. 5. 9	被告、離婚調停（調停1）申立て。
S61. 5. 16	原告、夫婦同居・子の引渡調停（調停2）申立て。
S61. 9. 16	上記調停1、2不成立、調停2は審判に移行。
S61. 10頃	被告、ローマ地裁に別居等を求める訴訟提起。
H元. 10. 16	ローマ地裁、原・被告間の別居を宣言、本件子らの養育を被告に委ね、原告に養育費支払を命じる。
H4. 10. 20	ローマ高裁、原告に養育費月80万リラの支払命令等。
H5. 9. 28	原告からの夫婦同居請求及び子の引渡請求各却下決定。
H6	原告、本訴提起。

裁判所の判断理由

1　過去の養育料

　本件子らについての過去の養育料を離婚における財産分与として考慮する。幼少期は学齢期よりは養育料は廉価であると予想されること、原告は昭和62年4月に金70万円を被告に送金したこと、原告は本件子には会えず、成長過程を知らないまま支払をする関係にあること等の事情を考慮すると、10歳までの本件子らの養育料を婚姻費用の清算として財産分与の中で請求する場合の金額としては、合計金700万円とする（ただし、ローマ裁判の判決に従い、原告が養育料を支払い又は今後支払う場合、その分は控除される。次の2についても同様。）。

2　将来の養育料

　離婚請求を認容する場合には、申立てにより子の監護費用の支払を相手方に求めることができる（32参照）。離婚後の養育時期が本件子らの10歳から20歳までの高学年の時期に当たるので、養育料は1か月合計金10万円（1人金5万円）とする。

コメント

本事例は、過去の養育費を婚姻費用の清算として財産分与の中で考慮し（最判昭53・

11・14判時913・85参照）、また、その金額は不払年数が多年にわたるほど自ずと高額になりがちであるが、諸事情を考慮しバランスに配慮している。

なお、本事例では前提として国際裁判管轄、準拠法について判断を行ったほか、イタリアで下された養育費支払命令と二重払いにならないよう理由中で付記されており、国際離婚事案において参考になる。

23 離婚請求事件において、支払義務者からの財産分与・養育費申立てが却下された事例

▶財産分与・養育費の申立ては、各請求権の具体的内容の形成を求めるものであるから、各請求権者を申立権者として予定していると解することができ、義務者（養育費を請求されるもの）からの申立ては法の予定しないところであること、実際上の必要性がないこと、実質的な妥当性から、義務者からの財産分与・養育費申立が不適法として却下された事例

（東京高判平6・10・13判タ894・248）

控訴人の主張（夫）	被控訴人の主張（妻）	裁判所の判断
養育費：5万円／月 財産分与：控訴人は被控訴人に対し3年間、10万円／月	養育費：－ 財産分与：－	養育費：却下 財産分与：却下

事実関係（裁判所の判断時）			
控訴人の事情	年齢	－	職業	－
	収入	－	財産	－
	学歴	－	健康	－
被控訴人の事情	年齢	－	職業	－
	収入	－	財産	－
	学歴	－	健康	－
その他	婚期（別居）	－（約5年）	子	女子1人（6歳）
	家事分担	－	親権	被控訴人

事実経過（裁判所が認定した事実）	
H5.1.19	第一審判決（控訴人の離婚請求棄却）。
H6	控訴人控訴。一審判決の取消し、離婚及び控訴人を親権者と定める旨請求するとともに、控訴審において、控訴人から被控訴人への養育費、財産分与支払の申立てを追加。

裁判所の判断理由

　控訴人は、当審において、被控訴人に対する財産分与、養育費の支払を命ずる裁判の申立てをするが、民法771条・768条２項、人事訴訟手続法15条１項の財産分与の申立て、民法771条・766条１項、人事訴訟手続法15条１項の養育費の申立ては、いずれも各請求権の具体的内容の形成を求めるものであるから、各請求権者を申立権者として予定していると解することができ、義務者の側からの申立ては法の予定しないところであるのみならず、実際上もこれを認める必要性は考えられない。また、財産分与の要否、分与の額、方法や養育費の額を判断するについて、義務者が相手方の権利実現のため十分な主張、立証活動をすることは期待し得ないし、裁判所が職権で探知することにも限度があるから、義務者の側からの申立てを認めることは実質的に見ても妥当ではない。よって、控訴人の右各申立ては不適法として却下するのが相当である。

コメント

　関連する裁判例として、神戸地裁平成元年６月23日判決（判時1343・107）、東京高裁平成７年４月27日判決（家月48・４・24）、大阪高裁平成４年５月26日判決（判タ797・253）等がある。

24 多額の負債を抱え失業中の相手方に対する養育費請求を却下した原審判を取り消し、差し戻した事例

▶多額の負債があっても自らの生活が維持され債務の弁済もなされている以上、子の扶養義務を免れる余地はなく、経済的余裕がないからといって直ちに具体的養育費の支払義務を否定する根拠とはならないとして、相手方の退職原因、退職金、就職先探しの努力の程度・状況等の調査、審理を尽くさせるべく差し戻した事例

(大阪高決平6・4・19家月47・3・69)

抗告人の主張(妻)	相手方の主張(夫)	裁判所の判断
養育費:1人3万円/月×3人	養育費:-	養育費:差戻し

事実関係(裁判所の判断時)					
抗告人の事情	年齢	-	職業	パート(物品販売員)	
	収入	約6万〜10万円/月 児童扶養手当4万5,860円/月、抗告人父母の援助10万円/月	財産	-	
	学歴	-	健康	-	
相手方の事情	年齢	-	職業	失業中	
	収入	-(相手方は失業保険約15万円/月と主張)	財産	家屋所有(ほぼ新築、平成5年固定資産評価額624万9,000円)	
	学歴	-	健康	-	
その他	婚期(別居)	8年余(1年余)	子	女子2人(9歳、3歳)、男子(7歳)	
	家事分担	-	親権	抗告人	

事実経過（裁判所が認定した事実）	
S59. 5	婚姻、10月、長女誕生。
S61. 11	長男誕生。
H 3. 3	次女誕生、7月に別居。
H 4	抗告人、相手方へ婚姻費用支払の申立て、同8月 審判（相手方に1人当たり月額3万円、3人分合計12万円支払命令）、相手方は抗告。
H 5. 2. 15	調停離婚時。親権者を母（抗告人）とすること、上記抗告審係属中の婚姻費用分担審判申立て取下げ、相手方は解決金130万円を支払うこと、子らの養育費については家事調停、審判に委ねること等を合意。
H 5	抗告人、子らの養育費審判申立て。
H 6. 1. 18	原審判　申立却下。

裁判所の判断理由

　相手方が負債を抱えているとしても、親の未成熟子に対する扶養義務は、親に存する余力の範囲内で行えば足りるような生活扶助義務ではなく、親は子に対して自己と同程度の生活を常にさせるべき生活保持義務なのである。よって、相手方に負債があっても、自分の生活が維持され債務の弁済も行われている以上、未成熟子である子の扶養義務を免れる余地はない。しかも、相手方は自己資産としての家屋を有し、これに単身居住している。

　退職原因及びその実情、退職金等の収入の有無、新たな就職先探しの努力の程度・状況（その程度、状況いかんによっては潜在的労働能力を前提に算定することも検討要）、失業保険給付金受給の詳細等につき更に調査、審理を尽くさせるため、原審判を取消し、家裁に差し戻す。

コメント

　関連する裁判例として、東京高裁昭和39年1月28日決定（判タ172・249）、秋田家裁昭和48年10月22日審判（家月26・7・32）、大阪家裁昭和57年5月29日審判（家月35・10・85）、東京高裁平成15年8月15日決定（家月56・5・113）、福岡家裁平成18年1月18日審判（家月58・8・80）等がある。

25 離婚の調停条項で定めた「一切の教育に関する費用」の解釈が争われ、上記条項に基づく養育費請求が一部認容された事例

▶調停離婚の際に、父親が「一切の教育に関する費用を、その必要を生じた都度支払う」旨の調停条項が設けられた事案について、「一切の教育に関する費用」とは、教育に直接必要な費用のみならず、教育に間接的に必要な費用も含まれるものとした上で、原告の請求を個別に検討し、塾や予備校の費用もこれに当たるとして原告の請求の一部を認めた事例

（広島地判平5・8・27判時1529・121）

原告の主張（妻）	被告の主張（夫）	裁判所の判断
養育費：159万6,456円	養育費：0円	養育費：103万7,882円

事実関係（裁判所の判断時）			
原告の事情	年齢	－	職業	－
	収入	－	財産	－
	学歴	－	健康	－
被告の事情	年齢	－	職業	－
	収入	－	財産	－
	学歴	－	健康	－
その他	離婚	昭和63年10月	子	女子4人（23歳、22歳、20歳、16歳）
	家事分担	－	親権	長女・長男は被告、二女・三女は原告
	その他	監護権者はいずれも原告		

事実経過（裁判所が認定した事実）	
S63.10	調停離婚成立。
H元.4	長女大学入学。 二女高校入学。

H2.3	長男高校卒業。
H2.4	長男予備校入学。 三女中学入学。
H4.3	二女高校卒業。
H4.4	二女予備校入学。

裁判所の判断理由

　原告と被告は、定額の養育費の支払条項の他に本件調停条項を設けて、子らの教育に関して格別の配慮をしたことが認められる。本件調停条項は、このような趣旨により設けられ、具体的費目につき特段の限定を付することなく、網羅的に、子らの現に通学中の学校及び将来進学する学校の授業料等の他、一切の教育に関する費用を被告が原告に支払うとしているものであるから、右の「一切の教育に関する費用」には、教育に直接必要な費用のみならず、子らの教育に間接的に必要な費用も含まれるものと解すべきである。したがって、学校教育を補完し進学準備のために一般に必要とされる塾や予備校の費用などを意味するものと解される。

コメント

　本事例は、調停条項で通常の養育費の他に「一切の教育費に関する費用」の負担を定めた場合、同条項が単なる努力義務を定めたものではなく一定の債務を発生させる条項であることを認めた上で、予備校や塾の費用等学校教育に間接的に必要な費用も「一切の教育に関する費用」に含まれることを示した事例である。

26 調停成立後の父の収入の減少、再婚等の生活状況の変化を考慮し、調停で定められた父の養育費の負担額を減額した事例

▶養育費の負担について調停が成立した後に、父親が、収入の著しい減少と再婚相手との間に2人の子供が生まれたことを理由に、養育費の減額を求め、裁判所も一定の範囲でそれを認めた事例

（山口家審平4・12・16家月46・4・60）

申立人の主張（夫）	相手方の主張（妻）	裁判所の判断
養育費：相当額に減額	養育費：3万5,000円／月（中学入学後は5万円／月）	養育費：3万円／月（18歳に達した翌年3月まで）

事実関係（裁判所の判断時）			
申立人の事情	年齢	－	職業	会社役員
	収入	477〜572万円／年	財産	賃貸不動産あり
	学歴	－	健康	－
相手方の事情	年齢	－	職業	会社員
	収入	246万円／年	財産	－
	学歴	－	健康	－
その他	離婚	昭和61年	子	3人（長女、長男、二女）
	家事分担	－	親権	相手方

事実経過（裁判所が認定した事実）	
S61. 4. 28	協議離婚成立（3人の子の親権者は相手方）。
S62. 6. 3	申立人再婚。
S63. 3. 11	申立人と再婚相手の間に第一子誕生。
S63. 4. 21	調停成立。養育費1人3万5,000円（中学入学後は5万円）。このころから申立人の収入減少。
H2. 8. 4	申立人と再婚相手の間に第二子誕生。

第2章　養育費をめぐる算定事例　　115

| 裁　判　所　の　判　断　理　由 |

　以上認定の事実によれば、本件申立時においては調停の成立した昭和63年当時とは申立人の収入が著しく変化したばかりでなく、新たな家庭が出来、そのための生活費を確保せねばならない等、生活状況が大きく変化したことは明らかであるから、そのような事情変更を考慮し、事件本人らの養育費の額を相当額減ずることはやむを得ないと言うべきである。

| コ　メ　ン　ト |

　本事例は、養育費の負担について調停が成立した後に父方の生活状況が著しく変化したことを理由に、養育費の減額を認めている。
　しかし、事実経過を見ると収入の減少も再婚・第一子の誕生も前の調停中に既に生じている事情であり、調停後の事情の変化と言えるかどうかはやや疑問である。
　計算方法については、基本的には生活保護基準を採用し、それに子供らの学費の増加等を加味して若干の修正を加えている。

27 妻からの婚姻費用の分担申立てにつき、妻の生活費部分に対する夫の分担義務を認めず、養育費相当額のみを認めた事例

▶婚姻期間約11年間のうち7年間は別居のままであり、その間夫は重い病気にかかり入退院を繰り返しているにもかかわらず、妻の助力を受けていないことなどを考慮して、妻の生活費にかかわる部分について夫の婚姻費用分担義務を認めなかった事例

(岡山家玉島出審平4・9・21家月45・11・54)

申立人の主張（妻）	相手方の主張（夫）	裁判所の判断
婚姻費用：8万円／月	婚姻費用：4万円／月	婚姻費用（子の生活費部分のみ）：平成4年9月から離婚又は別居状態の解消まで4万7,000円／月。

事実関係（裁判所の判断時）					
申立人の事情	年齢	−	職業	保険外交員
	収入	12万円／月（平成4年4月手取り）	財産	−
	学歴	−	健康	不眠症による入院歴
相手方の事情	年齢	−	職業	警察官（病気のため休職中）
	収入	約700万円／年	財産	−
	学歴	−	健康	腰椎骨折で入退院を繰り返している
その他	婚期（別居）	11年（7年）	子	男子（小学校3年生）
	家事分担	−	親権	−

第2章　養育費をめぐる算定事例

事実経過（裁判所が認定した事実）	
S56. 6. 1	婚姻。
S58春～S59春	申立人出産のため別居。
S58. 5	長男出生。
S59春～	申立人、相手方同居。
S60秋	申立人、長男を連れて実家に帰り、以後相手方から月8万円の送金を受けて生活。
H元. 11	相手方、腰椎骨折。
H元. 11～H2. 1	相手方入院したが、申立人は6回見舞ったのみで、2～3時間滞在しただけ。相手方は新幹線料金など旅費を申立人に渡す。
H2. 3～	相手方、再入院したが申立人は一度も見舞わず。 相手方が同居を提案したが、申立人拒否。 相手方月8万円を申立人に送金。
H3. 8	相手方が入退院を繰り返し、送金事務がままならないときもあるのに、送金が遅れると申立人は電話で催促。勤務先にも電話するなどしたので、送金金額を養育料のみとして4万円に減額。

裁判所の判断理由

　申立人と相手方は昭和56年6月1日の婚姻以降現在まで約11年間の内、わずかに3年半の同居しかなく、しかもここ7年間別居のままで、その間、相手方は重い病気にかかり、入退院を繰り返しているにもかかわらず、かつ、相手方が同居を求めたのに申立人がこれを拒否し、相手方は一般に申立人から妻としての協力を全く受けておらず、最も切実に妻の助力を要した時期もなおこれを受けていなかった。既に夫婦間は回復し難いまでに破綻しているものと言える（このことは申立人も認めているところである）。また現に相手方から離婚調停の申立てもなされており、申立人も婚姻費用分担額によっては離婚も考えると述べている。

　したがって、このような場合婚姻費用として子の生活費のかかわる部分のみを義務として課するのが相当であり、申立人の生活費にかかわる部分は認めないこととする。

コメント

　本事例は、現在広く利用されている婚姻費用算定表（判例タイムズ1111号285頁参照）が公表される以前の判断であり、従前の生活保護基準方式に従って、婚姻費用の分担額を算定している。

本事例は、夫が入退院を繰り返しているときに妻は援助せず、また夫の同居の求めにも応じないことなどの事情から申立人である妻の有責性を認め、婚姻費用分担義務を子の生活費のみに限定する旨判断したものと解される。

算定表公表後の裁判例にも、有責配偶者からの婚姻費用分担請求であると明確に認められない限り算定表の標準額を修正すべき特別な事情がないとした上で、有責配偶者から婚姻費用分担審判の申立てがされた場合には、申立て自体が権利の濫用であるとし婚姻費用分担額を0円とする趣旨で申立てを却下するか、そうでないとしても、通常の夫婦間における扶養義務（いわゆる生活保持義務）よりも程度を軽減して分担を命じるのが相当であるとするものがある（大阪高決平16・1・14家月56・6・155）ことからすれば、算定表公表後においても婚姻費用分担額決定に当たり、有責性を考慮する余地があるものと解される。

なお、本件は婚姻費用請求事案だが、養育費が生活保持義務の問題として広い意味で婚姻費用に含まれることから、参考事例として紹介した。

28 裁判所は裁量により相当と認める範囲で過去にさかのぼって養育料の支払を命じることができるとした事例

▶離婚後、子を監護していた母親から親権者の変更と養育費の支払を求めたのに対し、監護の現状や子の福祉の観点から親権者変更を認め、相手方に対して月額5万円の養育費の支払を命じた事例

更に、養育費については、裁判所の裁量により、過去にさかのぼって支払を命じることができるとした事例

(宮崎家審平4・9・1家月45・8・53)

申立人の主張（妻）	相手方の主張（夫）	裁判所の判断
養育費：5万円／月	養育費：-	養育費：5万円／月（18歳まで）

事実関係（裁判所の判断時）				
申立人の事情	年 齢	-	職 業	看護助手
	収 入	11万円／月	財 産	-
	学 歴	-	健 康	-
相手方の事情	年 齢	-	職 業	公務員（市役所勤務）
	収 入	57万2,205円／月	財 産	-
	学 歴	-	健 康	-
その他	婚期（別居）	-	子	-
	家事分担	-	親 権	相手方→申立人

事実経過（裁判所が認定した事実）	
S39. 12. 12	婚姻。
S53. 12. 28	事件本人誕生。
S63. 12. 10	申立人が事件本人を連れて家を出る。他の男性と同居。
H元. 12. 13	相手方は、親権者欄を相手方として離婚届出を提出。
H3. 6	事件本人、相手方の元に行く。

| H3.7末 | 事件本人、申立人の元に戻る。 |
| H4.7.3 | 申立人、同居中の男性と結婚。 |

裁判所の判断理由

親権者については、事件本人の福祉のため、事件本人の親権者を相手方から申立人に変更するのが相当である。

次に、事件本人の生活費の分担についてであるが、これについては、いわゆる余力比による方式に基づいて計算することとし、相手方は毎月5万円を事件本人のために負担すべきである。

最後に、養育料支払の始期について検討するに、養育料の支払義務は、事件本人が要扶養状態にあり、義務者たるべき相手方に支払能力があれば存在するとみられ、裁判所はその裁量により相当と認める範囲で過去にさかのぼった養育料の支払を命じることができる。

そこで、本件支払の始期について検討するに、相手方は、申立人に対して、平成3年8月以降1か月当たり5万円の養育料を支払うべきである。

コメント

本事例は、養育料の支払義務は、事件本人が要扶養状態にあり、義務者である父親に支払能力があれば発生し、裁判所は裁量により相当と認める範囲で過去にさかのぼった養育料の支払を命じることができるとし、過去13か月分について相手方に対しての養育費の支払を命じた。

29 未成年者の養育費について、生活保護基準を用いて義務者の分担能力を算出し、その範囲内で養育費の分担義務を負うとした事例

▶生活保護受給中の申立人（母）が、靴製造職人の相手方（父）に対して、2人の子供の養育費の支払を求め、月額1人につき1万5,000円の養育費の支払が認められた事例

（大阪家審平4・4・21家月45・3・63）

申立人の主張（妻）	相手方の主張（夫）	裁判所の判断
養育費：1人当たり 6万円／月	養育費：－	養育費：1人当たり 1万5,000円／月（成人まで）

事実関係（裁判所の判断時）				
申立人の事情	年　齢	－	職　業	無職（生活保護受給）
	収　入	19万7,700円／月	財　産	－
	学　歴	－	健　康	－
相手方の事情	年　齢	－	職　業	婦人靴製造職人
	収　入	23万円／月	財　産	－
	学　歴	－	健　康	－
その他	婚　期（別居）	－	子	女子2人
	家事分担	－	親　権	申立人

事実経過（裁判所が認定した事実）	
H3．2．13	未成年者らの親権者を申立人と定める離婚判決確定。
H3．3．1	未成年者らの養育費の支払を求める調停申立て。

裁判所の判断理由

申立人は、現在は無職で、月額19万7,700円の生活保護費を受給し生活している。相手方は、婦人靴製造職人として稼動し、月収23万円（賞与なし）で、必要的経費（国民健康保険、家賃及び職業費）11万7,930円を控除した11万2,070円がその可処分所得である。

以上の事実によって検討するに、申立人については生活保護費は最低生活費であるので分担能力はなく、一方相手方の最低生活費は生活保護基準によれば合計7万4,732円となり、差引き3万7,338円の分担能力があることは明らかである。

いわゆる生活保持義務により、未成年者らが相手方と共同生活をした場合に未成年者らのために費消されるべき金額を、労働科学研究所の総合消費単位によって算出すると、上記可処分所得のうち未成年者らのために費消されるべき金額は1か月5万8,582円となる。

しかしながら、この金額は上記分担能力を超えるものであるから、相手方は分担能力の範囲内で負担すべきであり、相手方は申立人に対し、養育費として未成年者1人当たり1万5,000円の合計3万円を分担するのが相当である。

コメント

本事例は、養育費について、生活保護基準によって算出された義務者の分担能力と、労研方式によって算出した未成年者のために費消されるべき金額を比較し、義務者は分担能力の範囲内で養育費を負担すれば足りるとした事例である。その後の実務では、標準的算定方式が定着し、類型的な判断がなされるのが一般的であったが、平成15年4月に「東京・大阪養育費等研究会」が作成した養育費算定方式とこれに基づく算定表（**第1章第2の3～5参照**）が公表されて以降は、この算定方式及び算定表に基づいて判断されるのが通例となっている。

30 自己所有家屋に無償で住まわせていた事情等を考慮し、婚姻費用分担額を変更した事例

▶婚姻関係破綻の責任がいずれにあるか決し難く、別居後も毎月7万円ないし12万円を送金していた上、自己所有家屋に無償で住まわせていた事情に照らせば、生活扶助義務を前提として、生活保護基準に準拠した分担をすることが必要にして十分相当であるとして原審判を取り消して分担額を変更した事例

（札幌高決平3・2・25家月43・12・65）

抗告人・原審申立人の主張（妻）	抗告人・原審相手方の主張（夫）	裁判所の判断
原審差戻し（原審：婚姻費用15万円／月と入通院治療費ほか）	原審判取消し（婚姻費用0円）	婚姻費用分担金：総額103万円余（0〜5万6,683円／月）（なお、原審は、婚姻費用分担金として総額134万円弱）

事実関係（裁判所の判断時）					
原審申立人の事情	年　齢	−	職　業	アパート経営	
	収　入	0〜10万円／月	財　産	土地、アパート	
	学　歴	−	健　康	−	
原審相手方の事情	年　齢	−	職　業	警備保障会社	
	収　入	7〜17万円／月	財　産	土地、建物	
	学　歴	−	健　康	−	
その他	婚　期（別居）	7年（−）	子	−	
	家事分担	−	親　権	−	

事実経過（裁判所が認定した事実）	
S47．3	婚姻。
S58頃	申立人、相手方の浮気を邪推し、口論。

S58. 1. 31		申立人、夫婦関係調整の調停申立て。
S58. 3. 31		相手方、警察官を依願退職。
S58. 4		相手方、自宅を出て別居。相手方、20万円申立人に送金し、その後昭和59年3月ごろまで月額7万円ないし12万円送金。昭和59年4月以降、相手方、生活費支払わず。申立人、相手方所有の家屋に居住。
S58. 7. 27		相手方、離婚調停申立て。
S59. 2. 15		申立人、婚姻費用分担の調停申立て。
S59. 2. 27		相手方、離婚請求本訴事件提起。
S59. 3. 23		申立人、離婚等請求反訴事件提起。
S59. 5. 16		婚姻費用分担調停不成立となり、審判手続に移行。
S63. 9. 14		離婚請求認容判決。
S63. 9. 28		申立人、控訴（慰謝料、財産分与請求）。

裁判所の判断理由

本件においては、遅くとも昭和59年3月ごろには原審申立人と原審相手方との婚姻関係は修復困難なほどに破綻していたが、その主たる責任が原審申立人と原審相手方のいずれにあるとも決し難いこと、更に前記認定のとおり原審相手方は別居後も昭和59年3月までは原審申立人に対し、生活費として毎月7万円ないし12万円を送金していたこと、原審相手方はその所有の家屋に原審申立人を無償で住まわせており、これは相当な経済的援助を与えているのと同様な評価ができることに照らせば、原審相手方は、原審申立人に対し婚姻費用の分担として昭和59年4月以降生活扶助義務を前提として、生活保護基準に準拠した分担をなすことが必要にして十分であると判断した。

コメント

本事例は、現在広く利用されている婚姻費用算定表（判例タイムズ1111号285頁参照）が公表される以前の判断であり、従前の生活保護基準方式に従って、婚姻費用の分担額を算定している。

そして、原審（札幌家審平2・9・17（昭59（家）1928））が、当事者双方が離婚訴訟を提起した前後から、婚姻関係の破綻の程度に応じて、婚姻費用の分担義務を生活保持義務を前提とした水準から生活扶助義務を前提とした水準に軽減させたのに対して、本事例は、婚姻関係が破綻していたとした上で、婚姻関係の破綻原因がいずれにあるとも決し難いこと、原審相手方は別居直前までは原審申立人に対し、生活費として毎月7万円ないし12万円を送金していたこと、原審相手方はその所有の家屋に原審申立人

を無償で住まわせていたことなどの個別事情を考慮し、当事者双方が離婚訴訟を提起して以後の婚姻費用分担義務について、一律生活扶助義務を前提とした、生活保護基準額方式を採用することが相当であると判断した点に事例的意義がある。

　なお、本件は婚姻費用請求事案だが、養育費が生活保持義務の問題として広い意味で婚姻費用に含まれることから、参考事例として紹介した。

31 協議離婚の際に公正証書によって合意した養育費等の支払義務について事情の変更の原則によりその減額を認めた事例

▶父親が協議離婚の際に公正証書によって合意した養育費等の支払義務の免除又は減額を求めた事案において、父母双方が別の相手と再婚し、子らが母親の再婚相手と養子縁組をしたことは、合意の当時前提としていなかったことと解されるので、事情変更の原則又は民法880条により上記合意の変更が許されるべきであるとした事例

(東京家審平2・3・6家月42・9・51)

申立人の主張（夫）	相手方の主張（妻）	裁判所の判断
養育費：免除又は減額	養育費：20～30万円／月（3人分）	養育費：1人当たり　7万円／月（成人まで）

事実関係（裁判所の判断時）					
申立人の事情	年　齢	39　歳	職　業	パイロット	
	収　入	121万3,648円／月	財　産	－	
	学　歴	－	健　康	－	
相手方の事情	年　齢	39　歳	職　業	－	
	収　入	50万4,000円／月	財　産	－	
	学　歴	－	健　康	－	
その他	離　婚	昭和61年	子	女子3人（15歳、10歳、7歳）	
	家事分担	－	親　権	相手方（妻）	

事実経過（裁判所が認定した事実）	
S47. 1. 4	婚姻。
S61. 7. 29	公正証書作成。
S61. 9. 3	協議離婚。
S61. 11. 11	申立人再婚。
S63. 2. 5	相手方再婚。
S63. 3. 14	子3人、相手方の再婚相手との間で養子縁組。

裁判所の判断理由

　当該合意がなされた当時予測ないし前提とされ得なかった事情の変更が生じた場合にこれを変更し得ることも、事情変更の原則ないし民法880条に基づき肯定されるべきである。

　これを本件でみるに、上記で認定したような申立人及び相手方双方の再婚、未成年者らと相手方の再婚相手の各養子縁組等の事実は、本件合意事項が交わされた当時、現実問題として当事者双方共予想しあるいは前提とし得なかったと解され、申立人及び相手方双方の側の収支を含む生活状況は、本件合意事項を交わした当時と比較して相当変化しているものと言える。よって、本件の事情の変更の程度に応じて、合意事項の修正を図ることとする。

　本件事案に即し生活保護基準方式にのっとり算出された額に基づき判断すると、申立人が相手方に対して支払を負担すべき未成年者らの養育費を未成年者1人当たり毎月7万円に減額する。

コメント

　本事例は、協議離婚に際して公正証書によって合意した養育費の金額等について、当事者双方の再婚及び未成年者らの養子縁組という公正証書作成時に予想し得なかった事情の変化により、修正を加えるのが妥当と判断した。なお、養育費の計算方法については、生活保護基準方式が取られているが、現在では、養育費の算定方式・算定表が利用されていることは、前掲**第1章第2の3～5**を参照。

32 有責配偶者である夫に対し、月5万円の養育費のほか、慰謝料300万円及び自宅の財産分与が認められた事例

▶妻が夫の暴力、性交渉の強要、不貞の邪推などを理由に、離婚、慰謝料、養育費、財産分与を求めた事案で、夫からも離婚、慰謝料請求の反訴が提起されたが、妻から夫に対する慰謝料300万円、養育費、財産分与（自宅）が認められた事例

（横浜地判昭61・3・26（昭58（タ）207）、東京高判昭62・11・24判時1263・19、最判平元・12・11判時1337・56）

上告人の主張（夫）	被上告人の主張（妻）	裁判所の判断
離婚 慰謝料：700万円	離婚 養育費：5万円／月（20歳まで） 財産分与：土地共有持分及び建物 慰謝料：700万円	養育費：5万円／月（20歳まで） 財産分与：土地共有持分及び建物 慰謝料：300万円（被上告人の請求を一部認容）

事実関係（裁判所の判断時）				
上告人の事情	年　齢	－	職　業	運輸会社ドライバー
	収　入	240万円余	財　産	土地共有持分（1/5）及び同土地上建物
	学　歴	－	健　康	普　通
被上告人の事情	年　齢	－	職　業	パート
	収　入	－	財　産	－
	学　歴	－	健　康	普　通
その他	婚期 （別居）	22年余（3年余）	子	女子(25歳)、男子2人(22歳、15歳)
	家事分担	共稼ぎ	親権	被上告人（妻）

事実経過（裁判所が認定した事実）	
S37．3．27	婚姻届提出。

S37. 3. 27	長女出産。
S40. 3. 4	長男出産。
S40	夫、職を転々とするようになる。
S42	妻、夫の同意を得てキャバレーのホステスに勤める。このころから、夫の暴力が始まる。
S43	夫が妻に暴力を振るったときは離婚をする約束で離婚届作成。
S43. 3. 19	妻、夫から暴力を受け、離婚届を提出する。
S43. 3. 25	夫、妻に無断で婚姻届を提出するとともに、家庭裁判所に調停を申し立て、暴力を振るわない約束で婚姻が維持される。
S47. 4. 13	次男出産。
S48	夫、妻名義の土地上に建物を新築する。
S50	妻の父、建物の敷地に隣接する土地（庭として使用）を所有していたが、夫婦及び子3名に贈与する（共有）。
S54	妻、夫の暴力再発や性交渉の強要（婚姻中8度の中絶）などが原因で他にアパートを借り、二重生活を始める。
S58. 3	妻、調停を申し立てる。
S58. 9. 24	妻、子3人を連れて家を出る。
S58. 10. 4	調停不調。
S59. 10	妻、本訴訟提起。
S60. 1	次男、昭和58年10月末ごろにいったん夫方へ戻って夫と一緒に生活をしていたが、再び、妻と生活をするようになる。

裁判所の判断理由

　上告人・被上告人間の婚姻生活は既に破綻しているものとみられるところ、その主たる原因は、上告人の被上告人に対する暴行、性交渉の強要、被上告人の行動に対する邪推、生活費を渡さないことなどにあった。

　上告人・被上告人が昭和48年に新築した建物は被上告人名義であり、その評価額は約200万円であること、同建物の庭として使用されている土地は元被上告人の父の所有であったところ、昭和50年に上告人・被上告人、子3名に贈与され共有名義となっており、その評価額は約3,500万円であること、その他の上告人・被上告人の資産としては上告人が昭和58年に勤務先を退職した際の退職金の残り約70万円と約55万円程度で購入した墓であることが認められる。なお、上告人は、同建物の敷地である被上告人所有土地に借地権を有すると主張するが、採用できない。

　諸事情を勘案すると、上告人は被上告人に対し、慰謝料として金300万円を支払い、財産分与として前記共有土地に対する上告人の持分5分の1及び前記建物を分与すべ

きものとするのが相当である。

また、昭和47年生まれの男子（当時14歳）を扶養するには1か月当たり少なくとも金10万円を要することは顕著な事実であるから、上告人は、被上告人が子と同居をするに至ったときから成人に達するまで1か月5万円を支払うべきである。

コメント

本事例は、人事訴訟手続法15条1項の解釈として、裁判所が離婚請求を認容するに際し子の監護をする者をその親権者に指定すると否とにかかわらず、申立てにより、子の監護費用の支払を命ずることができるか否かについて最高裁判所まで争われた事例であるが、未成年の子について20歳までの養育費の支払のほか、婚姻関係の破綻について専ら夫に責任があるとして、慰謝料の支払及び慰謝料的要素を含む財産分与を命じたものである。

第 3 章
財産分与をめぐる算定事例

33 将来の退職金につき現時点で自己都合退職した場合の額を財産分与の対象額とし、支払時期を退職手当受給時とした事例

▶将来支給される退職金の財産分与について、現時点で自己都合退職したとして計算した額を財産分与の対象額とし、その支払時期を将来の退職手当受給時とした事例

(広島高判平19・4・17家月59・11・162)

控訴人の主張（妻）	被控訴人の主張（夫）	裁判所の判断
離　婚 財産分与：1,850万9,026円 慰謝料：1,100万円	離　婚	財産分与：1,807万5,382円 慰謝料：0円 〔財産分与の割合〕 2分の1

事実関係（裁判所の判断時）			
控訴人の事情	年　齢	－	職　業	主　婦
	収　入	－	財　産	－
	学　歴	－	健　康	－
被控訴人の事情	年　齢	－	職　業	会社員
	収　入	－	財　産	不動産売却代金1,715万765円、退職手当
	学　歴	－	健　康	－
その他	婚　期（別居）	33年（5年）	子	女子（成人）
	家事分担	専業主婦	親　権	－

事実経過（裁判所が認定した事実）	
S49	控訴人及び被控訴人婚姻。
S50	控訴人、長女出産。

S52. 8		控訴人及び被控訴人は本件不動産を被控訴人名義で取得。
H13. 10		被控訴人ら肉体関係を持つようになる。
H14. 8		控訴人及び被控訴人別居。
H16		控訴人、被控訴人らに対し、共同不法行為に基づく慰謝料請求の訴え提起。
H17. 3		被控訴人らに対し連帯して300万円及び遅延損害金の支払を命ずる判決がなされ、同年10月に確定。
H18		本訴訟の提起。

裁判所の判断理由

　共有財産である不動産の売却代金を財産分与するに当たり、住宅ローン残額を控除し、控訴人の意向に反した売却であったとしても売却のための経費も売却代金から控除することとする。

　また、財産分与の割合については、控訴人は専業主婦として家事や育児に従事し、夫婦の共同生活の維持や被控訴人の所得活動による財産形成に寄与してきたことが認められる等の事情のほか、扶養的要素も考慮し、2分の1とするのが正当である。

　被控訴人の退職手当につき判決時点で定年時の退職手当受給額を積極財産として財産分与の対象とすることはできないというべきであるが、現時点で自己都合により退職した場合でも退職手当を受給できることから、現時点で自己都合により退職したものとして計算した上で婚姻期間に対応する額の範囲を財産分与の対象とすべきであり、本件の諸般の事情並びに扶養的要素を考慮して財産分与額を950万円と定め、その支払時期は、退職手当は退職時に支給されるものであるから被控訴人が将来退職手当を受給したときとするのが相当である。

コメント

　本事例において裁判所は、控訴人が扶養的慰謝料を求めた点については、離婚に伴う慰謝料に仮に扶養的要素を認めることができるとしても本件においては別途財産分与を申し立てており、これを認めるべきであるから、慰謝料において扶養的要素を考慮する必要はないとし、慰謝料請求は認めず、財産分与の割合につき扶養的要素も考慮し2分の1とするのが正当であるとした。

　また、退職手当は、退職時に支給されるものであるから、退職手当に由来する財産分与金の支払は、被控訴人が将来退職手当を受給したときとするのが相当であるとした。

34 退職手当支給額と退職時期を変数とした計算式による額を退職時に支払うよう命じた事例

▶妻が夫に対し、離婚に際し離婚後5年以内に支給が見込まれる退職金の財産分与を求めた事案において、退職時に一定額を支払うよう命じた原判決を変更し、退職手当支給額と退職時期を変数とする計算式を定めこの計算式による金額を退職時に支払うよう命じた事例

(大阪高判平19・1・23判タ1272・217)

控訴人の主張（妻）	被控訴人の主張（夫）	裁判所の判断
養育費：20万円／月 財産分与：マンションの名義変更 慰謝料：300万円	養育費：－ 財産分与：1,543万円 慰謝料：300万円	養育費：10万円／月（成人まで） 財産分与：1,739万円 別紙「退職手当財産分与計算式」記載の計算式によって求められる退職手当財産分与額 慰謝料：0円 〔財産分与の割合〕 2分の1（控訴人の寄与割合は5割）

事実関係（裁判所の判断時）					
控訴人の事情	年齢	48歳	職業	専業主婦	
	収入	－	財産	－	
	学歴	－	健康	－	
被控訴人の事情	年齢	55歳	職業	中小企業金融公庫支店長	
	収入	－	財産	マンション	
	学歴	－	健康	－	
その他	婚期（別居）	19年（4年）	子	女子（18歳）	
	家事分担	－	親権	控訴人	

事実経過（裁判所が認定した事実）	
S63. 2. 15	控訴人及び被控訴人婚姻。
S63. 11	控訴人、長女出産。
H15. 8	控訴人及び被控訴人別居。
H15. 10	被控訴人、控訴人に対し離婚を求めて夫婦関係調整の調停申立て。
H16. 4. 12	調停不成立。

裁判所の判断理由

　退職手当の財産分与については、実際の支給額のうち勤続期間30年分の退職手当について勤続期間に占める婚姻同居期間の割合2分の1に、夫婦間の寄与割合2分の1を掛けて得られる4分の1を乗じた金額とすべきである。また、被控訴人が平成19年3月以降に退職した場合には、勤続期間が31年になり、以後勤続期間1年につき支給割合が100分の100増えるところ、勤続期間が今後31年を超えることにより支給割合が増えることによる退職手当の増加については控訴人の寄与はない。

　とすれば、退職手当の財産分与につき、勤続期間が30年を超える場合においては、勤続期間30年の場合の支給割合に相当する退職手当の額について上記4分の1の割合を掛けるのが相当であり、その計算式としては退職手当支給額÷4×50÷Aとし、変数Aは平成19年2月以前に退職した場合は50とし、平成19年3月以降は1年毎に1ずつ増やしていくものとする。

　財産分与に際し、その対象となるマンションの取得価格に占める特有財産が原資とされた割合を控除して夫婦の実質的共有財産部分を算出する場合には、評価額×（1－特有財産の額÷取得価格）という計算式により算出すべきである。

　養育費につき、算定すると18万円ないし20万円程度の養育費が相当であると一応認められるが、被控訴人名義の金融資産があることや被控訴人が財産分与を受けること、控訴人が被控訴人や長女に対し被控訴人所有の自宅マンションからの退去を求める申立てをしていないこと等から月額10万円とするのが相当である。

コメント

　本事例は、退職金の財産分与について、判決時に定めた一定額ではなく、退職手当支給額と退職時期を変数とする計算式を定めこの計算式による金額を退職時に支払うよう命じたものである。将来支給される退職金の財産分与については、退職時の金銭

支払を命じる場合であっても、判決時に定めた一定額の支払を命ずるのが一般的であるが、本判決は退職金の財産分与においてはその額につき相当程度の変動の可能性があることに対応し、退職金の財産分与の給付額の決定に当たって、退職手当支給額と退職時期を変数とする計算式を定めた点で参考になると思われる。

　本事例において、裁判所は、控訴人は自宅マンションの名義変更を求めたのに対し、控訴人が自宅マンションを取得した場合に被控訴人に対する特有財産の代償も含む代償金を支払う資力があるとは認められないし、仮に借入れ等によりこれを賄うとすれば、かえって生活が困難になるおそれすらあるとして自宅マンションは被控訴人が取得し金銭による財産分与とした。

　また、財産分与につき、その対象となる自宅マンションの評価額（3,785万円）から取得価格（5,020万円）に占める被控訴人の特有財産（1,681万円）が原資とされた割合を控除して夫婦の実質的共有財産部分を算出している点も参考になると思われる。
　（計算式＝3,785万円×（1－1,681万円÷5,020万円）＝2,517万円）

35 財産分与額を決定するに当たり年金受給見込額に格差があるという事情を考慮するのが相当であるとした事例

▶財産分与額を決定するに当たり年金受給見込額に格差があるという事情を考慮するのが相当であるとし、原審で請求しなかった過去の婚姻費用分担の支払請求につき、離婚請求に伴って許される附帯処分事項に該当しないから、附帯処分として婚姻費用の支払を求めることはできないとした事例

(大阪高判平18・10・27（平18（ネ）971))

控訴人の主張（妻）	被控訴人の主張（夫）	裁判所の判断
財産分与：5,500万円 慰謝料：1,000万円 過去の婚姻費用：285万円	財産分与：－ 慰謝料：－	財産分与：1,430万円 慰謝料：0円 〔財産分与の割合〕 （控訴人）分与対象額の2分の1に600万円を加算

事実関係（裁判所の判断時）					
控訴人の事情	年齢	－	職業	－	
	収入	－	財産	預金残高1,632円	
	学歴	－	健康	－	
被控訴人の事情	年齢	－	職業	消防局勤務	
	収入	－	財産	建物2軒及び土地（うち共有財産となる建物の評価額約1,773万円程度） 預金残高5万6,860円 退職手当（受給見込みの約2,518万円） 負債約2,641万円	
	学歴	－	健康	－	
その他	婚期（別居）	－	子	－	
	家事分担	－	親権	－	

第3章　財産分与をめぐる算定事例

事実経過（裁判所が認定した事実）	
H 9．11．21	被控訴人京都市職員共済組合から1,300万円借り入れる。
H10．2．5	被控訴人住宅金融公庫から1,990万円借り入れる。
H19．3．31	被控訴人退職。
H19．4	被控訴人京都市職員共済組合から退職共済年金年額175万3,300円受給開始。
H21．9	被控訴人京都市職員共済組合から退職共済年金年額247万5,200円受給開始。
H23．9	被控訴人社会保険庁から国民年金年額70万8,400円及び京都市職員共済組合から退職共済年金年額176万6,800円受給開始。
H30．6	控訴人社会保険庁からの国民年金年額56万2,800円受給開始。

裁判所の判断理由

　受給見込みの退職手当の財産分与につき、口頭弁論終結の日から退職手当を受給するまでの間が約6か月であることにかんがみ、その間の中間利息は控除しないこととする。

　被控訴人が退職後に受給見込みの退職共済年金は、それ自体不確実なものであり、金額も将来の経済変動等により変動することが予想されるから、これを夫婦の実質的な共有財産に計上することは相当でないが、控訴人と被控訴人の年金受給額については相当の格差が存在することが明らかであるから、被控訴人は離婚後も控訴人より高額の年金を受給することができることにかんがみれば、退職共済年金が控訴人との婚姻生活による寄与の結果、被控訴人が受給するに至ったという事情、今後の控訴人の生活状況に照らし、両者が受給することが予定されている年金額に格差が存在するとの事情を財産分与額を決定するに当たり考慮するのが相当であることから、財産分与額に加算（600万円）する。

　過去の婚姻費用分担の支払請求は、離婚請求に伴って許される附帯処分事項に該当しないから、附帯処分として婚姻費用の支払を求めることは許されない。よって、控訴人の過去の婚姻費用の分担金の支払請求は却下を免れない。

コメント

　本事例において、裁判所は退職後に受給見込みの退職共済年金を財産分与の対象とするかについて、それ自体不確実なものであり、金額も将来の経済変動等により変動

することが予想されるから、これを夫婦の実質的な共有財産に計上することは相当でないとしつつも、控訴人及び被控訴人の年金受給額に相当の格差（平成19年4月以降で175万3,300円、平成21年9月以降で247万5,200円、老齢基礎年金を加えると平成23年9月以降で247万5,200円、同じく平成30年5月以降で191万2,400円）があるとの事情を財産分与額を決定するに当たり考慮するのが相当とし、本来の分与対象額に600万円を加算した事例であるが、現在では年金分割制度による年金分割が認められるようになったことから、年金を財産分与に含めて判決をすることはなくなった。

　本事例においては、被控訴人の消費者金融会社の借入金はおおむね被控訴人の小遣いのためのものであり、控訴人と話し合って解決することなく高率の金利のために増加したものであるから、夫婦の実質的な共有財産（負債）とすることは相当ではないとして、被控訴人の消費者金融会社からの借入金について財産分与で考慮していない点も参考になると思われる。

36 財産分与対象財産の価値につき錯誤があったとして和解における解決金の合意が無効であるとした事例

▶財産分与の対象財産の価値について錯誤があったとして、離婚に当たってなされた和解のうち、解決金の金額及び債務不存在の確認を定めた各合意が無効である旨確認を求めた請求が認容された事例

(東京地判平18・10・16（平17（ワ）17598））

原告の主張（妻）	被告の主張（夫）	裁判所の判断
―	―	―

事実関係（裁判所の判断時）					
原告の事情	年齢	―	職業	―	
	収入	―	財産	―	
	学歴	―	健康	―	
被告の事情	年齢	―	職業	会社員	
	収入	―	財産	株式	
	学歴	―	健康	―	
その他	婚期（別居）	9年（－）	子	男子（6歳）	
	家事分担	―	親権	原告	

事実経過（裁判所が認定した事実）	
H9．5．4	婚姻届提出。
H12	原告、長男出産。
H14．3．27	被告、本件株式取得。
H16．3	被告、離婚を求める訴え提起。その後、原告、被告との離婚及び財産分与、慰謝料の各支払等を求める訴え提起。
H17．2．9	上記訴訟において被告が原告に対し解決金500万円を支払うとの内容で和解成立。
H17．2．18	協議離婚の届出提出。

裁判所の判断理由

　原告は、被告保有の本件株式は譲渡換金ができないことから財産価値は大してないと判断し解決金の額につき合意したにすぎず、その当時原告が、本件株式の売出しが可能となり財産価値の増大が見込まれる状態にあることを認識していれば、本件株式の財産価値を上記のように判断することはなかったから、原告は本件和解成立の際、財産分与の対象財産の価値の認識に錯誤があり、この錯誤により解決金に関する各合意をしたというべきである。この原告の錯誤は動機の錯誤であるが、解決金の額の決定に当たり重要な事項に該当し要素の錯誤に当たるところ、原・被告間では本件株式の財産価値をめぐる議論を前提とする和解の協議を経て本件和解が成立したものであるから、本件株式の財産価値についての原告の認識は被告に対し表示されていたと言うことができる。

　よって、本件和解のうち、解決金に関する各合意は原告の錯誤により無効であると言うべきである。

　被告が本件株式取得に当たり訴外会社に対して社内預金分100万円、株式取得分80万円の内訳により送金した180万円について、被告の母から送金された120万円がその大半を占めるにせよ、残余の60万円は原告との婚姻生活を維持するために必要とされる被告名義の預金の中から捻出されたものであり、そのようにして資金が用意され、取得された被告保有の本件株式は、原告と被告の婚姻期間中に維持形成された共有財産であると認めるのが相当である。

コメント

　本事例は、原告が、ベンチャー企業において一時は取締役も勤めた従業員である被告が婚姻期間中に取得した勤務先の会社の株式の価値について、従前の離婚訴訟において被告が原告に対し解決金500万円を支払うとの内容で和解が成立した当日に株式会社東京証券取引所マザーズ市場への上場が承認され、1株当たり186万円の初値が付くことになり、被告は保有していた640株のうち200株を売却し少なくとも7,800万円を取得したことから、原告には財産分与の対象財産の価値について錯誤があったとして解決金に関する各合意が無効であることの確認を求めた事案であり、本判決は原告の主張を認め、財産分与の対象財産の価値につき錯誤があったとして和解における解決金に関する合意が無効であるとした。本件においては、被告は和解成立時に上場申請を知っていたと考えられ、和解成立時に本件株式の上場が明らかとなっていれば当然に財産分与の対象となったはずであることからすれば、妥当な結論であると思わ

れる。

　また、本事例では、本件株式取得の際訴外会社に対し社内預金分100万円、株式取得分80万円の内訳により送金した180万円について、被告の母から送金された120万円がその大半を占めるにせよ、残余の60万円は原告との婚姻生活を維持するために必要とされる被告名義の預金の中から捻出されたものであり、そのようにして資金が用意され、取得された被告保有の本件株式は共有財産と認めるのが相当であり、被告の特有財産であるとすることはできないとされている。

37 離婚後の扶養的財産分与として妻が子らと居住する建物の使用貸借権を設定した事例

▶財産分与として妻から夫に対し妻及び子らの居住する土地及び建物の共有持分を分与するが共有持分移転登記は第三子が小学校卒業後としつつ、離婚後の扶養的財産分与として、妻及び子らが居住する土地建物について、それまでの間使用貸借権を設定することが相当であるとした事例

（名古屋高決平18・5・31家月59・2・134）

抗告人の主張（妻）	相手方の主張（夫）	裁判所の判断
養育費：－ 財産分与：1,900万円、使用貸借権の設定 慰謝料：－	養育費：－ 財産分与：－ 慰謝料：－	養育費：－ 財産分与：抗告人から相手方へ土地建物の共有持分移転（ただし、移転登記は第三子小学校卒業後）相手方から抗告人へ105万9,132円、土地建物上の使用貸借権の設定 慰謝料：－

事実関係（裁判所の判断時）					
抗告人の事情	年齢	－	職業	準社員	
	収入	－	財産	建物（持分6分の1）	
	学歴	－	健康	－	
相手方の事情	年齢	－	職業	大学教授	
	収入	－	財産	建物（持分6分の5） 出版物の著作権収入120万円 相手方名義の預金70万円 株式50万8,000円、未成年の子ら名義の預金約71万円	
	学歴	－	健康	－	
その他	婚期（別居）	－	子	女子2人、男子1人	

第3章 財産分与をめぐる算定事例　　145

| | 家事分担 | − | 親　権 | 抗告人 |

事実経過（裁判所が認定した事実）		
S61		抗告人、長女出産。
S63		抗告人、二女出産。
H6		抗告人、長男出産。
H11. 6. 4		離婚成立。
H14. 12. 17		親権者を抗告人へと変更する旨の審判。

裁判所の判断理由

　抗告人が相手方からの突然の離婚の申出を短期間で受け入れたのには、相手方からの離婚の要求が応ぜざるを得ないほど強いものであるとともに、抗告人において離婚を受け入れやすい経済的条件の提示があったからであると推認されること、抗告人の収支の均衡は住居費の負担がないことによって保たれていること、相手方が抗告人が子らと居住する建物に関する費用を負担することを前提に養育費が算定されていること、抗告人の1,000万円近い持参金が夫婦共有財産として残存していないこと等の諸般の事情を総合すると、抗告人が子らと居住し、相手方所有とすべき建物について、期間を第三子が小学校を卒業するまでの間とする使用貸借権を設定するのが相当である。

コメント

　本事例は、婚姻における生活共同関係が解消されるに当たって将来の生活に不安があり、困窮するおそれのある配偶者に対し、その社会経済的自立等に配慮して資力を有する他方配偶者は、生計維持のための一定の援助ないし扶養をすべきであり、その具体的な内容及び程度は当事者の資力、健康状態、就職の可能性等の事情を考慮して定めることになるとし、抗告人の収支の均衡等の諸般の事情を総合して、抗告人が子らと居住し、相手方所有とすべきとされた建物につき、扶養的財産分与として使用貸借権を設定するのが妥当であるとされた事例である。
　また、使用貸借終了後の抗告人の転居費用について、本来離婚後の自助努力によるべきところであるが、抗告人の生活状況等及び相手方の転居費用が婚姻費用によって賄われたことなども考慮し、その一部50万円を相手方に分与させることとしている。

38 交通事故損害保険金のうち逸失利益対応部分は財産分与の対象となるとした事例

▶交通事故により取得した損害保険金のうち、傷害慰謝料、後遺障害慰謝料に対応する部分は特有財産であるが、逸失利益に対応する部分は財産分与の対象となるとした事例

（大阪高決平17・6・9家月58・5・67）

抗告人の主張（妻）	相手方の主張（夫）	裁判所の判断
養育費：－ 財産分与：2,600万円 慰謝料：－	養育費：－ 財産分与：なし 慰謝料：－	養育費：－ 財産分与：154万円 慰謝料：－ 〔財産分与の割合〕 2分の1

事実関係（裁判所の判断時）					
抗告人 の事情	年齢	41歳	職業	パートタイマー	
	収入	約10万円／月	財産	－	
	学歴	－	健康	－	
相手方 の事情	年齢	53歳	職業	無職	
	収入	－	財産	損害保険金約307万1,626円	
	学歴	－	健康	身体障害者5級	
その他	婚期 （別居）	11年（－）	子	男子（11歳）	
	家事分担	－	親権	抗告人	

事実経過（裁判所が認定した事実）	
H6.3.9	抗告人及び相手方婚姻。
H6	抗告人、長男出産。
H3.11頃	抗告人引っ越しサービス業従事開始。その後引っ越し等を業務とす

	る事業を立ち上げる。
H12. 8. 11	相手方交通事故により受傷。
H15. 3. 20	相手方交通事故につき和解成立。
H15. 3. 26	相手方上記和解に基づき5,200万円受領。
H15. 4. 28	相手方離婚調停申立て。
H15. 5. 10	抗告人離婚調停申立て。
H15. 9. 19	調停離婚成立。
H15. 10. 9	本件申立て。

裁判所の判断理由

　財産分与の対象財産は、婚姻中に夫婦の協力により維持又は取得した財産であるところ、相手方が交通事故により取得した損害保険金のうち、傷害慰謝料、後遺障害慰謝料に対応する部分は、事故により受傷し、入通院治療を受け、後遺障害が残存したことにより相手方が被った精神的苦痛を慰謝するためのものであり、抗告人がその取得に寄与したものではないから、相手方の特有財産というべきである。

　これに対し、逸失利益に対応する部分は、後遺障害がなかったとしたら得られたはずの症状固定時以後の将来における労働による対価を算出して現在の額に引き直したものであり、稼動期間中配偶者の寄与がある以上、財産分与の対象となると解するのが相当であり、症状固定時から調停離婚成立日の前日までの逸失利益を財産分与の対象と認め、抗告人は家事育児全般に従事し、その結果相手方が事業に専念できたと認められるから寄与割合はおおむね2分の1と認めるのが相当である。

コメント

　本事例は、交通事故により取得した損害保険金が財産分与の対象となるかについて、傷害慰謝料、後遺障害慰謝料に対応する部分は特有財産であるが、逸失利益に対応する部分（症状固定日から調停離婚成立の日の前日までの逸失利益相当額）は財産分与の対象となると判断した。

　配偶者が取得した損害保険金の財産分与対象性については、実質的に考えれば婚姻中の夫婦の生活の原資となるべきものであるとして保険金全体を財産分与の対象とした裁判例もあるが（大阪地判昭62・11・16判時1273・82）、本事例は、保険金の損害項目毎に財産分与の対象となるかにつき検討、判断したものである。

39 外国法（アメリカ合衆国テキサス州法）に準拠した共有財産の分割（財産分与）を命じた事例

▶原告（夫）及び被告（妻）とも米国籍を有し、日本に居住していたが、婚姻期間23年を経て原告から離婚請求があった事案で、外国法に準拠して離婚を認めた上、原告から被告に対し、共有財産の分割（我が国の財産分与と類似）としてUS＄21万1073.58の支払を命じた事例

（東京地判平17・2・18判時1925・121）

原告の主張（夫）	被告の主張（妻）	裁判所の判断
離　婚 財産分与：共有財産の分割（準拠法はアメリカ合衆国テキサス州法）	離婚は許されない	離　婚 財産分与：共有財産の分割：US＄21万1,073.58（共有財産を原告35％、被告65％にて分割） 〔財産分与の割合〕 （原告）35％ （被告）65％

<table>
<tr><th colspan="5">事実関係（裁判所の判断時）</th></tr>
<tr><td rowspan="3">原告の事情</td><td>年　齢</td><td>－</td><td>職　業</td><td>－</td></tr>
<tr><td>収　入</td><td>手取1年当たり約US＄20万</td><td>財　産
（原告管理分）</td><td>預金、401ｋ、身の回り品、家具等（計US＄34万7561.81）</td></tr>
<tr><td>学　歴</td><td>－</td><td>健　康</td><td>－</td></tr>
<tr><td rowspan="3">被告の事情</td><td>年　齢</td><td>－</td><td>職　業</td><td>専業主婦</td></tr>
<tr><td>収　入</td><td>－</td><td>財　産
（被告管理分）</td><td>401ｋ、ＰＡＲアカウント等（US＄4万2404.55）</td></tr>
<tr><td>学　歴</td><td>－</td><td>健　康</td><td>－</td></tr>
<tr><td rowspan="2">その他</td><td>婚　期
（別居）</td><td>23年（4年）</td><td>子</td><td>なし</td></tr>
<tr><td>家事分担</td><td>－</td><td>親　権</td><td>－</td></tr>
</table>

	その他	双方とも米国国籍

事実経過（裁判所が認定した事実）

S56. 8. 15	アメリカ合衆国カンザス州方式による婚姻。 婚姻後、被告の性格が変わったとして原告が被告との婚姻生活に苦痛を感じ始める。
S58. 1	アメリカ合衆国ダラスで生活。
H9秋	原告が被告に離婚を申し入れるが被告に拒否される。
H11. 9	原告が東京赴任となり2人で来日。
H13. 4末	原告は被告に再度離婚を申し入れるが、拒否される。原告は自宅を出て別居。
H13. 6	被告帰国の間、原告は自宅に戻り生活。遅くともこのころまでに原告はAと性的関係を持つようになる。
H13. 9	被告が日本に戻ってきたため、原告は自宅を出て別居継続。
H14	被告代理人が原告の勤務先に訴訟提起の可能性を記載した書面を送付したことが原因で、原告は勤務先を解雇。
H14. 3. 29	原告が東京家庭裁判所に離婚訴訟提起。
H14. 9. 30	被告が東京家庭裁判所に申し立てた夫婦関係調整調停申立てが不調に終わる。
H16. 12. 24 （口頭弁論終結時）	原告は新勤務先である中華人民共和国、被告はアメリカ合衆国で生活。

裁判所の判断理由

　夫婦共有財産の分割割合について、①原告と被告の婚姻関係が約23年間と比較的長期間にわたっていること、原告は被告に対して一方的に離婚を迫っていること、原告がAとの性的関係を持ったことや被告によるキャッシュカード等の使用を不能にするなどの行動をとったことで原告と被告の婚姻関係がより一層悪化し、修復の可能性が更に失われてしまったこと、これらの点で原告には婚姻関係の破綻につき相応の責任がある。②現在、原告が給与所得を得ているのに対し、被告は無職である。③原告は、自ら原告と被告の夫婦共有財産のほとんどを管理しており、夫婦共有財産である預金を自由に引き出すことができる立場にあったので、夫婦共有財産の多くは被告よりも原告のために使用されてきたと考えられる。④他方、現在の夫婦共有財産に、原告と被告が別居した後に形成された部分が相当程度含まれていること、原告が被告に対して生活費等を送金をしていること、被告が扶養するような子がいないこと、以上の諸

事情を総合考慮すると、夫婦共有財産の分割として、夫婦共有財産の35％を原告が、65％を被告が取得するのが相当であると認められる。

コメント

　本事例は、我が国の裁判所でアメリカ合衆国テキサス州法を準拠法とする離婚判決をすることは可能であるとし、本件離婚訴訟において、同法に規定されている夫婦共有財産の分割（我が国では規定のない、財産分与をすべき者である原告からの財産分与の申立て）を認めた。

　そして、夫婦共有財産の分割割合については、下記の諸事情が考慮された。
①婚姻関係の破綻の責任の程度
②現在の双方の収入（の差）
③今までの夫婦共有財産をどちらがより多く使用してきたか
④別居後に形成された夫婦共有財産の額
⑤原告の被告に対する生活費送金額
⑥被告が扶養する子の有無

　以上のとおり、我が国で言う財産分与における「清算的要素」「慰謝料的要素」「扶養的要素」を実質的にすべて検討し、分割割合が導かれていることがわかる。

40 夫婦の双方からの離婚等の求めに対し、双方の慰謝料請求を認めず、財産分与割合を原則として同等とした事例

▶夫である原告が、自分がサラリーマンとして形成した財産は、主に原告の職業・能力によるところが大きいとして、被告の財産分与割合が3分の1であると主張したのに対し、被告は、婚姻における両性の平等、原告の海外転勤などにより専業主婦になるしかなかったこと等を理由として5対5にすべきであると主張した事例

（東京地判平16・12・27（平15（タ）509、平16（タ）351））

原告（反訴被告）の主張（夫）	被告（反訴原告）の主張（妻）	裁判所の判断
離婚 財産分与：1,560万8,624円 慰謝料：500万円	離婚 財産分与：3,766万2,683円（特有財産返還請求も含む） 慰謝料：500万円 その他損害賠償、婚姻費用等：－	離婚 財産分与：原・被告共有名義の銀行口座の原告持分が被告持分であることを確認する。持分を移転する手続をせよ。 慰謝料：0円 〔財産分与の割合〕 原・被告の寄与は、10対0、8対2、5対5など夫婦の生活状況ごとに割合を認定

事実関係（裁判所の判断時）					
原告の事情	年　齢	46 歳	職　業	会社員（新聞社）	
	収　入	1,660万円（税引前）	財　産	原告名義預金5,013万円 共同名義ＵＳ＄8万5,900 保険解約返戻金274万7,017円 その他預金3,099万円	
	学　歴	大学卒	健　康	－	
	年　齢	45 歳	職　業	専業主婦	
				被告名義預金5,743万円	

被告の事情	収　入	－	財　産	被告名義外貨預金ＵＳ＄2,700
	学　歴	大学卒	健　康	－
その他	婚　期 （別居）	19年（2年）	子	－
	家事分担	－	親　権	－

事実経過（裁判所が認定した事実）	
S 60. 4	婚姻（大学の同級生）。
S 60. 9 ～H 3. 5	被告は平成元年から専業主婦。原告の赴任先の外国（数か国）に同行。この間昭和62年、被告はＡ氏と知り合う。
H 3. 9	このころより、原告は被告との結婚継続に疑問を感じる。原・被告間の性交渉は無くなる。
H12. 8	原告モスクワ赴任。被告は、原告同意の下ロンドン移住。
H13. 4	原告が被告に離婚を求める。Ａ氏立会いの下、話合い。
H14. 3	原告が調停を申し立てる。（平成15年5月調停不調）
H14. 7	原告帰国。社宅に入居。被告は2か月後帰国、実家に居住。
H14. 8～12	原告は被告に生活費を支払わなかった。
H15. 6	原告は、被告に家賃、婚姻費用等を支払うようになる。
H15	原告訴訟提起。
H16. 10	被告反訴提起。

裁 判 所 の 判 断 理 由

【財産分与】

　分与財産につき、被告の主張する特有財産（被告が婚姻前から有していた財産及び被告が婚姻前の労働の対価によって得た財産）は、原・被告が婚姻後形成した財産に混入しており、それを特定し返還請求をすることはできないが、その点については、財産分与の割合や額を定める際に考慮するとし、原告の退職金は、原告が現実に受け取っていないこと、婚姻前の原告の勤務期間、被告の寄与がない期間等を考え、その7割を対象財産とした。

　分与割合について、原告のモスクワ勤務時は、現実に同居しておらず、被告は日々の家事負担はしていないこと等を考慮し、被告の寄与は2割程度とし、モスクワ勤務以前については、原告が高収入を得られたのは、原告の能力の高さ等、原告に比較的

高い寄与が認められる一方、被告も自らのキャリアを中止してまで原告の海外勤務に協力をしたこと、被告及びその実家の援助を得た財産運営がなされたこと等、被告の寄与も相当程度認められ、また被告の特有財産約1,000万円も現在の原・被告の財産に混入しており、高額の蓄財には原・被告の合意の下、子を持たないという選択をしたことも影響していると解される等の点を総合考慮し、その間の原・被告の寄与は、同程度とした。

【慰謝料】

原告から被告に対する慰謝料請求につき、被告とA氏との不貞関係を推認させる事実はないとして、慰謝料請求を認めず、被告から原告に対する、原告の事実無根の主張行為や、同居拒否、不明朗な蓄財と資産隠蔽行為などの行為に対する慰謝料請求につき、原告のこれらの行為は不法行為上の違法とまでは言えないとした。

コメント

1　財産分与の分割割合について

夫1人の収入としては多額の蓄財がなされている点に関し、夫の給与が多額であることについて夫の職業の性質、夫の個人的能力を考慮する一方、被告についても、本来有能な被告がキャリアを捨てて、原告の海外勤務に協力したこと、被告及びその実家により、夫婦の共有財産の財産運営がなされたこと、更には、夫婦で子を持たないという選択をしたことも多額の蓄財ができたことに影響しているとして、寄与割合を夫と同程度とした。この点は、被告の主張にいう、婚姻における両性の平等の観点からも妥当な判決と言えよう。

2　慰謝料について

原告と被告を、精神的結び合うことを目指して結婚した夫婦であるとし、その後、人生観及び結婚観並びにそれを踏まえた上での原告の被告の生き方への評価が最終的に原・被告との間で異なる結果となったことは、いずれかに責任があるとする筋合いのことではない、とした。更に、そのことを根拠として、夫の同居拒否行為を検討するについても、その違法性を柔軟に解し、本件は違法性を認めなかった。

41 財産分与につき、種々の要素を考慮した上で共有財産を確定し、年金については分与割合を10分の3とした事例

▶海外での生活が長い夫婦であり、日本での同居に応じなかった妻に対し、夫が離婚訴訟を提起。妻は、予備的請求として財産分与を求めたが、夫が10分の8を有する夫の実家（の土地建物）の分与は認めず、また、夫の退職金の厚生年金基金への振替分についても、年金として受給する際に分与すべきであるとし、一括分与は認めなかった事例

（東京地判平16・6・23（平14（タ）366））

原告の主張（夫）	被告の主張（妻）	裁判所の判断
離　婚 慰謝料：200万円	財産分与（予備的請求）：－	離　婚 財産分与：－ カナダの居住用不動産3,027万3,429円 厚生年金：受給した年金額の10分の3相当 慰謝料：0円 その他：カナダの不動産の住宅ローン債務は原告が負担（原告によるローンの一括払を認めず） 〔財産分与の割合〕 （被告）財産の2分の1、年金額の3割

事実関係（裁判所の判断時）			
原告の事情	年　齢	63　歳	職　業	会社員（判決時は退職）
	収　入	－	財　産	被告と共有名義の不動産（カナダ）、原告名義のマンション（日本）、原告とその母の共有名義の家屋（日本） 預金・有価証券、年金積立金（拠出型企業年金保

第3章 財産分与をめぐる算定事例

				険金)、年金受給権
	学 歴	－	健 康	－
被告の 事 情	年 齢	60 歳	職 業	専業主婦
	収 入	－	財 産	原告と共有名義の不動産 (カナダ)
	学 歴	－	健 康	－
その他	婚 期 (別居)	34年 (3年余)	子	女子 (32歳)、男子 (31歳)
	家事分担	主に被告 (原告が単身赴任中を除く)	親 権	－

事実経過 (裁判所が認定した事実)

S 45. 5. 8	婚姻。原告の転勤によりニューヨークで生活。
S 45～62	原告の転勤により、原告及び被告はほとんど外国 (スイス、西ドイツ、カナダ) で生活。その間、長女、長男誕生。
H 4～5	長女、長男が成人、独立。
H 5	家族で話し合い、寒冷地産の大型犬を飼う。
H 8. 3	原告及び被告は米国ニュージャージー州で生活。
H 9. 7	原告が国内勤務となるが、寒冷地産の犬を日本で飼うことはできないとして、最終的には合意の上、被告はカナダ国内に戻り、原告は日本に単身赴任。カナダで夫婦共有名義の不動産購入。
H 11	飼い犬が死亡したが、被告はカナダにとどまる。
H 11. 7	原告から被告に離婚を切り出す。
H 14. 4	原告が東京家庭裁判所に調停を申し立てたが不調となる。
H 14	訴訟提起。

裁 判 所 の 判 断 理 由

1 財産分与
 (1) 慰謝料的要素 原告が一方的に有責性があるとは認められず、財産分与に当たって慰謝料の要素は考慮しない。
 (2) 扶養的要素 離婚後の扶養については、夫婦財産の清算では離婚後の配偶者の保護が十分でない場合に補充的に認められるものである。本件は、下記分与で保護は十分であり、離婚後の扶養の考慮は不要である。
 (3) 清算的要素 夫婦共有財産の形成は主に原告の収入によるが、被告は、約30年間の長い年月にわたる在外勤務生活において原告を公私ともに支えてきたのであ

るから、2分の1を分与することが相当である。
① カナダの不動産は、被告が取得を希望し、現に居住しているので、被告に取得させる（原告の持分2分の1を分与）。
② カナダの不動産の住宅ローン債務は、これまで原告が支払を続けていること、債権者との関係では原告が債務者としての責任を免れることは困難であること等から、今後も原告が支払を継続せざるを得ない。被告が債務を払った場合には、原告に求償できるので、被告にとっても不都合はない。
2 原告から被告への慰謝料
　婚姻関係が破綻するに至った事情は、被告が原告との同居のための努力をしなかったことに起因するが、原告も、別居には合意したこと、その後の婚姻関係修復努力が原告にも不足していたから、慰謝料は認めない。

コメント

被告が具体的に分与を受けるべき財産を確定するに当たり、
(1) 原告とその母の共有名義の家屋（原告持分10分の8）につき、①敷地利用権（使用貸借）は、相続が発生すれば原告の特有財産となると考えられる、②家屋について、原告は退職金の前借等をして改築費用を負担し10分の8の持分を取得したが、10分の2は相続により、原告の特有財産となると評価しうること、10分の8の持分の現在の残存価格はほぼ零であるとし、いずれの点からも財産分与の対象としない、とした。
(2) 年金等について、①企業年金保険は一時金として受け取ることも可能であるから、財産分与の対象とすべきであるとした。②厚生年金基金へ振り替えられた退職金は、分与すべき退職金が形を変えたものと言えるが、原告には年金として支給される上、この退職金振替分が支給額に寄与した割合も不明であり、直ちに、財産分与の対象とすることはできない、とした。③厚生年金基金について、退職金を原資としている部分も存在することから、被告に分与すべき部分を含む。支給される年金額に占める退職金の寄与割合は不明であるが、諸般の事情を考慮し、原告が現実に支給される都度、受給した年金額の10分の3を被告に分与することが相当である、とした。

　本事例は、年金分割制度施行前の事例である。本件は、年金基金に本来清算分与すべき退職金を原資としている部分が存在することを理由に、年金の分割を認めているようであるが、退職金振替分以外の年金支給分についても財産分与としての分割を認めたのかどうかについては不明である。

42 夫が興した会社の経理を担当し、家事育児をした妻への財産分与割合を5割とした事例

▶原審では、原告が被告の不貞行為等を理由として、被告に対し離婚、慰謝料、及び相当額の財産分与を求めたのに対し、原判決は離婚を認め、原告に対する慰謝料及び財産分与の支払等を命じたところ、双方が原判決を不服として控訴した事例

(広島高岡山支判平16・6・18判時1902・61)

控訴人(一審原告)の主張(妻)	被控訴人(一審被告)の主張(夫)	裁判所の判断
離婚 財産分与：相当額(分与割合5割) 慰謝料：2,000万円 弁護士費用：1,500万円	財産分与：一部の不動産のみ(分与割合2、3割)	離婚 財産分与： ①被控訴人から控訴人に対し3億2,639万3,568円相当(不動産、有価証券、金1億6,574万3,568円) ②控訴人から被控訴人に対し、控訴人取得不動産以外の不動産、信用金庫に対する出資金債権101万円 慰謝料：500万円 弁護士費用：50万円 〔財産分与の割合〕 2分の1(寄与率は5割)

事実関係(裁判所の判断時)					
控訴人の事情	年齢	—	職業	会社役員(同族会社)	
	収入	—	財産	—	
	学歴	—	健康	—	
	年齢	—	職業	会社役員(同族会社)	
				会社名義の財産、控訴人名義の財産を含め、計7	

被控訴人の事情	収　入	－	財　産	億2,478万7,137円相当（不動産5億8,067万5,000円、株式3,060万8,000円、預金8,724万4,137円、その他郵貯等2,626万円）
	学　歴	－	健　康	－
その他	婚　期（別居）	31年余（7年余）	子	男子1人、女子3人
	家事分担	－	親　権	－

事実経過（裁判所が認定した事実）	
S48．11	控訴人・被控訴人婚姻、その後4人の子が生まれる。
S60又は61	被控訴人がしつけと称して、火のついた煙草を長男の手に押し付ける。また、長女の高校進学に際し、長女の希望を聞き入れず、別の高校に進学させるなどした。
H9．1	家を新築する件で、控訴人・被控訴人が揉める。
H9．2	控訴人は、被控訴人とB山の不貞関係に疑念を抱く。その後、3月に控訴人は家を出て、別居。
H9．3	控訴人が家に戻ってくるが、被控訴人が控訴人に離婚届を渡す。
H9．9	被控訴人が控訴人を殴り、頭部外傷を負わせる。
H9．11	B山が控訴人に対し、不貞関係を認める。控訴人再度別居。被控訴人は控訴人に離婚届を送りつける。被控訴人とB山との関係が密になる。
H10．2	控訴人が岡山家庭裁判所に離婚調停申立、同年4月不調。
H10．4	被控訴人が控訴人に暴行を加え、全治5日間の傷害を負わせる。

裁判所の判断理由

【財産分与】

対象財産につき、控訴人・被控訴人が役員をする同族会社名義の財産についても、財産分与の対象として考慮するのが相当である、とした。

分与割合について控訴人が家事や4名の子の育児に従事しながら、被控訴人の事業に協力し続け、資産形成に大きく貢献したことに徴すると、控訴人の寄与率は5割と解され、控訴人は財産分与として金3億2,639万3,568円（1円未満切捨て）相当の財産を取得するのが相当である。

【慰謝料】

　被控訴人は、本件婚姻当初から粗暴かつ専横な言動がみられていたところ、平成9年ころからB山と不貞関係を持ち、控訴人にこれが露呈した後も半ば公然とB山との不貞関係を継続し続け、控訴人に対しては暴力を振るうなどしたものであり、控訴人が相当な精神的苦痛を被ったことは明らかであり、これを慰謝するには金500万円とするのが相当である。

コメント

　本事例は、自動車販売業から身を起こした夫が、二つの同族会社を経営するまでになり、妻も役員にした事案であるが、被控訴人は、控訴人・被控訴人の資産形成は、被控訴人の才覚と猛烈な努力によるところが大であり、控訴人は、誰にでもできる簡単な帳簿付けと集金などの業務を行う以外は育児と家庭の維持をしていたにすぎないとした。そして、その他種々の要因にかんがみ、控訴人の寄与率は2、3割程度とみるのが相当であると主張した。しかしながら、裁判所は、控訴人は、家事や4名の子の育児に従事しながら、被控訴人の事業に協力し続け、資産形成に大きく貢献したとし、5割の寄与割合を認めた。被控訴人の控訴人の会社での仕事（経理）について、「一般的な中小企業の事業において営業と経理は二大柱として欠くことのできない活動である」という主張が受け入れられたかは不明であるが、妻が家庭で育児等の家事を受け持つことによってこそ、被控訴人が事業を拡大できた点について、控訴人の事業に対する才覚と同等の評価をした。

　また、本件では控訴人・被控訴人が経営に従事してきた同族会社名義の財産についても、実質的に夫婦共有財産とし、財産分与の対象としている。

43 財産分与の割合を決めるに際し、寄与割合以外の要素を考慮した事例

▶婚姻当初から、夫の暴力、深酒等に悩まされてきた妻が、家庭の円満を保つために努力と我慢を重ねてきたが、夫の退職後、ついに我慢の限界に達し、夫に対し離婚、財産分与、慰謝料を申し立てた事例

(東京地判平15・10・23（平14（タ）603））

原告の主張（妻）	被告の主張（夫）	裁判所の判断
離　婚 財産分与：4,250万円 慰謝料：2,250万円	－	離　婚 財産分与：3,500万円 慰謝料：300万円
		〔財産分与の割合〕 （原告）基本2分の1、加算あり

事実関係（裁判所の判断時）					
原告の事情	年　齢	－	職　業	無　職	
	収　入	－	財　産	預金約106万円	
	学　歴	－	健　康	－	
被告の事情	年　齢	－	職　業	無職（判決前まで、会社定年後大学教授をしていた。）	
	収　入	－	財　産	自宅（土地家屋）2,930万円 預金約1,167万円、厚生年金預託金約1,645万円	
	学　歴	－	健　康	－	
その他	婚期（別居）	36年（2年余）	子	男子、女子（いずれも成人）	
	家事分担	－	親　権	－	

事実経過（裁判所が認定した事実）	
S42. 6	婚姻。その後、長男、長女出生。 結婚当初から被告は原告に対し、暴力を振るうことが多かった。泥酔して暴れることも多かった。 被告が泥酔して、タクシー運転手に対して暴行事件を起こし、起訴されたこともあった。
H13. 3	被告が定年退職。
H13. 7. 2	原告が家を出て別居。
H15. 3	被告が定年後勤務した大学（教授）を退職。

裁判所の判断理由

【財産分与】

(1) 財産分与の対象財産として、①別居後の被告給与貯蓄分につき、原告の長年の献身的な助力があればこそ、被告は、貯蓄ができる収入を得ることのできる地位を築くことができたものと認めることができ、被告が496万7,550円程度の貯蓄が可能であったとの事情は、分与額決定に当たり考慮すべきものというべきである。②年金について、本件のように、夫婦が年金受給年齢ないしこれに近接した年齢に達した後に離婚のやむなきに至る場合において、夫婦間に受領できる年金の格差があるときは、このような事情を、分与額決定に当たり考慮するのが相当である。③上記各保険契約に基づく残存保険料や支払年金額に差異があることは、財産分与に当たり考慮すべき一事情とするが、財産分与に当たり清算すべきものと解することは困難である。

(2) 財産分与割合について、基本は2分の1とするが、夫婦間に受領できる年金の格差、別居後でも原告の寄与の下に被告ができた貯蓄額等を考慮し、700万円を加算した。

【慰謝料】

　被告の暴力や横暴な行動によって、原告と被告との婚姻関係は破綻したものであるが、原告は、一方で、被告と円満で平静な時間も長く共有してきたことは否定できない。これらのことを総合考慮すると、原告の精神的苦痛に対する慰謝料の額は、300万円と認めるのが相当である。また、被告は婚姻費用を支払わず、差押え回避を企図して財産の隠匿を図ったとしても、この点につき、原告が慰謝料の支払を要するような精神的苦痛を被ったものと認めることは困難である。

コメント

1　財産分与について、本事例は平成15年のものであり、現在の年金分割制度（平成19年の合意分割制度及び平成20年の三号分割制度）ができる以前は、将来受給する年金額の大きな格差について、その差額を財産分与として清算することはせず、財産分与の要素として考慮するにとどめている。

2　慰謝料について、本事例は、原告は、婚姻の破綻原因（被告の暴力行為等）についてのみでなく、被告が裁判所で命じられた婚姻費用を一部しか支払わず、差押え回避を企図して財産の隠匿を図った点についても慰謝料請求をしている。この点について裁判所は被告の行為を信義にもとる、としたが、原告が慰謝料の支払を要するような精神的苦痛を被ったとまでは言えないとした。特に理由は示されていないが、離婚の破綻原因に直接関係ない事実であるとの考慮が働いたとも言える。

44 再婚者の婚姻前契約を公序良俗違反として認めず、また、夫の特有財産が共有財産の原資である場合も妻に分与を認めた事例

▶夫から妻に対し、夫の財産は主に夫の才覚によって得たもので財産分与の対象とならず、分与するとしても婚姻前誓約書による合意の限度にすべきことを求めた事案であり、反訴事件は、妻から夫に対し、夫の不貞行為及び暴力により婚姻生活が破綻したとして離婚を求めるとともに、別居開始当時の巨額な現有財産の多くを占める預貯金等のほぼ半額を、慰謝料も加味した財産分与として、その分与を求めた事例

(東京地判平15・9・26（平13（タ）304・668))

原告（反訴被告）の主張（夫）	被告（反訴原告）の主張（妻）	裁判所の判断
離　婚	離　婚 財産分与：110億円	離　婚 財産分与：10億円
		〔財産分与の割合〕 （被告）共有財産の5％（10億円）

事実関係（裁判所の判断時）					
原告の事情	年齢	72歳		職業	一部上場企業代表取締役
	収入	給与所得、雑所得（昭和58年から平成9年までの合計）3億1,447万4,851円 株式譲渡益、株式配当（昭和42年から平成9年までの合計）206億1,435万1,945円		財産	①43億円相当の特有財産 ②同居（昭和55年）以降に形成された財産、総額220億円（預貯金217億7,072万831円、不動産約2億円、株式2億6,400万円）
	学歴	－		健康	－
被告の事情	年齢	62歳		職業	主　婦
	収入	－		財産	－

	学　歴	－	健　康	－
その他	婚　期 （別居）	17年余（4年余）	子	－
	家事分担	－	親　権	－

事実経過（裁判所が認定した事実）	
S40	原告が会社譲渡をし、7億円のキャピタルゲインを得る。
S42	原告は新会社（以下、N社）を設立（持ち株比率6割）。
S48〜49	原・被告が知り合う。共に別配偶者と婚姻中。
S49	被告が前夫と離婚、このころ原告と肉体関係を持つ。
S50〜	原告は、被告を原告の家族に紹介し、被告の生活費を負担。
S54	原告の母と被告が養子縁組。
S54	N社が東証2部上場。原告は保有株の一部を売却。
S55	原告及び被告が同居を始める。
S56	原告が前妻と離婚。
S57．12	原告及び被告が誓約書（離婚の際の財産分与）を書く。
S58．4	原告及び被告が婚姻届提出。
S59〜60	N会社が東証1部、大証2部に上場。
H8	原告がHと不貞行為。原告の被告に対する暴行行為。
H9．12	被告が米国裁判所に、離婚及び財産分与請求訴訟提起するも、管轄がないとして、却下される。
H10．1	原告が東京家庭裁判所に家事調停（婚姻費用分担）申立て。調停成立。
H13	原告訴訟提起。 被告反訴提起。

裁判所の判断理由

【財産分与】

1　原・被告の婚姻の破綻原因を主として原告に責任があるとした。

　すなわち、原・被告の婚姻は、原告の不貞行為及び暴力により、被告が精神的に不安定となり、原告との離婚等につき弁護士等と相談、財産関係の整理を始め、原告と別居し、米国で離婚訴訟を提起、その後、原・被告の別居が継続したという経過で破綻したものであるからである。

2 財産分与割合

(1) 43億円強の特有財産についても、被告がその維持に寄与している場合には、財産分与を認めるのが相当である。

(2) 被告は、成功した経営者、財界人である原告の、公私にわたる交際を約15年にわたり妻として支え、また、精神的に原告を支えた。したがって、間接的には、共有財産の形成や特有財産の維持に寄与したと言える。

しかし、他方、共有財産の原資はほとんどが原告の特有財産であったこと、その運用、管理に携わったのも原告であること、被告が、具体的に、共有財産の取得に寄与したり、会社の経営に直接的、具体的に寄与し、特有財産の維持に協力した場面はないことからすると、被告が原告の共有財産の形成や特有財産の維持に寄与した割合は必ずしも高いと言い難い。

その上で、財産分与額の慰謝料的要素、扶養的要素を考慮し、共有物財産の価格合計約220億円の5％である10億円を相当と認めた。

コメント

本事例は、上記財産分与のほかに、婚姻前に作成された誓約書の法的効力について、その成立は認めたが、公序良俗に反するとして、無効とした。

すなわち、本件誓約書中、第1項で、「将来」原被告「お互いにいずれか一方が自由に申し出ることによって、いつでも離婚することが出来る。」との文言が記載されていることから、本件誓約書は、定められた金員を支払えば、原・被告のいずれからも離婚を申し出ることができ、他方、その申出があれば、当然相手方が協議離婚に応じなければならないとする趣旨と解される、とした。そうすると、本件誓約書は、将来、離婚という身分関係を金員の支払によって決するものと解されるから、公序良俗に反し、無効である、とした。

米国で再婚の場合よく実行され、法的にも有効であるとされる婚前契約書が、日本では必ずしもそのまま受け入れられるものではないことを明確に示した興味深い判例である。

45 妻から夫への離婚請求に対し、財産分与3,500万円が認められた事例

▶原告（妻）から被告（夫）に対し離婚を請求した事案で、離婚を認めた上、財産分与3,500万円を認めた事例

（東京地判平15・4・11（平12（タ）831））

原告の主張（妻）	被告の主張（夫）	裁判所の判断
離婚 財産分与：本件各建物及び本件各借地権 慰謝料：200万円 弁護士費用：100万円	財産分与：－ 慰謝料：－ 弁護士費用：－	財産分与：3,500万円 慰謝料：財産分与の慰謝料的要素として考慮 弁護士費用：0円 〔財産分与の割合〕 （原告）各建物の価額の4分の3、各借地権の価額の4分の1、賃料収入の4分の3

事実関係（裁判所の判断時）					
原告の事情	年齢	－	職業	－	
	収入	－	財産	預金等約2,800万円	
	学歴	－	健康	－	
被告の事情	年齢	－	職業	元会社経営者	
	収入	－	財産	本件各建物（評価額合計2,639万円（使用借権分を含む）） 本件各借地権（評価額合計7,938万9,000円（使用借権分を除く））	
	学歴	－	健康	－	
その他	婚期（別居）	30年（14年余）	子	男子（27歳・独立）	
	家事分担	－	親権	－	

第3章　財産分与をめぐる算定事例

事実経過（裁判所が認定した事実）	
S47．5．30	婚姻届提出。
S48	被告、父から本件借地権1及び2（本件各借地権）を相続。
S50	原告、長男出産。
S55頃	被告の経営するa建設株式会社の経営状態が悪化。原・被告は、生活費等をめぐり頻繁にけんかするようになる。
S56	被告、本件借地2上に本件アパートを新築。
S58	被告、本件借地1上に本件自宅を新築。原告、サラ金業者から被告が借り入れた借金の取立てを頻繁に受け、150万円を返済。
S59	被告、本件借地1上に本件マンションを新築。このころから外泊を繰り返すようになる。
S60．7	原告、夫婦関係調整調停申立て。取下げ。
S63秋	被告、本件自宅を出て、別居。以後行方不明に。
H7～現在	被告、他の女性と同居。

裁判所の判断理由

　被告名義の本件アパート及び本件自宅、本件マンション（本件各建物）は、原告・被告の婚姻中の同居期間中に得た財産であるから、分与すべき財産の価額は原則として本件各建物の価格の2分の1とすべきであるが、本件各建物の維持管理に係る原告の貢献を考慮するとともに、被告が特有財産である本件各借地を本件各建物の敷地として無償で提供したことを考慮し、その価額の4分の3に相当する2,000万円を原告に分与すべきである。本件各借地権は、被告の特有財産であるから、原則として分与の対象とはならないが、そのうち使用借権に相当する価額は本件各建物とともに上記の割合で原告に分与すべきである。また、本件各借地権が維持されているのは、原告が本件アパート・マンションを適切に管理し地代の支払をしてきたためと言えるから、本件各借地権の価額の4分の1に相当する2,000万円を原告に分与すべきである。

　原告の精神的苦痛は小さくないが、本件アパート・マンションの賃料収入（本件賃料収入）により経済的に困窮する状態ではなかったこと等の事情を考慮すると、慰謝料的要素としては200万円が相当である。

　被告は、原告には本件賃料収入から経費を控除しても8,483万3,022円が残存していると主張するのに対し、原告はその3分の1以下であると主張するが、各証拠を精査しても残存額を確定するには足りない以上、被告主張額の3分の1に相当する額以下である2,800万円の限度で認めるほかない。そして、本件賃料収入は原告の貢献によ

るものであるから、被告にはその4分の1に当たる700万円を分与すべきである。

なお、本事例の内容及び審理の状況に照らせば、原告の原告代理人に対する弁護士費用は、被告の不法行為と相当因果関係のある損害とは認められない。

コメント

本事例は、夫名義の建物の清算割合について、2分の1が原則としつつ、その維持管理に係る妻の貢献等を考慮して、4分の3としたものである。また、夫の相続による借地権は、夫の特有財産であり、原則として分与の対象とならないが、そのうち使用借権相当分は建物とともに上記の割合で分与すべきとし、更に、借地権の維持に係る妻の貢献を考慮して、借地権の価額の4分の1も分与すべきとした。他方、上記建物の賃料収入による妻の預金等についても、妻の貢献を考慮し、夫にはその4分の1を分与すべきとした。

46 妻から夫への離婚請求に対し、財産分与1,000万円、慰謝料200万円が認められた事例

▶原告（妻）から被告（夫）に対し離婚を請求した事案で、離婚を認めた上、財産分与1,000万円、慰謝料200万円を認めた事例

（東京地判平15・3・28（平14（タ）300））

原告の主張（妻）	被告の主張（夫）	裁判所の判断
離婚 財産分与：1,000万円 慰謝料：500万円	財産分与：－ 慰謝料：－	財産分与：1,000万円 慰謝料：200万円 〔財産分与の割合〕 2分の1

事実関係（裁判所の判断時）					
原告の事情	年齢	64歳	職業	－
	収入	－	財産	－
	学歴	－	健康	－
被告の事情	年齢	71歳	職業	元会社員
	収入	年金30万円／月	財産	借地権付建物（少なくとも1,780万円） 退職金のうちの約1,000万円
	学歴	－	健康	－
その他	婚期 （別居）	41年（13年余）	子	男子2人（41歳、38歳）
	家事分担	－	親権	－

事実経過（裁判所が認定した事実）	
S30	被告、借地権付建物を取得。
S36.7.31	婚姻届提出。上記建物で同居。
S37	原告、長男出産。

S40	原告、二男出産。
S59	被告、上記建物を改築。
H元.11	原告、被告の度重なる暴行、暴言に耐えられなくなり、家を出て別居。その直後、原告、夫婦関係調整（離婚）調停申立て。取下げ。
H3.10	被告、定年退職。退職金として、約2,200万円が被告の口座に振り込まれるが、直後に2,000万円が引き出される。
H13.11	被告、原告の家を訪れ、面会を強要。
H14	原告、夫婦関係調整（離婚）調停申立て。不成立。

裁判所の判断理由

　離婚に至る経緯や、被告の原告の人格や心情を全く理解したり尊重したりしようとしない性格や被告の原告に対する日常の態度等の事情にかんがみれば、婚姻関係破綻の責任は主として被告が負うべきものと認められ、実質的な婚姻生活は28年間にも及び、被告が原告を階段から落とそうとしたり、別居後も、被告が執拗に原告の周囲をうろつき、原告と接触を図ろうとしたことにより原告が受けた恐怖感等も併せ考慮すれば、慰謝料としては200万円が相当である。

　被告は、借地権を取得したのは婚姻前であり、被告の固有財産であると主張するが、婚姻後も住宅ローンや賃料・更新料の支払を継続しており、原告は借地権の維持・確保の相当部分に貢献したとみることができるから、本件借地権付建物の価格のうち1,000万円の部分につき財産分与の対象財産と見るべきであり、原告にはその2分の1に当たる500万円を分与するのが相当である。

　また、被告の退職金約2,222万円は、その相当部分が原・被告が別居までにその協力によって得たものと認められ、財産分与の対象となる。なお、被告は現在ではわずかな額しか残っていないと主張するが、被告の供述には一貫性がなく、少なくとも約1,000万円程度は保持していると推認すべきであるから、原告にはその2分の1に当たる500万円を分与するのが相当である。

コメント

　本事例は、被告（夫）の度重なる暴行、暴言等について詳細に認定した上で、婚姻破綻の責任は主として被告が負うべきとし、慰謝料を200万円としたものである。

　また、本事例は、夫が婚姻前に取得した借地権につき、婚姻後も住宅ローンや賃料・更新料の支払を継続していたことから、借地権付建物の価格1,780万円のうち1,000万

円の部分が財産分与の対象となるとし、その２分の１の分与を認めた。更に、夫の退職金は、夫の口座に振り込まれた直後にその大部分が引き出されていたが、夫の尋問結果に基づき、少なくとも約1,000万円程度は保持していると推認した上、その２分の１の分与を認めた。

47 被告名義の土地、被告・原告・長男名義の各預金について、清算割合を2分の1として財産分与を認めた事例

▶原告・反訴被告（妻）及び被告・反訴原告（夫）双方から離婚を請求した事案で、離婚を認めた上、被告名義の土地、被告・原告・長男名義の各預金について、清算割合を2分の1として財産分与を認めた事例

（東京地判平15・2・10（平11（タ）268、平14（タ）436））

原告（反訴被告）の主張（妻）	被告（反訴原告）の主張（夫）	裁判所の判断
離婚 財産分与：原・被告共有の賃貸マンション、土地につき2分の1の持分移転登記 保留地につき移転登記	離婚 財産分与：935万2,038円	離婚 財産分与：原告から被告へ197万2,535円 〔財産分与の割合〕 2分の1

事実関係（裁判所の判断時）					
原告の事情	年齢	－	職業	－	
	収入	－	財産	賃貸マンション、土地の持分2分の1（被告と共有） 預金解約元利金1,987万7,532円 株式売却金244万6,721円（原告の特有財産）	
	学歴	－	健康	普通	
被告の事情	年齢	－	職業	会社員	
	収入	－	財産	賃貸マンション、土地の持分2分の1（原告と共有）保留地（課税評価額1,194万1,091円） 預金解約元利金399万1,372円	

	学　歴	－	健　康	体調不良
その他	婚　期 （別居）	36年（5年余）	子	男子（27歳）
	家事分担	－	親　権	－

事実経過（裁判所が認定した事実）	
S42. 1. 26	婚姻届提出。
S51	原告、長男出産。
S56. 6	原・被告共有名義で賃貸マンションを建築。
H3	原告、被告に度々離婚を申し出るようになる。
H6夏頃	家庭内別居の状態となる。
H6. 10 〜H8. 2	被告、同僚の女性と交際。
H8. 9 〜H9. 1	被告、他の女性と交際。
H9	被告、夫婦関係調整（離婚）調停申立て。原告が夫婦の金銭管理を行うことを条件に取下げ。
H9. 4	原告、夫婦関係調整（離婚）調停申立て。不成立。
H9. 5	原告、体調不良のため検査入院。被告、退院し帰宅した原告の入室を拒否。以後、別居状態。

裁判所の判断理由

　婚姻中に取得、形成された土地区画整理事業保留地（評価額1,194万1,091円）及び原告・被告・長男名義の各預金（計2,386万8,904円）は、財産分与の対象となる。賃貸マンション及び土地は、原・被告がそれぞれ2分の1の共有持分を有しているから、改めて財産分与の対象とせず、各自の管理処分に委ねるのが相当である。なお、原告は、原告名義の預金は原告の父親から原告に贈与された金員が原資であり、財産分与の対象とならないと主張するが、かかる事実を認めるに足る証拠はない。また、長男名義の預金も、婚姻中に形成された被告名義の預金を原資とするものと認められ、財産分与の対象とみるべきである。

　原告と被告は、預金計2,386万8,904円の2分の1に当たる1,193万4,452円を財産分与として取得するのが相当である。そして、原告は保留地の利用・処分につき具体

な必要性を特段主張立証していないから、同土地は被告に所有させ、その2分の1に当たる金員（597万545円）を原告が被告に支払うべき金員（1,193万4,452円）から控除し、更に被告の預金解約元利金399万1,372円を差し引いた197万2,535円が原告が被告に財産分与として支払う金員となる。

コメント

　本事例は、婚姻中に取得、形成された夫名義の土地区画整理事業保留地及び妻・夫・長男名義の各預金について、いずれも実質的共有財産と認定した上で、清算割合を2分の1として財産分与を算定したものである。この点、妻は長男名義の預金は長男の特有財産と主張したが、同預金は婚姻中に形成された夫名義の預金を原資とするものであり、実質的共有財産とされた。また、妻が保留地の利用・処分につき具体的な必要性を特段主張立証していないことから、同土地は夫の所有とし、課税評価額の2分の1相当額を妻に分与することとされた。他方、夫婦がそれぞれ2分の1の共有持分を有する賃貸マンション及び土地については財産分与の対象としないものとした。

　なお、妻は、平成3年以前から夫には女性関係があった旨主張し、これによる精神的苦痛を考慮して財産分与の割合は7対3ないし6対4とすべきと主張したが、本判決では、妻の主張は具体性を欠き、夫の女性関係は夫婦の婚姻関係が破綻してからのものであると推認するのが相当であると判示されている。

48 土地建物、夫の年金受給額について、妻の財産分与請求額は5分の2とするのが相当であるとして、財産分与を認めた事例

▶原告・反訴被告（夫）から被告・反訴原告（妻）に離婚を請求した事案で、離婚を認めた上、土地建物、夫の年金受給額について、妻の財産分与請求額は5分の2とするのが相当であるとして、妻への財産分与を認めた事例

（東京地判平14・2・8（平12（タ）430））

原告（反訴被告）の主張（夫）	被告（反訴原告）の主張（妻）	裁判所の判断
離婚	財産分与：自宅土地建物の持分2分の1につき所有権移転登記 総額3,122万7,900円 （原告の年金受取額の2分の1につき女性の平均寿命である84歳まで） 慰謝料：500万円	財産分与：611万9,896円 9万円／月（被告死亡まで） 慰謝料：－ 〔財産分与の割合〕 （原告）6割 （被告）4割

事実関係（裁判所の判断時）					
原告の事情	年　齢	65　歳	職　業	元会社員	
	収　入	－	財　産	自宅土地（固定資産評価額2,077万7,400円）・建物（同188万8,900円）・現金約1,300万円 株式 年金298万6,400円／年	
	学　歴	－	健　康	普　通	
被告の事情	年　齢	62　歳	職　業	元会社員	
	収　入	－	財　産	現金約1,700万円 年金25万2,396円／年	
	学　歴	－	健　康	普　通	
	婚期 （別居）	39年（1年余）	子	女子（38歳・独立）、男子（34歳・独立）	

その他	家事分担	以前は共稼ぎ	親　権	－

事実経過（裁判所が認定した事実）	
S 37. 10. 9	婚姻届提出。原告の祖父母、両親、弟妹と同居。
S 38	被告、長女出産。
S 42	被告、長男出産。原告の父母等との同居を解消。
S 46	原告の父、借地上に家屋（本件家屋）を新築。本件家屋で原告の父母等と再び同居。
S 54	本件家屋の敷地（本件土地）を700万円で購入（原告父：500万円、原告：200万円負担）。原告の単独名義に。
S 57	本件家屋を増築（原告父1,000万円、原告1,500万円負担）。
H元	原告の父死去。
H 6	原告、被告に自由になる金が欲しいと打診。預金約2,400万円のうち1,000万円と株式を取得。被告、原告の母との関係悪化。
H 7	原告、定年退職。原告・被告、退職金603万2,000円を折半。
H 8. 10	原告、原告の母に対し、本件土地につき賃借権設定仮登記、本件家屋につき持分2分の1の所有権一部移転登記を経由。これを契機に、原告・被告の関係悪化。
H 8. 11	原告、夫婦関係調整（円満調整）の調停申立て。取下げ。
H 9	原告・被告、本件家屋の1階と2階で家庭内別居。
H 9. 7	被告、原告の母と喧嘩して馬乗りになり、原告に振り払われた結果、第3腰椎圧迫骨折で約12日間入院。
H 10	被告、夫婦関係調整（円満調整）の調停申立て。不成立。
H 12	原告、胃の腫瘍のため入院。退院後、本件家屋に戻らず。

裁判所の判断理由

　本件土地及び家屋のうち、原告の父の負担による部分は原告の固有財産というべきであるから、原告と被告が共同して形成した財産は、本件土地の評価額の7割（1,454万4,180円）、本件家屋の評価額の4割（75万5,560円）というべきである。預貯金約2,400万円と株式、退職金については両者合意の上、既に分配されているから、財産分与の対象としない。

　財産形成についての原告・被告の生活状況等諸般の事情を考慮すると、被告の財産分与請求額は5分の2とするのが相当である。被告は、本件家屋及び土地の分与を求

めているが、本件家屋及び土地は、1階と2階で独立しておらず、分けられない構造になっており、それ自体の分与は相当でないから、原告と被告とが共同して形成した部分の5分の2に相当する金額である611万9,896円を原告に支払わせることとする。

更に、扶養的財産分与として、原告が受領する年金のうち被告受領額との差額（年273万4,004円）の5分の2に相当する月額9万円を被告死亡まで原告に支払わせることとする。

なお、被告は原告の暴力行為等による慰謝料請求権を主張するが、原告と被告との争いは被告にも原因があると考えられることから、被告の主張は採用できない。

コメント

財産分与の割合については、かつては共働き夫婦の場合は2分の1、専業主婦の場合は3、4割程度とされることが多かったが、次第に専業主婦の場合でも2分の1とする裁判例が増加してきている。

本事例では、被告の妻は長期間にわたり生命保険会社やホテルで勤務しており、共働き夫婦であったが、預貯金等多くの財産が既に両者合意の上分配されていることから、5分の2にとどまったものと思われる。

49 夫の退職金等について妻がその維持形成に寄与したのは同居期間のみであるとして、財産分与の額を算定した事例

▶離婚した申立人（妻）から相手方（夫）に財産分与を請求した事案で、夫の退職金等について妻がその維持形成に寄与したのは同居期間のみであるとして、財産分与の額を算定した事例

（横浜家審平13・12・26家月54・7・64）

申立人の主張（妻）	相手方の主張（夫）	裁判所の判断
財産分与：1,625万円（相手方所有財産の2分の1）	財産分与：なし（197万円が相当だが、既に支払済）	財産分与：410万円 〔財産分与の割合〕2分の1

事実関係（裁判所の判断時）					
申立人の事情	年齢	－	職業	あり	
	収入	－	財産	－	
	学歴	－	健康	－	
相手方の事情	年齢	－	職業	元会社員	
	収入	－	財産	退職金等1,761万円	
	学歴	－	健康	－	
その他	婚期（別居）	17年（7年弱）	子	相手方の連れ子3人（男子・29歳・会社員、男子・28歳・会社員、女子・25歳・大学卒業）	
	家事分担	共稼ぎ	親権	相手方	

事実経過（裁判所が認定した事実）	
S57. 6. 4	シンガポールで婚姻。相手方と前妻との間の子（長男（昭和47年生）、二男（昭和48年生）、長女（昭和51年生））も同居。
S62. 2	相手方、日本勤務となり、5人家族で来日。
H元	相手方、バンコクに赴任。申立人と長女が同行。

H 4 . 10	相手方、日本勤務となる。申立人、相手方から150万バーツ小切手（750万円相当）を受け取り、長女とバンコクに残る。
H 7. 8	二男名義でバンコク所在の不動産を購入。
H 8 頃	不和状態となる。
H 8. 10	相手方から申立人へ離婚届送付。
H11. 3	相手方、退職。退職金等1,761万円を受け取る。
H11. 7 . 7	離婚届を提出。

裁判所の判断理由

相手方が会社等から支払を受けた退職金等1,761万円は、昭和62年2月から平成11年3月までの12年2か月（146か月）の期間を対象としたものであるが、申立人が相手方と同居してその維持形成に寄与したのは平成4年9月までの5年8か月（68か月）と認めるべきであるから、その同居期間だけを寄与期間と計算すべきである。すると、1,761万円に寄与期間率0.4658を乗じた820万円が基礎となり、申立人の妻としての寄与率が2分の1を下回るべき特段の事情はないから、それを乗じた410万円が財産分与の額となる。

なお、申立人は、二男名義の不動産も財産分与の対象と主張するが、同不動産は二男の単なる名義貸しとは言えず、財産分与の対象とならない。また、相手方は別居時に750万円を渡したことによって財産分与は履行済みと主張するが、当時はいまだ離婚の話は出ておらず、申立人に全くその認識はなかったものであり、財産分与の前渡しとは認められない。

コメント

清算的財産分与の判断の基準時は、一般的に、夫婦の協力関係の終了した別居時を基本とし、公平の見地から事情によりその後の財産の変動も考慮すべきと解されている（大津千明「財産分与の対象財産の範囲と判断の基準時」判例タイムズ747号132頁（1991））。この点、財産分与の額及び方法は「一切の事情」を考慮して定められる（民768・771）ところ、「一切の事情」には事実審の口頭弁論終結時における当事者双方の財産状態も含まれるとするのが判例である（最判昭34・2・19判時180・36）。

本事例は、相手方の退職金等について、申立人がその維持形成に寄与したのは同居期間のみであるとして、その退職金等の金額に寄与（同居）期間率を乗じ、更に共稼ぎであった申立人の妻としての寄与率を2分の1として、財産分与の額を算定した。

また、二男名義の不動産は、二男を可愛がっていた相手方の亡兄から資金を託された相手方が、その資金を二男に贈与して二男が購入したもので、少なくとも相手方の二男に対する贈与意思は明確であるから、二男の単なる名義貸しとは言えず、財産分与の対象にはならないとした。

50 夫の小遣いで購入した万馬券による利益で取得した不動産の売却代金について、妻への財産分与が認められた事例

▶離婚した申立人（妻）から相手方（夫）に財産分与を請求した事案で、夫が婚姻中に自分の小遣いで購入した万馬券による利益で取得した不動産の売却代金について、夫の特有財産と見るのは相当でなく、その3分の1を妻に財産分与として給付すべきと判示した事例

（奈良家審平13・7・24家月54・3・85）

申立人の主張（妻）	相手方の主張（夫）	裁判所の判断
財産分与：自宅マンションの持分2分の1	財産分与：なし	財産分与：1,160万円 ※上記に慰謝料的要素は含めない。 〔財産分与の割合〕 （申立人）本件建物の3分の1

事実関係（裁判所の判断時）					
申立人の事情	年齢	－	職業	ホームヘルパー	
	収入	約15万円／月	財産	－	
	学歴	－	健康	－	
相手方の事情	年齢	－	職業	無職	
	収入	－	財産	自宅マンションの売却代金3,478万円	
	学歴	大学卒業	健康	神経内科に入通院	
その他	婚期（別居）	23年（3か月）	子	女子（23歳・会社員）、男子（20歳・学生）	
	家事分担	妻（専業主婦）	親権	－	

事実経過（裁判所が認定した事実）

| S51.12.4 | 婚姻届提出。 |

S53. 9	申立人、長女（審判時、会社員。）出産。昭和56年8月申立人、長男（審判時、学生。）出産。
S57	相手方、香港に赴任。申立人ら家族も同行。
S60	相手方、馬券が当たり1億9,000万円もの利益を得る。
S61	相手方、申立人ら家族とともに帰国。
S62. 9	相手方、上記利益のうち約8,000万円で自宅マンション（本件物件）を購入。
H3	相手方、バブル経済崩壊に伴い、資産の多くを失う。
H10. 2	相手方、体調の悪化等により退社。
H11. 5	相手方からの生活費が途絶え、夫婦間に争いが生じるようになった。
H11. 11. 22	離婚届を提出。

裁判所の判断理由

相手方は、本件物件は自分の小遣いで購入した万馬券が原資であるから、相手方の特有財産として財産分与の対象にならないと主張するが、この万馬券は夫婦の婚姻中に購入されたものであるし、本件物件は夫婦及び家族の居住用財産として購入され、12年間夫婦の生活の本拠として使用されてきたこと、万馬券は射倖性の高い財産で必ずしも相手方の固有の才覚だけで取得されたものとは言えないこと、小遣いは家計に含まれると考えることができることから、本件物件を相手方の特有財産とみるのは相当でない。そして、万馬券という射倖性の高い臨時の収入については、相手方の運によるところが大きいので、相手方の寄与が大きいことを認めるべきであるが、他方、申立人が専業主婦として本件物件の維持、管理について一定の寄与をしたことも否定できない。また、申立人は、相手方の希望により専業主婦であったため、相手方に比し収入を得る方法が限られていることは否定できず、ある程度申立人の生活扶助的な要素を考慮する必要もある。以上より、申立人に対し本件物件の3分の1を分与するのが相当であるところ、本件物件は当事者双方の合意により売却され、売却代金から必要経費を控除した3,478万円を相手方が管理しているから、この3分の1である1,160万円を財産分与として給付すべきである。

なお、申立人は、離婚慰謝料的な要素を勘案すべきであると主張するが、当事者間の長い婚姻生活の過程で互いに相手の日常的な生活態度について抱いていた不信感や不満が積み重なって離婚に至ったというのが実情と考えられるから、どちらか一方のみに離婚の責任があると言うことはできず、本件財産分与に当たり離婚慰謝料的な要素は考慮しない。

コメント

　本事例は、夫が婚姻中に自分の小遣いで購入した万馬券による利益で取得した不動産の売却代金について、この万馬券は夫婦の婚姻中に家計の一部と言える小遣いで購入されたことなどから、実質的共有財産とした上で、こうした射倖性の高い臨時の収入による不動産取得については夫の寄与が大きいこと、他方、夫の希望により専業主婦であった妻の生活扶助的な要素も考慮する必要があることなどから、その清算割合については3分の1を妻に給付すべきと判示した。

　また、妻は、財産分与として離婚慰謝料的な要素も勘案すべきであると主張したが、確かに夫の失業や体調悪化は離婚の引き金にはなったが決定的な理由とは考えにくく、やはり、当事者間の長い婚姻生活の過程で互いに相手の日常的な生活態度について抱いていた不信感や不満が積み重なって離婚に至ったというのが実情と考えられるから、どちらか一方のみに離婚の責任があると言うことはできず、本件財産分与に当たり離婚慰謝料的な要素は考慮しないと判示した。

51 慰謝料500万円及び将来支払われる退職金が財産分与の対象と認められた事例

▶婚姻関係が破綻していることを理由に原告（妻）が被告（夫）に対して離婚を求めるとともに、1,840万円の財産分与等を求めた事案で、離婚を認めた上、被告から原告に対し、500万円の慰謝料、被告が将来受給する退職金額等を総合考慮して250万円の財産分与、養育費として1人当たり月額6万円の支払等が認められた事例

（東京地判平13・4・10（平12年（タ）120））

原告の主張（妻）	被告の主張（夫）	裁判所の判断
離婚 養育費：8万円／月（22歳3月末まで） 財産分与：1,840万円 慰謝料：1,000万円（300万円は不貞の相手方との連帯支払）	婚姻関係の破綻の一端は原告にある。	離婚（親権者は原告） 養育費：1人当たり6万円／月（成人に達する月まで） 財産分与：250万円 慰謝料：500万円（不貞の相手方は100万円連帯支払義務） 〔財産分与割合〕 2分の1（5割）

<table>
<tr><th colspan="4">事実関係（裁判所の判断時）</th></tr>
<tr><td rowspan="3">原告の事情</td><td>年齢</td><td>－</td><td>職業</td><td>ホームヘルパー</td></tr>
<tr><td>収入</td><td>5万円／月</td><td>財産</td><td>－</td></tr>
<tr><td>学歴</td><td>－</td><td>健康</td><td>－</td></tr>
<tr><td rowspan="3">被告の事情</td><td>年齢</td><td>－</td><td>職業</td><td>地方公務員</td></tr>
<tr><td>収入</td><td>約880万円／年（平成11年度）</td><td>財産</td><td>将来の退職金（定年は13年後）</td></tr>
<tr><td>学歴</td><td>－</td><td>健康</td><td>－</td></tr>
<tr><td rowspan="2">その他</td><td>婚期（別居）</td><td>21年余（2年余）</td><td>子</td><td>女子（17歳・昭和58年8月9日）、男子2人（16歳・昭和59年8月11日、10歳・平成2年4月27日）</td></tr>
<tr><td>家事分担</td><td>当初共働き</td><td>親権</td><td>原告（妻）</td></tr>
</table>

事実経過（裁判所が認定した事実）

S56. 1. 17	婚姻届提出。
S62. 3	原告（妻）が小学校の養護教諭を退職。
H10. 12頃	被告（夫）がスナック経営者（不貞の相手方）と交際を始める。沖縄、伊豆大島、松島に旅行したほか、飲食や衣服購入費等に出費を重ねる。
H11. 6頃	原・被告は家庭内別居状態となる。
H11. 6. 8	被告（夫）が原告に黙って新築マンションを購入。
H11. 7. 18	被告（夫）が原告に対して傷害。
H11. 8. 4	被告（夫）が家を出て、不貞の相手方と同棲。
H11. 8. 17	被告（夫）が夫婦関係調整（離婚）の調停申立て。
H12. 2. 10	上記調停不成立。

裁判所の判断理由

　本事例では、養育費については、1人当たり月額6万円とし、大学に進学するか否かは不特定要素であることから成人に達する月までの支払をさせれば足りると判示している。

　財産分与については、原告（妻）はマンション価額の2分の1である1,390万円や、被告（夫）の浪費分500万円を請求しているが、本件マンションが購入された時期が婚姻関係が破綻した後であるから共同財産とは言えないし、浪費分についても現存しない財産の分与を求めるものであって相当ではないと判示した。

　しかしながら、将来被告（夫）が受給できる退職金が財産分与の対象となるかどうかにつき、退職金が財産分与の対象となりうることを明示した上、将来受給する退職金についての具体的な財産分与額の算定に当たっては、「将来、退職金を受給できる蓋然性が高い場合に限り」、「将来受給額のうち、婚姻期間に対応する金額を算出し」、「現在価格に引き直して」清算すべきであると判示した。

　そして、本件では、被告（夫）が地方公務員であり、退職金の支給が13年後であったとしても、倒産等により被告が退職金を受給できない可能性は皆無であると理由付け、財産分与として250万円の支払を命じた。

　なお、慰謝料につき、①原告が婚姻破綻までに受けた精神的苦痛が甚大であること、②被告（夫）の浪費の結果、退職金債権のほか現存する財産がないこと等諸般の事情を考慮して精神的苦痛は金500万円をもって慰謝するのが相当であると判断している。

コメント

　本事例は、有責配偶者に対して離婚請求を行ったものの、同人の浪費行為によって、夫婦共同財産が減少してしまっていた事案における①財産分与額、②慰謝料金額等について判断をした裁判例である。

　本事例は、不貞行為を行った被告（夫）に、将来受給できる退職金以外に財産分与の対象となりうる財産が存しないといった状況下において、①公務員である被告（夫）が将来受給する退職金の支給の確実性を根拠に退職金を財産分与の対象と認めるとともに、②被告（夫）の浪費行為等に基づく精神的苦痛をも加味して500万円の慰謝料請求を認めた。

　本事例は、上記のような判断をすることで、被告（夫）の浪費行為を見過ごすことなく、実質的に妥当な解決を図っている。

52 配偶者が将来取得する退職共済年金を財産分与の対象として認めた事例

▶婚姻関係が破綻させられたことを理由に、原告（妻）が被告（夫）に対して離婚を求めるとともに、2,377万595円の財産分与等を求めた事案で、離婚を認めた上、被告から原告に対し、退職共済年金を除く財産分与対象財産の2分の1である894万4,928円を離婚判決が確定した日から6か月以内に支払うこと、将来支給される退職共済年金の10分の3の割合による金員の支払い、500万円の慰謝料の支払等が認められた事案

（仙台地判平13・3・22判時1829・119）

原告の主張（妻）	被告の主張（夫）	裁判所の判断
離　婚 財産分与：2,377万595円（将来受給予定の退職共済年金の現在価値額を含む） 慰謝料：500万円（不貞の相手方との連帯支払）	不貞関係を持ったのは婚姻関係破綻後である。	離　婚 財産分与：離婚判決が確定した日から6か月以内に894万4,928円、年5％の損害金の支払及び支給される退職共済年金の10分の3に相当する金員 慰謝料：500万円（不貞の相手方につき300万円連帯支払） 〔財産分与の割合〕 2分の1（分与の割合を50％と推定）

事実関係（裁判所の判断時）					
原告の事情	年　齢	－	職　業	市勤務他（当初共働き）	
	収　入	年金96万300円／年 （平成12年6月当時）	財　産	－	
	学　歴	－	健　康	－	
	年　齢	－	職　業	市職員 （平成9年3月退職）	

被告の事情	収 入	年金283万800円／年（平成10年4月1日当時）	財 産	土地・建物（評価額1,630万9,000円）、預貯金（158万856円）、退職共済年金
	学 歴	－	健 康	－
その他	婚 期（別居）	33年（1年9か月）	子	女子（32歳・昭和43年3月28日）、男子（30歳・昭和45年7月30日）
	家事分担	平成7年以降、原告が専業主婦	親 権	－

事実経過（裁判所が認定した事実）

S42. 6. 3	原告（妻）と被告（夫）が婚姻する。
S52. 3. 8	被告（夫）名義で土地を購入し、建物を新築する。
H9. 3	被告（夫）が市職員を定年退職する。
H9. 3	土地・建物のローンを完済する。
H10頃	被告（夫）が不貞関係を開始する。
H11. 6. 7	被告（夫）を相手方として夫婦関係調整調停申立てを行う。
H11. 7. 3	原告（夫）と被告（妻）が別居する。
H12. 5. 23	婚姻費用分担事件において、毎月10万円を被告（夫）が原告（妻）に支払うようにとの審判。

裁判所の判断理由

　本事例は、まず、財産分与の対象につき、本件土地及び本件建物の評価額の2分の1、預貯金の2分の1である合計額894万4,928円を被告から原告に対する財産分与として認めた。ただし、被告の資力の状況にかんがみて、上記財産分与の履行について6か月間の猶予期間を設けることが相当であると判示している。

　また、退職共済年金が財産分与の対象となるかにつき、老齢厚生年金も退職共済年金も婚姻の継続中に夫婦が協力して生活してきたことによって残された財産的権利であると判断し、本事例において、原告が老齢厚生年金の受給を受け、被告が退職共済年金（加給年金部分を含む）を受けているといった事情を加味して、次のとおり判断している。

　すなわち、「被告の退職共済年金額から加給年金に相当する額を控除すると256万

6,900円であり、更に原告の老齢厚生年金額を控除すると160万6,600円になる。そして、上記160万6,600円が上記256万6,900円について占める割合を算定すると、約62.6％である。そこで、被告が離婚後支給される退職共済年金のうち60％を財産分与の対象とする」と判示した。

そして、被告が離婚後毎期に支給される退職共済年金のうち、60％の2分の1である30％を、退職共済年金が支給される月の末日に原告に対して支給すべきこととされた。

コメント

本事例は、配偶者が将来取得する退職共済年金が財産分与の対象となるか否か、退職共済年金が財産分与の対象になった場合にその支給方法はどうするかについて判断した裁判例である。

本事例において、原告は、平均余命分の退職共済年金の総額を基準に確定額での一括支払による財産分与を求めていた。

しかしながら、裁判所は、財産分与制度においては、実際に毎期において支給される年金額につきその都度分割すれば足りることを理由に、支給された日が属する月の月末払と判示している。

なお、原告は、被告が得た退職金の全額を財産分与の対象として主張したが、裁判所は、清算の基準時点である現在において退職金が残存していないことを理由に原告の主張を採用しなかった。

53 将来取得する退職手当受給権の財産分与の額と支払方法について判断した事例

▶夫が将来受給する退職手当や退職共済年金が財産分与における清算対象財産となるかどうかが控訴審で争われたが、離婚時に120万3,073円の支払い義務を控訴人に負わせるとともに、離婚時に自己都合退職した場合に支払われる退職手当額の2分の1に相当する550万円を、将来退職手当の支給を受けた時に支払うべきとし、また、共済年金の清算対象財産性については否定した事例

（名古屋高判平12・12・20判タ1095・233）

控訴人の主張（夫）	被控訴人の主張（妻）	裁判所の判断
財産分与：受給が確定していない将来の退職手当受給権を現時点で計算して財産分与の清算対象財産とすることは許されない。 慰謝料：－	離婚 財産分与：共済掛金の2分の1が清算対象財産である。 慰謝料：－	離婚 財産分与：控訴人から被控訴人へ離婚時に120万3,073円、退職手当の支給を受けたときに550万円 慰謝料：控訴人から被控訴人へ250万円 〔財産分与の割合〕 2分の1

事実関係（裁判所の判断時）					
控訴人の事情	年　齢	52歳（昭和23年7月13日）	職　業	国家公務員（定年まで8年余）	
	収　入	908万8,631円／年 （平成8年度）	財　産	不動産（建物：持分評価額1,286万9,891円、土地：持分評価額2,563万7円） 預貯金（185万5,869円） 土地建物の負債	
	学　歴	－	健　康	－	
	年　齢	－	職　業	－	

第3章 財産分与をめぐる算定事例

被控訴人の事情	収　入	270万7,631円／年（平成9年度）	財　産	不動産（建物：持分評価額50万8,374円、土地：持分評価額259万6,873円）預貯金（444万9,809円）土地建物の負債
	学　歴	－	健　康	うつ病と判断される
その他	婚　期（別居）	20年余（4年）	子	女子2人（18歳・昭和57年3月23日、16歳・昭和59年6月1日）
	家事分担	婚姻中は妻がパート	親　権	控訴人（夫）

事実経過（裁判所が認定した事実）

S48. 4	控訴人（夫）が国家公務員に採用される。
S57. 3. 23	長女が生まれる。
S58. 12. 9	不動産を控訴人と被控訴人の共有名義で取得。
S59. 6. 1	次女が生まれる。
H7. 9. 25	被控訴人（妻）がうつ病と診断され通院治療。
H8. 11. 23	控訴人（夫）と被控訴人（妻）が別居。

裁判所の判断理由

　まず、退職手当以外の清算対象財産額につき、①本件土地の評価額2,822万6,880円（なお、被控訴人の持分部分の評価額は259万6,873円）の49.5％に相当する額1,397万2,306円、②本件建物の評価額1,337万8,265円（被控訴人の持分部分の評価額は50万8,374円）の96.2％に相当する額1,286万9,891円、③預貯金合計630万5,678円、④負債合計－2,805万2,604円の合計である509万5,271円に被控訴人の寄与分である2分の1を乗じた254万7,635円を被控訴人の取得分として算出し、本件預貯金は保有者がそれぞれ取得し、本件土地建物は控訴人（夫）が取得することから、控訴人が被控訴人に対して支払うべき金額は120万3,073円であると算定している（分与額254万7,635円＋被控訴人不動産持分合計310万5,247円－被控訴人が取得する預貯金444万9,809円）。

　次に、控訴人（夫）が将来受給する退職手当が財産分与における清算対象財産となるかどうかにつき、裁判所は、①これを積極財産として基礎財産に加えない場合には、「夫婦が協力して形成した財産の清算を主目的とする財産分与制度の趣旨に反する」

と判断し、また、②同財産分与金の支払時期に関しては、退職金手当が退職時に給付されることにかんがみ、将来退職手当を現実に受給したときに支払うべきであると判断した。

そして、将来受給退職手当の具体的な財産分与額に関しては、本事例では、現在（口頭弁論終結時）自己都合退職したときに受給できる退職手当額のうち婚姻期間分に対応する額の2分の1（妻の寄与度）を前提に財産分与額である550万円を算出している。このように考えると、将来退職した時に実際に受給できる退職手当金と上記離婚時に自己都合退職したときに受給できる退職手当金との金額には差違が生じることになるが、このことは、民法768条3項の「その他一切の事情」として考慮することとした。

将来の退職共済年金の清算財産性に関しては、①短期掛金については、単年度経理の対象となる療養給付などの費用に充てられるものであり、財産的権利を取得するものではないことから、清算財産性を否定し、②長期掛金については、その全額が夫が将来取得する退職共済年金受給権に関連しているわけではなく、妻の基礎年金拠出金分も含まれていること等にかんがみ、財産分与における清算財産性を否定した。

ただ、退職共済年金受給権が長期掛金の支払に対応する面も否定できないこと、控訴人が勤続27年6か月で受給資格の一部を満たしており、将来退職共済年金を受給できる権利を取得できる地位にあることは、民法768条3項の「その他一切の事情」として考慮することとした。

コメント

本事例は、①夫が将来受給する退職手当が財産分与における清算対象財産となるかどうか、②退職手当が清算対象財産になった場合、具体的な財産分与額をどのように算出するか、③何時の時点で分与を行っていくのかといった点が争点になっている。

特に、上記②の財産分与額の算出に関しては、(1)離婚時に自己都合退職した場合に支給される退職金額をベースとするのか、(2)退職時に支給される見込額をベースとするのか、その算出方法に争いが存するところである。

また、上記③の分与の時点に関しても、(1)離婚時に分与すべきであるのか、(2)支給時に分与すべきであるのか見解が分かれているところである。

本事例に関連する裁判例としては、将来受給する退職手当から中間利息を控除して算出した現在額をベースとして分与額を決定した東京地裁平成11年9月3日判決（判時1700・79（**56**参照））、将来支給される退職手当概算額をベースとして分与額を決定した東京高裁平成10年3月18日判決（判時1690・66（**61**参照））などがある。

54 財産分与として厚生年金収入の定期金支払ではなく一時金支払が認められた事例

▶夫が妻を相手方として離婚及び慰謝料の支払を求めて訴え提起したところ、妻が夫を相手方として離婚及び慰謝料の支払のほか、財産分与を求める反訴を提起した事案で、本判決は、離婚及び夫から妻に対し、財産分与として1,500万円の一時金支払を認めた事例

（東京地判平12・9・26判タ1053・215）

原告（反訴被告）の主張（夫）	被告（反訴原告）の主張（妻）	裁判所の判断
離婚 慰謝料：1,000万円	離婚 財産分与：不動産及び300万円並びに9万円／月の定期金給付 慰謝料：1,000万円	離婚 財産分与：1,500万円（一時金支払） 慰謝料：0円

事実関係（裁判所の判断時）					
原告の事情	年 齢	68歳（昭和7年4月14日）	職 業	会社勤務	
	収 入	24万円／月（年金）	財 産	不動産（時価2,800万円）、住宅ローン債務（1,000万円）、預貯金（約971万円）、株式（約313万円）	
	学 歴	大学院専門課程修了	健 康	−	
被告の事情	年 齢	63歳（昭和12年3月31日）	職 業	カルチャースクール講師	
	収 入	国民年金	財 産	−	
	学 歴	−	健 康	−	
その他	婚 期（別居）	42年（4年）	子	男子2人（41歳・昭和34年3月24日、36歳・昭和38年10月15日）	
	家事分担	共働き	親 権	−	

事実経過（裁判所が認定した事実）	
S33．7．23	原告（夫）と被告（妻）が婚姻。

S52頃以降	被告（妻）が借金を繰り返す。
S60	原告が東京家裁八王子支部に夫婦関係調整事件を申立て。
H4．4．14	原告が会社を退職する。
H7	原告が被告との離婚を求めて東京家裁に夫婦関係調整事件を申立て。
H8	被告が原告を相手方として、婚姻費用分担を求める調停を申立て。
H8．8．21	原・被告間の離婚を求める夫婦関係調整事件が不調となる。
H8．9頃	原告が自宅を出て被告と別居生活を開始。

裁判所の判断理由

本事例では、財産分与につき、本件建物に関しては、住宅ローンが1,000万円残っており、これを被告が負担して返済する能力があるとは思われないこと、ローン債務者を原告から被告に交替することは困難であること等を理由に原告の取得とすることとしている。

そして、被告が原告の厚生年金収入の2分の1に相当するものとして、1か月9万円の定期金の支払を財産分与として求めていたのに対し、本事例は、①将来、その支払が滞る事態の発生が懸念されること、②原告も定期金よりは一時金支払としたい旨希望していること、③被告に国民年金収入があることを考慮すると、被告が新たな生活を始め、一定水準の暮らしとしていくには差し当たり一時金で十分であると考えられること等を根拠に、共有財産の清算による一時金に併せて定期金でこれを支払う方法をとることは相当と言うことはできないと判示した。

また、慰謝料請求につき、原告、被告の請求いずれにも理由が存しないとして請求を棄却した。

コメント

本事例は、原・被告双方から離婚を求める本訴反訴がなされた事案であり、本訴反訴いずれの離婚請求も認められた。また、財産分与につき厚生年金に基づく定期金支払ではなく、被告が新たな生活を始め、一定水準の暮らしをしていくには一時金で十分であると考えられること等にかんがみ、一時金支払を命じた点で、高齢になった夫婦間の離婚といった同種事案における解決の参考になる判例である。

なお、本事例では、口頭弁論終結時を基準時として、預貯金の残高及び株式の時価を財産分与の対象としている。

55 交通事故の賠償金（休業損害金、逸失利益、慰謝料他）が離婚に際して清算対象となるかにつき判断した事例

▶交通事故のため高次脳機能障害を負った控訴人及びその妻である被控訴人の婚姻関係が破綻しているとして離婚を認め、離婚に伴う財産分与として控訴人が被控訴人に対して1,000万円を支払うように命じた事例

（東京高判平12・3・9（平10年（ネ）2595））

控訴人の主張（夫）	被控訴人の主張（妻）	裁判所の判断
離　婚 親権（長男及び長女） 慰謝料、財産分与：600万円	控訴棄却	離　婚 親権者は被控訴人 財産分与：被控訴人へ退職金から200万円と、婚姻費用として700万円 慰謝料：0円 離婚後の扶養：100万円 〔財産分与の割合〕 2分の1（寄与の割合はほぼ5割）

事実関係（裁判所の判断時）					
控訴人の事情	年　齢	－	職　業	生保会社勤務
	収　入	障害厚生年金等	財　産	退職金（約460万円）、交通事故賠償金（約8,372万円）
	学　歴	－	健　康	高次脳機能障害
被控訴人の事情	年　齢	昭和34年生	職　業	生保会社勤務
	収　入	211万3,218円（平成8年）	財　産	－
	学　歴	－	健　康	－
その他	婚　期（別居）	－	子	長男19歳、長女16歳
	家事分担	－	親　権	被控訴人

事実経過（裁判所が認定した事実）	
H7.5頃	控訴人が原動機付自転車を運転中、普通乗用自動車と衝突し、頭部を強打する。
H7.4.21	控訴人が武蔵野病院を退院して福島の実家に帰る。控訴人と被控訴人が別居を始める。
H7.5.8	控訴人が「高次脳機能障害」等の診断を受ける。
H8.3末日	控訴人が生保会社を退職。
H8.6	控訴人が障害厚生年金及び国民年金の障害基礎年金を受給する。

裁判所の判断理由

　本事例は、離婚につき、被控訴人が控訴人を悪意で遺棄したことはなく、交通事故の受傷のために正常な判断ができなかった控訴人の言動をもって被控訴人を悪意で遺棄したとも評価できないと判断し、婚姻の破綻についてはいずれに責任があるというものではないとしている。

　それゆえ、慰謝料については、双方ともに不法行為に基づく損害賠償責任を負うものではないと判示している。

　また、財産分与については、①控訴人が受領した退職金を清算的財産分与の対象とし、ほぼ5割の被控訴人の寄与を認めて200万円を分与すべきであるとし、②障害の程度に応じて支給される年金、交通事故の賠償金に関しては、夫婦の協力によって形成された資産ということができないので、清算の対象とは認めず、③婚姻関係破綻時までの婚姻費用に関しては、控訴人が婚姻費用分担義務を履行しておらず、被控訴人は、別居後過当に婚姻費用を負担してきたものというべきであり、1か月15万円程度の婚姻費用を57か月間負担しなければならなかった事等の諸事情を考慮して700万円を財産分与すべきとし、④離婚後の扶養分として、控訴人と被控訴人の事情を勘案して100万円を分与すべきであるとした。

コメント

　本事例は、交通事故に遭い高次脳機能障害を負った配偶者との間における離婚及び財産分与等について判断をした事例である。

　なお、本事例においては、特に、重度の障害を負って、収入としては年金のほか経済的な余裕があるとは考えられない控訴人（夫）と、何ら資産がなく生命保険営業職

員としての給与と両親からの経済的援助によって生活している被控訴人（妻）との財産分与が問題となった点に特色が存する。本判決では、交通事故の賠償金を清算対象とは認めていないものの、被控訴人と控訴人の双方の生活状況等に配慮した上、未払婚姻費用を財産分与として考慮している。

　本事例に関連する裁判例としては、離婚に際して逸失利益のおおむね2分の1の財産分与が命じられた前掲38が存する。

56 将来の退職金を現時点で財産分与の対象とするにつき、年5％の中間利息を複利計算で控除した事例

▶判決の約6年後に支給予定の退職金を現時点で財産分与の対象とするにつき、今後の昇給分を考慮しない退職金額を基本として、退職時までの勤務期間総数のうちの実質的婚姻期間に対応する退職金を算出した上で、ここから年5％の中間利息を複利計算で控除した事例

（東京地判平11・9・3判時1700・79）

原告の主張（夫）	被告の主張（妻）	裁判所の判断
財産分与：37万1,558円	財産分与：原告に対して財産分与の清算金の支払	財産分与：不動産①②を原告、③を被告、ゴルフ会員権①を原告、②を被告、預金①を原告、②を被告、生命保険解約返戻金を被告にそれぞれ分与した上、原告が587万9,000円（退職金の清算分を含む）を支払う。債務の一部を原告が負担。
		〔財産分与の割合〕マンションは原告4、被告6、その他財産は等分、退職金清算金は別途請求

事実関係（裁判所の判断時）					
原告の事情	年　齢	－	職　業	会社員	
	収　入	－	財　産	本件マンション（2,600万円）の持分7／10の他に、ホテルの部屋2室の持分（60万円）、ゴルフ会員権（60万円）、生命保険解約返戻金（289万676円）、預金（17万円余）	
	学　歴	大学卒業	健　康	－	

被告の事情	年齢	－	職業	パート（＋実父の看病）
	収入	－	財産	本件マンション（2,600万円）の持分3／10の他に、預金（81万円余）
	学歴	－	健康	－
その他	婚期（別居）	26年（4年）	子	男子25歳
	家事分担	－	親権	－

事実経過（裁判所が認定した事実）	
S44	原告が大学卒業、ビルの空調関係の会社に就職。
S48．5	婚姻。
S49．9	長男誕生。
S58．3	原告が現在勤務中の会社に入社。
H元頃以降	夫婦の折り合いが悪くなる。
H7．5	被告が本件マンションを出て別居（現在まで）。
H17．9	被告が定年退職の予定 （予想される退職金額は929万円）

裁判所の判断理由

【清算的財産分与のみ】

1　本件マンションの清算割合

　原被告は本件マンション購入以前に2回マンション買替えをしているところ、2回目のマンション購入の際、資金の一部に被告の固有財産が充てられており、原告の寄与の程度はおおむね3分の1の割合であると認定した上、本件マンション購入に当たっての原告の寄与割合は、せいぜい4割程度と認めるのが相当であるから、その清算に当たっては、原告にその4割程度、被告にその6割程度を取得させるのが相当である。

2　原告名義の債務の負担

　夫婦共同生活の中で生じた債務については、その債務発生に対する寄与の程度（受けた利益の程度）に応じてこれを負担させることができるというべきであり、特段の事情のない限り、その負担割合は平等と解すべきであるところ、本件においては、その負担割合を動かすほどの特段の事情まで認められない。

3　将来の退職金の財産分与

　将来退職金を受け取れる蓋然性が高い場合には、将来受給するであろう退職金のうち、夫婦の婚姻期間に対応する分を算出し、これを現在の額に引きなおした上、清算の対象とすることができると解すべきである。計算式は次の通りである。

　929万円（原告の今後の昇給分を考慮せずに算出した、約6年後に支給予定の退職金の額）×271か月（昭和58年3月から平成17年9月退職時までの勤務期間総数）分の147か月（勤務期間のうちの昭和58年3月から平成7年5月までの実質的婚姻期間）×0.74621540（6年のライプニッツ係数→法定利率年5％の中間利息を複利計算で控除）×0.5（清算割合）＝188万円（現時点において原告が被告に分与すべき退職金の額）

コメント

　退職金は給料の後払い的性格を有することから、退職金が既に支払われている場合には財産分与の対象となるが、いまだ支払われていない場合は、退職金支給の有無やその額が必ずしも明らかでないため、財産分与の対象となるか否かが問題となる。

　本判決は、将来退職金を現時点で財産分与の対象としたが、将来支給されることを条件とした裁判例として、横浜地裁平成9年1月22日判決（判時1618・109）やその控訴審東京高裁平成10年3月18日判決（判時1690・66（**61**参照））がある。

57 扶養的財産分与として、夫婦各自の年金の差額の4割を夫が妻死亡まで支払うこととされた事例

▶幾度となく入院手術を受けながら家事を全面的に行なっていた妻から、会社では順調に栄進したものの妻に労いの言葉を掛けることもしない夫に対する、離婚・一括的財産分与・慰謝料の請求を認めた上、夫の年金と妻の年金の差額の4割を夫が妻死亡まで支払うとの扶養的財産分与を認めた事例

(横浜地相模原支判平11・7・30判時1708・142)

原告の主張（妻）	被告の主張（夫）	裁判所の判断
財産分与：①土地建物の被告持分（2分の1）の分与、②6,201万円の一括支払、若しくは2,922万円の一括支払並びに判決確定から原告死亡まで21万円／月 慰謝料：1,000万円	原告の請求棄却	財産分与：①土地建物の被告持分（2分の1）の分与、②1,694万円の一括支払並びに判決確定から原告死亡まで16万円／月 慰謝料：200万円 〔財産分与の割合〕 （原告）5分の2

事実関係（裁判所の判断時）					
原告の事情	年齢	63歳	職業	専業主婦	
	収入	所有土地の賃貸料として約14万円／月余 （65歳からの年金支給見込額は年額46万8,335円）	財産	土地建物（評価額4,612万円）の持分2分の1 相続により取得した土地	
	学歴	－	健康	身体障害者4級	
被告の事情	年齢	64歳	職業	会社員（定年退職）	
	収入	年金541万204円	財産	土地建物（評価額4,612万円）の持分2分の1 預貯金、株式、転換社債（評価額合計約6,500万円） 退職金の年金方式部分を	

				解約した場合の受取金額約1,195万円（合計1億1万円）
その他	学歴	大学卒業	健康	－
	婚期（別居）	39年（2年／家庭内別居開始からは7年）	子	女子38歳、男子32歳
	家事分担	専ら原告	親権	－

事実経過（裁判所が認定した事実）	
S 35	被告が大学卒業とともに株式会社に入社、同年婚姻の届出（被告は会社の仕事、原告は家事、という生活状況）。
S 36	長女誕生。
S 37	原告が卵巣腫瘍のため左卵巣切除の手術を受ける。
S 41	昭和57年まで、原告が椎間板ヘルニアの治療を受ける。
S 42	長男誕生。
S 50	原告が最初に離婚を言い出す。
S 55	結婚20年を記念してヨーロッパ旅行。
S 56	被告が技術部長となる。
S 61	被告が情報システム事業部長となる。原告が胃ガンの手術を受ける。
S 62	原告が上記手術によりC型肝炎に罹患。
H元	被告が取締役となる。
H 2	結婚30年を記念してハワイ旅行。
H 4	長男が婚姻。原告が家庭内別居。
H 6	原告が右変形性股関節症のため人工骨置換手術を受ける。
H 7	被告が定年退職。原告が離婚を切り出す（治療に専念するため）。
H 8	原告が左股関節臼蓋手術を受ける（身体障害者4級と認定）。
H 9	原告が家事調停の申立て（調停成立の見込なしとして同年事件終了）。原告が自宅を出る。

裁判所の判断理由

【清算的財産分与】

　本件財産分与の算定において考慮すべき財産の合計は約1億1万円となるところ、

この財産形成についての原被告の生活状況等諸般の事情を考慮すると、原告の請求しうる財産分与請求額はその5分の2である4,000万円とするのが相当である。

原告は、自身も持分を有する本件土地建物につき被告持分全部の現物分与を求めており、これを原告に財産分与すると、その評価額は2,306万円となるから、これと上記4,000万円との差額である1,694万円を、被告から原告に支払わせることとする。

【扶養的財産分与】

原告の年金保険料の大半が婚姻後被告の収入から納付されたものと認められるから、年金見込額（年額46万8,335円）全額を財産分与算定の考慮事由とし、今後被告の受領する年金（退職年金は除く。年額541万204円）のうち前記原告受領額との差額の4割相当額について被告から原告に支払わせることが相当であるから、原告死亡まで月額16万円を支払わせることとする。

【慰謝料】

原・被告間の婚姻が破綻に至った経緯その他諸般の事情を考慮すると、原告の被告に対する離婚慰謝料は200万円とするのが相当である。

コメント

本件は、年金分割制度施行前に扶養的財産分与として夫婦の年金の差額の4割を毎月支払うことを認めたリーディングケースである。

なお、本件の控訴審は、第一審被告が夫婦の年齢や妻の身体的条件等をも考慮して婚姻関係の継続を強く望んでおり、長男も同様であること、第一審被告との間に確執がある長女の意向が第一審原告の意向に強く関わっており、第一審原告と長女とがともに生活している現状は、長女の今後の自立にとっても好ましくないこと、第一審被告は相応の社会的経験を有し、社会の良識に従った対応が期待できると思われ、この訴訟の結果を受けて夫婦和合のための努力が試みられるべきであること等から、現段階で第一審原被告の婚姻関係が完全に破綻しているとまで認めるのは相当でないとして、第一審原告の離婚等の請求をいずれも棄却した（東京高判平13・1・18判タ1060・240）。

58 離婚後に勤務先会社から支給された金員が、その支給時期・態様・趣旨からして、財産分与の対象とならないとされた事例

▶相手方が離婚の約1年後に勤務先会社から支払を受けた約914万円は、離婚時には支給が決定されておらず、勤務先会社の合併に伴う相手方のその後2年間の生活保障として支給されたものであるとして、財産分与の対象とはならないとされた事例

(東京家八王子支審平11・5・18家月51・11・109)

申立人の主張（妻）	相手方の主張（夫）	裁判所の判断
財産分与：700万円	財産分与：	財産分与：282万円
		〔財産分与の割合〕 2分の1（寄与度は5割）

事実関係（裁判所の判断時）				
申立人の事情	年齢	－	職業	（婚姻中）専業主婦 （離婚後）パート
	収入	－	財産	－
	学歴	－	健康	－
相手方の事情	年齢	－	職業	会社員
	収入	－	財産	株式、小規模企業共済金、銀行預金、郵便貯金（合計1,164万7,906円）
	学歴	－	健康	－
その他	婚期 (別居)	27年（相手方の単身赴任13年）	子	女子2人（27歳、24歳）
	家事分担	申立人	親権	－
	その他	申立人は相手方から300万円を受領		

事実経過（裁判所が認定した事実）

S45.5.4	婚姻届を提出。
S47	長女誕生。
S50	二女誕生。
S54頃	申立人の実母が申立人らと同居。
S59頃	相手方が単身赴任（離婚まで）。
H8.6	相手方の実母が死亡。
H8.12	相手方が申立人に対して離婚を申し出る。
H9.1.31	協議離婚届を提出（申立人は復縁の可能性を考えていた）。
H9.2 ～H9.12	相手方が申立人に対して毎月35万円を送金。
H10.1.5	相手方の勤務先会社の合併・解散に伴い、相手方が会社から向こう2年分の給与の補填として914万4,000円の振込を受ける。
H10.1	相手方が申立人に対して向こう2年間の生活費として300万円を送金。
H10.3末	相手方が再婚。
H10.4.17	申立人が相手方の再婚の事実を知る。申立人が本件財産分与の調停を申立て。

裁判所の判断理由

【清算的財産分与】

　退職金あるいは功労金が清算的財産分与の対象となるのは、離婚時に既に退職金が支払われているか、近い将来に確定額の退職金が支払われることが明らかな場合であるところ、本件において相手方が勤務先会社から支払を受けた914万4,000円は、離婚から約1年後に支給され、かつ離婚時にはその支給が決定されていなかったものであり、しかも勤務先の合併に伴う相手方のその後2年間の生活補償という趣旨で支給されたものであるから、その支給時期・態様・趣旨からして、財産分与の対象となる退職金あるいは功労金に該当すると認めることができない。

【扶養的財産分与】

　本件当事者間の子らは既に成人していること、相手方の単身赴任期間が長期にわたり、他方申立人は婚姻期間中相手方からの生活費の送金により特に就労する必要がなかったなど申立人と相手方の婚姻生活の実態、相手方の離婚の申出に申立人が応じて2人で協議離婚届を提出したこと、現在相手方には扶養すべき家族がおり、他方申立人は就労が不可能な年齢ではないことなどの諸事情を斟酌すると、相手方が申立人に

対して離婚後11か月間にわたり生活費として送金した385万円の支払をもって扶養的財産分与は尽くされていると認めるのが相当である。

コメント

　本事例は、離婚の約1年後に相手方が勤務先から会社合併に伴う生活補償として支給を受けた金員が、清算的財産分与の対象となるか否かについて判断をした。退職金は賃金の後払い的性質を持つことから財産分与の対象となるが、将来の退職金については支給の確実性や具体的な金額が明らかでないことから、必ずしも財産分与の対象となるわけではない。本事例の金員は離婚の約1年後に支給されたものではあるが、審判の時点では支給の確実性や具体的な金額は既に明らかとなっている。本事例では、支給された金員の趣旨、すなわち、勤務先の合併に伴う相手方のその後2年間の生活補償という点が考慮されたものと解される。

　なお、将来の退職金に関する近時の裁判例としては、①横浜地裁平成9年1月22日判決（判時1618・109）、②東京高裁平成10年3月18日判決（判時1690・66（**61**参照））（①の控訴審）、③水戸家裁龍ヶ崎支部審判平成9年10月7日（家月50・11・86）、④東京高裁平成10年3月13日決定（家月50・11・81（**62**参照））（③の控訴審）、⑤東京地裁平成11年9月3日判決（判時1700・79（**56**参照））等がある。

59 内縁夫婦の一方の死亡による内縁解消には財産分与の規定を類推適用できないとした事例

▶内縁夫婦の生存中における内縁解消の場合に財産分与の規定を類推適用することは許容されるが、内縁夫婦の一方の死亡による内縁解消の場合に財産分与の規定を類推適用することはできないとした事例

(高松高決平11・3・12判時1691・76)

抗告人（原審判における相手方・死亡内縁配偶者の相続人）の主張	相手方（原審判における申立人・生存内縁配偶者）の主張	裁判所の判断
－	財産分与：1,000万円	原審判取消（財産分与は認められない）

事実関係（裁判所の判断時）				
抗告人の事情	年齢	－	職業	－
	収入	－	財産	－
	学歴	－	健康	－
相手方の事情	年齢	70歳	職業	マンション管理人
	収入	9万円／月	財産	－
	学歴	－	健康	－
その他	内縁期間（別居）	－	子	－
	家事分担	－	親権	－

事実経過（裁判所が認定した事実）	
S22	本件内縁の夫（A男）が婚姻、妻との間に長女誕生。
S24	A男と妻との間に長男誕生。
S46.5	A男と本件内縁の妻（B女）との交際開始（重婚的内縁関係）。
S60.12	A男が入院（以後、平成9年1月の死亡まで、入退院の繰返し）。A男の入院中、B女はほとんど毎日のように病院に行き、A男の食事等の世話をした。退院中、A男はその過半の期間をB女宅で過ご

S 62. 8	した。 A男の妻が死亡（遅くともこの時点において、A男とB女の間で、結婚の意思の合致に基づく夫婦共同生活が形成された。）。
H 9. 1	A男が死亡。

裁判所の判断理由

　内縁夫婦の生存中における内縁関係解消の場合、法律上の夫婦の離婚による婚姻解消と法的観点から見て同視できるから、財産分与の規定を類推適用することにより、内縁夫婦間の実質的共有財産の清算をすることが許容される。これに対して、内縁夫婦の一方の死亡による内縁解消の場合、法律上の夫婦の離婚による婚姻解消ではなく一方の死亡による婚姻解消と同視すべきであり、死亡内縁配偶者の相続が開始するが、生存内縁配偶者には相続権がなく、特別縁故者として一定の場合に限り相続財産を取得する余地があるにすぎない。

　生存内縁配偶者は、実質的夫婦共有財産を非訟事件手続によって取得することができないという不利益を被るが、民法等の関連法令は相続関係における内縁夫婦の保護内容を法定相続人の相続権と抵触しない限度にとどめているから、このような事態を容認していると言わざるを得ず、また、死亡内縁配偶者が遺言や贈与によりその権利を生存内縁配偶者に帰属させることができるのにこれをすることなく死亡した以上、法定相続人が実質的共有財産を取得することになったとしても、これは法律上の夫婦となる途を選択しなかったことによって生じたやむを得ない事態であると言うべきである。

コメント

　内縁夫婦の一方の死亡による内縁解消に財産分与の規定が類推適用されるか否かにつき、本事例の原審（高松家審平10・5・15判時1691・79）がこれを肯定したのに対して、本決定はこれを否定した。なお、本事例の判断は、最高裁判所によっても正当として是認されている（最決平12・3・10判時1716・60）。

60 内縁関係解消後の女性からの財産分与申立てにつき、清算的財産分与のみが認められた事例

▶いったん協議離婚した後の内縁関係が解消した後に元妻から元夫に対して申し立てられた慰謝料的・扶養的・清算的財産分与につき、内縁期間中の預金の増加額から当該預金を担保とする負債額を控除した預金の実質的増加額を対象とする清算的財産分与のみが認められた事例

(名古屋家審平10・6・26判タ1009・241)

申立人の主張（元妻）	相手方の主張（元夫）	裁判所の判断
財産分与：2億円	－	財産分与：1,000万円

事実関係（裁判所の判断時）					
申立人の事情	年齢	－	職業	パート
	収入	－	財産	宝石類
	学歴	－	健康	－
相手方の事情	年齢	－	職業	会社経営
	収入	－	財産	預金（内縁期間中の増加額は約1億457万円）、債務6,680万円、競走馬、会社の資産、株式
	学歴	－	健康	－
その他	内縁期間（別居）	5年6か月（9か月）	子	男子23歳、女子21歳
	家事分担	申立人	親権	－

事実経過（裁判所が認定した事実）	
S45	婚姻の届出。
S49	長男誕生。
S52	長女誕生。
S60	協議離婚（2人の子の親権者は申立人）。
S61.7末頃	内縁開始。

S62末頃	相手方の不貞行為が発覚。 相手方は申立人に対し、今後不貞行為をしたら1,000万円を支払う旨約束。
H2夏頃	相手方の不貞行為が発覚。 相手方は上記約束に従い、申立人に対して1,000万円を支払う。
H4.2.7	内縁解消。
現在	申立人は別の男性と同居中。

裁判所の判断理由

【慰謝料的財産分与】

　申立人が別途慰謝料請求の訴訟を提起したことから、本件において慰謝料的財産分与を認めるのは妥当ではない。

【扶養的財産分与】

　申立人は本件内縁解消後、別の男性と同居生活を始め、自らはパートで月約7万円、その男性は会社員として月約30万円の収入を得ていることから、扶養的財産分与はその必要性がなく、これを認めるのは相当ではない。

【清算的財産分与】

　本件では、内縁期間中に相手方の預金につき1億457万6,285円の増加額が認められる一方、当該預金を担保とする6,680万円の手形貸付債務が存在するところ、当該債務は、実質的には預金の減少と見るべきであるから、その使途にかかわらず、清算すべき負の資産として、これを預金の増加額から控除し、控除した残額である3,777万6,285円を、本件内縁期間中に実質的に増加した相手方の預金として、本件財産分与の対象とすべきである。（なお、当該預金のほかに、仮名・借名預金口座の残高4万984円も、財産分与の対象とされている。）

　また、本件内縁期間中に相手方から申立人に対して支払われた1,000万円は、不貞行為に対する慰謝料的な要素が強いが、その金額の大きさにかんがみると、本件内縁関係解消に際しての清算的財産分与においても、これを斟酌すべきである。

　その他、本件にあらわれた諸般の事情を総合考慮すると、相手方は、申立人に対し、財産分与の対象となる財産のうち1,000万円を分与すべきものとするのが相当である。

コメント

　本事例は、上記預金のほかに、相手方の競走馬（購入価格や経費等を総合すると資産価値なし。）、会社の資産（会社は本件内縁開始時には既に相手方個人とは別個の独

立した経済主体となっていたから、その資産を相手方の資産と同視できない。)、株式（相手方が本件内縁開始時以前から有していた株式。及び、内縁解消時以前から実質的に廃業し、内縁解消時ころには、会社の資産の総額が借入金の総額より小さく、間もなく解散の登記等がされている会社の株式。)、申立人の宝石類（本件内縁期間中に相手方から買い与えられたもので、申立人の専用品ゆえ特有財産。）が本件財産分与の対象となるかどうか、また、相手方が経営する会社の債務に係る相手方の連帯保証債務（申立人と相手方の実質的共有財産の形成ではなく会社運営のために生じたもの）を、清算的財産分与に関して考慮すべきかどうかについても判断している（いずれも否定）。

61 将来支給を受ける高度の蓋然性がある退職金は財産分与の対象とすることができるとした事例

▶高齢者離婚において、将来の退職金を含めた清算的財産分与は認められたが、双方の財産状況等を勘案し妻からの扶養的財産分与請求は理由がないとされた事例

（東京高判平10・3・18判時1690・66）

原告・反訴被告・控訴人・附帯被控訴人（X）の主張（夫）	被告・反訴原告・被控訴人・附帯控訴人（Y）の主張（妻）	裁判所の判断
財産分与（又は財産委託契約解除による返戻金）：9,152万円余	清算的財産分与：5,000万円 扶養的財産分与：20万円／月 慰謝料：1,000万円	（Xへ）財産委託契約解除返戻金：1,311万円 （Yへ） 清算的財産分与：Xが退職金の支払を受けたとき500万円 扶養的財産分与：なし 慰謝料：300万円 〔財産分与の割合〕 2分の1

事実関係（裁判所の判断時）					
Xの事情	年齢	87歳	職業	学校法人の理事	
	収入	給与、恩給、年金	財産	不動産、預金、生命保険	
	学歴	－	健康	－	
Yの事情	年齢	71歳	職業	－	
	収入	－	財産	不動産、預貯金、国債、株式、貴金属等	
	学歴	－	健康	－	
その他	婚期（別居）	20年（5年）	子	－	
	家事分担	－	親権	－	

第3章　財産分与をめぐる算定事例

事実経過（裁判所が認定した事実）	
S39頃	Xが市立中学校の校長となる。X・Y交際開始。
S43．2	Yが前夫と調停離婚。
S52．8	Xの妻が死亡。
S53．1	X・Y婚姻。（Xが小遣い3万円を除く収入のすべてをYの管理に任せる旨の財産管理委託契約を締結）
S58．10	Xが乙山学園高等学校に就職、理事となる。
S61．4	Xが上記学園の常任理事となる。
H5．4	XがYの下を離れて別居、現在に至る。
H6．12	Xが上記学園の常任理事を辞めて理事となる。

裁 判 所 の 判 断 理 由

【控訴人の委託契約解除に基づく金員請求】

　本件委託契約は、XがYに対し、婚姻前に形成した固有財産と婚姻後の収入の一切につき管理を委託するとともに、Yがこれらの金員をX・Yの生活に必要な一切の費用等に充てることを容認する内容のものであった。そして、YがXとの婚姻生活中に支出した金員は、原則として本件委託の趣旨に沿って支出された費用であると推認すべきである。したがって、本件委託契約を解除したXは、Yに対し、婚姻前からの固有財産についてはその残額部分についてのみ、その返還を求めることができ、婚姻後の収入については残存する金員のうち財産分与を原因としてその一定割合の金員を請求することができる。

【財産分与請求】

　婚姻後の収入であるXの給与のうちYが管理する残存額は本件全証拠によっても明確ではないが、Xの収入やYの財産管理状況、多額の支出状況、YがX名義の口座引落で総額1,500万円もの貴金属や宝石を購入して自己のものとしていること、Y名義の預貯金の中にはXの収入も含まれていると推認されること等一切の事情を勘案すれば、下記退職金の受給を考慮しない場合、YがXに対し、財産分与として金500万円程度を支払うのが相当であり（①）、YのXに対する扶養的財産分与請求は理由がない。

　他方、将来Xが学園の理事を退任した場合には、退職金としておよそ金2,191万7,500円を支給されると認められるから、XはYに対し、学園から退職金を受領したときにその2分の1に相当する額を支払うべきである（②）。

そして、上記①と②とを差引計算すると、結局、YはXが学園を退職したときに財産分与として500万円の支払を求める権利を有する。

【慰謝料請求】

Xが別居までの間、Yに財産管理を委託した趣旨は、Xの収入のすべてを、被告がその収入の性質のいかんを問わず自由に収支（経理）を行なうことをあらかじめ包括的に容認する内容のものであったのに、本件訴訟においてXは、YがXの収入のすべてを勝手に取り上げたなどと主張・供述しており、Xの言動の中にはYに対する不法行為を構成するものも含まれていると認められる。

コ メ ン ト

本事例は、将来の退職金を財産分与の対象と認め、将来の支給を停止条件とする確定額の支払を命じた。将来の退職金を財産分与の対象とした裁判例としては、以下のものがある。

本件の原審（横浜地判平9・1・22判時1618・109（96参照））は、本事例と同様、退職金の支払を学園からの退職金の受領という条件に係らしめながら、本事例とは異なり、確定額ではなく、受領金額の2分の1という割合的給付を命じた。しかし、被告がこれに従わない場合の執行法上の問題がある。

東京地裁平成11年9月3日判決（判時1700・79（56参照））は、本事例と同様に確定額を、本事例とは異なり将来の支給時ではなく現時点で分与すべきものとした。具体的な分与額の計算方法に当たっては、今後の昇給分を考慮せずに退職金額を算出した上で、法定利率の中間利息を複利計算で控除するなど、現時点での分与を命じられる側への配慮が見られる。

第3章 財産分与をめぐる算定事例　　215

62 将来支給を受けられる蓋然性が高い退職金について、財産分与の対象とした事例

▶協議離婚成立後に、相手方（妻）が抗告人（夫）に対して、財産分与として将来支給される退職金及び借地上の建物価格のそれぞれ5割、並びに慰謝料を請求した事案で、離婚成立時を基準とした退職金の4割と、離婚後に相手方が負担した養育費等を考慮した清算金の支払とを認めた事例

（東京高決平10・3・13家月50・11・81）

抗告人の主張（夫）	相手方の主張（妻）	裁判所の判断
財産分与：0円 慰謝料：－	財産分与：869万1,666円 　　　　　（以上原審） 慰謝料：－ （原告申立の趣旨 　財産分与　1,450万円 　慰謝料　　500万円 　その他　　50万円）	財産分与：672万円（退職金分612万円・その外60万円） 慰謝料：－ 〔財産分与の割合〕 （相手方）退職金につき4割

事実関係（裁判所の判断時）					
抗告人 の事情	年　齢	54　歳	職　業	会社員（助役）	
	収　入	40万円／月	財　産	借地権付建物	
	学　歴	－	健　康	－	
相手方 の事情	年　齢	47　歳	職　業	－	
	収　入	－	財　産	－	
	学　歴	－	健　康	－	
その他	婚　期 （別居）	26年（－）	子	女子3人（25歳、21歳、20歳）	
	家事分担	－	親　権	－	

事実経過（裁判所が認定した事実）	
S47.2.1	婚姻。
S47.6.29	長女出生。

S51. 4. 22	二女出生。
S53. 1. 14	三女出生。
H7. 8. 23	協議離婚（二女、三女の親権者は妻）。
H9	財産分与・慰謝料請求調停申立て。
H9. 10. 7	原審（水戸家龍ヶ崎支審平9・10・7家月50・11・86）において、夫に対し財産分与として、退職金の5割である約769万円と清算金100万円の合計約869万円の支払を命じる審判。
H9. 10. 21	夫が即時抗告。

裁判所の判断理由

① 将来支給を受ける退職金であっても、勤務先の企業規模等に照らして支給を受ける高度の蓋然性が認められる場合には、財産分与の対象とすることができる。ただし、退職金について妻の寄与度を夫と同一と見るのは妥当ではないから、その寄与率を4割として、離婚時を基準とした退職金算定額にこの寄与率を乗じた612万円を具体的な財産分与額と認定した。

② 不動産については、当該住宅の価値は住宅ローンの負債を上回るものではなく、清算すべき資産がないと認定し、返済した住宅ローンの一部を財産分与の対象とすることはできないと判断した。

③ 相手方は、調停においては養育費の請求をしていないところ、それは調停の成立ないし審理の遅延を恐れて、その具体的な主張立証を差し控えていたのであるから、養育費を請求する意思がなかったとは認められない、と認定した上で、民法768条3項により離婚後に相手方が負担した養育費について、財産分与の額及び方法を定めるに当たって斟酌した。

コメント

本事例では、①将来給付退職金②残債務のある不動産③過去分の養育費についてそれぞれ財産分与の対象となるかが問題となった。

①の抗告人の退職金については、勤務先（鉄道会社と推測される。）の企業規模等に照らすと支給を受ける高度の蓋然性があると認定し、将来給付予定の退職金であっても財産分与の対象とした。その際の具体的分与額の算定は、婚姻期間に対応する勤続年数を基礎とし、相手方の寄与率を4割として計算している（ただし、相手方の寄与率の決定基準について踏み込んだ判断基準は提示していない。）。

本件と同様に将来支給の退職金の財産分与を認めた事例としては、東京高裁平成10年3月18日判決（判時1690・66（**61**参照））があるが、本決定と同様に「退職金が支給されたときは」、という停止条件を付して、勤務会社の破綻等により退職金が支払われなかった場合の不都合性を生じさせない配慮をしている。

　②の不動産については、不動産の時価とローン残額を比して債務超過となる場合には、財産分与の対象としないとするのが一般的であり、本事例もこれに倣った判断となっている。

　③の離婚後の養育費についてであるが、子が成人していない場合には子の監護費用の請求（民766①②）等として請求しうる。しかし本件では、子が成人しており、こうした請求ができない。そこで本決定では、財産分与の額及び方法を定めるについては「当事者双方がその協力によって得た財産の額その他一切の事情」を考慮することができるとする民法768条3項を根拠に財産分与の中で過去分の養育費の清算を図ったものである。

　なお、相手方（妻）は、原審においては、慰謝料請求を申し立てていたものの、原審で同請求が認められないまま相手方からは抗告もされていなかったため、本決定では慰謝料について判断をしていない。

63 財産分与方法として、妻の不動産共有持分の全部移転登記手続と夫の金銭支払につき同時履行を命じた事例

▶別居中の被控訴人（妻）が、現に控訴人（夫）が居住中の共有不動産について、自己の共有持分の全部移転登記をするのと引換えに控訴人に対して代償金の支払を求めた事案において、被控訴人から控訴人への共有持分全部移転登記手続と控訴人から被控訴人への金銭支払とを引換給付（同時履行）にすることを命じた事例

（東京高判平10・2・26家月50・7・84）

控訴人の主張（夫）	被控訴人の主張（妻）	裁判所の判断
財産分与：0円 慰謝料：0円	財産分与：被控訴人から控訴人への共有持分全部移転登記と引換えに2,000万円 慰謝料：400万円 （以上原審）	財産分与：①被控訴人は控訴人から1,600万円の支払を受けるのと引換えに共有持分全部移転登記 ②控訴人は、被控訴人から共有持分全部移転登記を受けるのと引換えに1,600万円支払（同時履行） 慰謝料：400万円 〔財産分与の割合〕 （控訴人）4割 （被控訴人）6割

事実関係（裁判所の判断時）					
控訴人の事情	年　齢	50　歳	職　業	会社員（システムデザイナー）	
	収　入	－	財　産	共有不動産	
	学　歴	－	健　康	－	
被控訴人の事情	年　齢	48　歳	職　業	地方公務員	
	収　入	－	財　産	共有不動産（時価3,500万円）	
	学　歴	－	健　康	－	

その他	婚　期 （別居）	24年（2年余。ただし、以前に5年間の別居期間）	子	女子1人（14歳）
	家事分担	−	親　権	妻

事実経過（裁判所が認定した事実）

S49. 3. 22	婚姻。
S50. 7	夫の言葉の暴力から別居。
S55春	同居。
S57. 12	双子の長女、次女出生も間もなく死亡。
S59. 7	持分各2分の1でマンションを購入。 このころから夫から妻への直接的暴力が始まる。
S59. 11. 1	三女出生。
H7. 11. 12	別居。
H7. 12. 27	被控訴人が離婚調停申立て（不調）。
H8. 5. 31	被控訴人が離婚訴訟提起。
H9. 4. 14	原審（横浜地裁）において、妻から夫に対し共有持分全部移転登記手続をするのと引換えに夫は妻に対し2,000万円及び慰謝料として400万円をそれぞれ支払うよう命じる判決。

裁判所の判断理由

　婚姻中に形成した主要な財産は本件不動産のみであるところ、本件不動産には現在控訴人のみが居住してその所有権を単独で取得することを強く希望している一方、被控訴人は、所有権よりも代償としての金銭の給付を求めている、という事情にかんがみ、被控訴人の持分を控訴人に分与し、控訴人から被控訴人に対し一定額の金銭を支払うことで双方の利害調整を行うべきである、とした。

　そして、本件不動産取得に対する双方の寄与度（妻6割：夫4割）、残債務の状況、本件不動産の時価、双方の連帯債務となっている残債務部分については、控訴人が全部自己の負担で支払う意思を明らかにしていること、その他諸般の事情を考慮し、被控訴人が控訴人に持分全部を分与してその移転登記手続をすることと、控訴人が被控訴人に対して1,600万円を支払うことを同時に履行すべきであるとした。

　なお、慰謝料については、控訴人が被控訴人に暴力を振るうに至った基礎に双方の考え方の違いがあるとしても、暴力行為は強く非難されるべきであるから、婚姻生活は主として控訴人の責任により破綻した、と認定し、その金額を400万円とした。

コメント

　本事例は財産分与につき、一方に債務（代償金の支払義務）を負担させる方法により、清算を図ったものである。

　原審では、控訴人に対し、被控訴人が本件不動産の共有持分の移転登記手続をするのと引換えに金銭を給付するよう命じただけであったが、本事例では、これに加え被控訴人に対しても金銭給付を受けるのと引換えに共有持分の移転登記手続をするように命じるよう判断し、双方の義務を同時履行とすることで履行の確保を図っている。

　このように本事例では、請求にはなかった被控訴人に対する履行義務をも認めているが、夫婦共有財産の清算的財産分与の場面では、むしろ当事者間の公平の観点から妥当な判断と言える。

　また、控訴人と被控訴人が本件不動産購入のために借り入れたローンの既払分につき、両名が平等の割合で返済に貢献したものと推定されるとしている点も参考になる。

　なお、財産分与の割合を控訴人4割、被控訴人6割としたのは、共有不動産取得時において被控訴人が出捐した固有財産等を寄与分として評価した結果である。慰謝料については、控訴人の暴力行為を強く非難した上で婚姻破綻の主たる原因は控訴人にあるとした原審の判断を維持しており、他の同種事案と同様に、暴力行為が認められる場合には、相当額の慰謝料請求が免れないことを明確にしている。

64 財産分与額の算定において、過去の婚姻費用分担金の未払額を考慮した事例

▶離婚訴訟において原告（妻）が被告（夫）に対し財産分与を請求した事案で、婚姻関係が破綻した以後の婚姻費用の未払金額も財産分与額の算定において考慮すべきであるとして、過去の未払婚姻費用分を原告に対する財産分与として認めた事例

(東京地判平9・6・24判タ962・224)

原告（反訴被告）の主張（妻）	被告（反訴原告）の主張（夫）	裁判所の判断
財産分与：①被告から原告へ建物Ⅰの共有持分移転 ②建物Ⅱの全部 ③1,076万円 慰謝料：500万円	財産分与：原告から被告へ建物Ⅰの共有持分移転 慰謝料：原告から被告に500万円	財産分与：①被告から原告へ建物Ⅰの共有持分移転 ②被告から原告へ建物Ⅱの全部 ③原告から被告へ1,076万円 慰謝料：被告から原告へ200万円

事実関係（裁判所の判断時）					
原告の事情	年齢	－	職業	家庭教師	
	収入	120万円／年	財産	―	
	学歴	大卒	健康	―	
被告の事情	年齢	－	職業	自営業	
	収入	約100～600万円超	財産	建物Ⅰ・Ⅱ（借地権を含む）2,359万円、株式1,553万円、預金等853万円、未公開株	
	学歴	大卒	健康	―	
その他	婚期（別居）	33年（－）	子	男子2人（30歳、25歳）	
	家事分担	－	親権	－	

事実経過（裁判所が認定した事実）	
S38. 11. 29	婚姻。
S41. 10. 13	長男出生。
S44	建物Ⅰ取得。 （夫と妻が各8分の3、夫の父が8分の2の共有持分）
S46. 6. 25	二男出生。
S52	建物Ⅱ取得（夫単独名義）。
S63夏頃	二男膠原病発症。 夫が家族に当たり散らすようになる。
H3. 10	以降夫から妻へ生活費として月額10万円のみ渡すようになる。
H7	婚姻費用分担調停申立て（不調）。

裁 判 所 の 判 断 理 由

　婚姻関係が破綻した後においても婚姻費用分担請求権は認められるので、離婚に際しての財産分与において未払婚姻費用を考慮することは可能である。ただし、婚姻費用分担金は、本来は婚姻関係を継続することを前提としたものであるから、婚姻関係が破綻して離婚訴訟が継続している場合にはその金額の算定に当たっては考慮が必要であるとした。

　本件では、①婚姻破綻時（平成3年10月）における夫婦形成財産の半額（2,382万5,000円）と②夫婦双方の収入に基づき生活保護基準方式により算定した額の限度での婚姻費用未払金（1,168万円）に③原告の収入が被告に比して少なく原告が現在のところ二男の面倒を見ているという扶養的要素をも考慮して原告が取得すべき財産総額を合計3,650万円と認めるのが相当とした。

　そして、原告は、居住用不動産を取得又は賃借することが困難であり、二男については、当面、原告と同じ家に居住できることが望ましいと判断されることから、不動産は原告が取得するのが相当であるとした。

　以上から、原告が不動産を取得し、被告は未公開株（39万円相当）を取得し、原告が被告に対し1,076万円を支払うことが財産分与の方法として相当と判断したものである。

　なお、婚姻破綻について原告にもある程度の責任があったこと等を考慮して、慰謝料については、200万円の限度でこれを認めるのが相当とした。

コ メ ン ト

　本事例で裁判所は、婚姻継続中における過去の婚姻費用分担金の未払額についても、

財産分与額の算定に当たって考慮できるとの判断をした。

　この点、最高裁判所においても財産分与の額及び方法を定めるにつき、過去の婚姻費用分担の態様を事情として考慮することができる、としており（最判昭53・11・14判時913・85）、本件も同判例に沿ったものである。

　本判決では、婚姻関係の破綻時期を被告が生活費を月額10万円しか渡さなくなった時期と認定した上で、それ以後の期間について、生活保護基準方式により算定した生活費総額と既払額とを比較すると、被告の婚姻費用負担額が過少であるとして、その差額を未払婚姻費用と判断している。

　本件では、この算定額以外にも実際に支出された学費等が多少あったが、これら費用について裁判所は、本来は婚姻費用となるべき、としつつ婚姻関係が破綻していることから未払婚姻費用として算定しないとしている。これは、婚姻費用分担金が婚姻関係の継続を前提としたものである、との原則にも配慮した結果である。

　なお、本件では、婚姻関係の破綻につき、双方に一定の責が認められる事案であった。そこで、裁判所は、破綻に至る双方の事情を比較考量する方法により、被告の責任がより重いと判断して、原告からの慰謝料請求を一部認める判断をしたものである。

65 夫婦関係が円満であった別居前の期間における婚姻費用の清算を否定した事例

▶控訴人（夫）が別居前の婚姻期間中に過当に婚姻費用を負担したとして、財産分与の算定においてその清算をすることを求めた事案で、夫婦関係が円満であった期間については、その清算を認めなかった事例

（高松高判平9・3・27判タ956・248）

控訴人（原告・反訴被告）の主張（夫）	被控訴人（被告・反訴原告）の主張（妻）	裁判所の判断
財産分与：①建物は控訴人が所有 ②1,100万円 慰謝料：500万円	財産分与：控訴人から被控訴人に850万円 慰謝料：0円（以上原審）	財産分与：控訴人から被控訴人に850万円 慰謝料：0円 〔財産分与の割合〕 2分の1（寄与割合は5分5分）

事実関係（裁判所の判断時）					
控訴人の事情	年齢	-	職業	製造販売業（自営）	
	収入	-	財産	自宅（土地は固有財産）、工場（借地）、預金、有価証券	
	学歴	-	健康	-	
被控訴人の事情	年齢	-	職業	会社員	
	収入	-	財産	預金	
	学歴	-	健康	-	
その他	婚期（別居）	23年（6年）	子	女子2人（23歳、20歳）	
	家事分担		親権	-	

事実経過（裁判所が認定した事実）	
S48. 5. 25	婚姻。
S49. 2. 23	長女出生。

S 50. 9. 18	次女出生・死亡。
S 51. 11. 22	三女出生。
S 56. 1. 24	四女出生・死亡。 子らの死亡等をめぐり次第に不仲となる。
H 2. 10. 5	被控訴人が離婚調停申立て（不調）。
H 2. 12. 27	妻が子2人を連れて別居。
H 3. 5. 7	控訴人が離婚調停申立て（不調）。
H 8. 3. 28	原審（高松地裁）では、夫の請求に対し、妻からも財産分与と慰謝料を求めて反訴がなされたが、判決は、夫が妻に対し財産分与として850万円を支払うことを命じた。

裁判所の判断理由

　夫婦関係が円満に推移している間に夫婦の一方が過当に負担する婚姻費用は、その清算を要する旨の夫婦間の明示又は黙示の合意等の特段の事情のない限り、その過分な費用負担は、いわば贈与の趣旨でなされたものであり、その清算を要しない。本件では、この特段の事情が認められないので、夫婦関係が破綻に瀕した後に控訴人が過当に負担した婚姻費用に限って、その清算を財産分与に際して求めることができる、とした。

　更に、本件の事実関係によれば、婚姻関係は別居当時には完全に破綻していたが、別居後に控訴人が婚姻費用を過当に負担したとも認められないので、結局、財産分与に際しての婚姻費用の清算は認められない、と判断したものである。

　なお、財産形成についての寄与割合は5分5分であるから、控訴人は被控訴人に対し、離婚に伴う清算的財産分与として850万円を給付するのが相当である、とした。

コメント

　最高裁昭和53年11月14日判決（判時913・85）は、別居中の夫婦間の事案で、夫婦の一方が婚姻継続中に過当に負担した婚姻費用の清算のための給付をも含めて財産分与の額及び方法を定められると判示している。

　これに対し本事例は、夫婦関係が円満であると認められる別居前の期間については、特段の事情がない限り婚姻費用の清算を認めない、との判断をしたものである。

　そのため、本件では婚姻費用の清算は否定し、夫婦共有財産額のみを算定の上、その寄与分を2分の1ずつとして財産分与額を算出したのである（なお、不動産については、元々控訴人名義のため、殊更に判決文で触れる必要はないことから、判決主文では判断していない。）。

66 財産分与の方法と額の算定につき慰謝料的要素も考慮した事例

▶夫婦共有財産として5筆の不動産を有している夫婦が、相互に離婚に伴う財産分与と慰謝料を請求した事案で、財産分与の算定につき、不動産の価値及び寄与分のほか、慰謝料的要素も考慮して双方の取得分の割合を決した事例

（東京高判平8・12・25判タ965・226）

一審原告（反訴被告）の主張（夫）	一審被告（反訴原告）の主張（妻）	裁判所の判断
財産分与：相当額 慰謝料：1,000万円	財産分与：①一審原告から一審被告へ不動産5か所の共有持分の一部移転 ②1,000万円 慰謝料：一審原告から一審被告へ5,000万円	財産分与：①不動産5筆中4筆を相互に単独所有 ②5筆中1筆について一審原告7、一審被告3の割合の共有 慰謝料：0円

事実関係（裁判所の判断時）					
一審原告の事情	年齢	67歳	職業	会社役員	
	収入	－	財産	共有不動産5筆	
	学歴	－	健康	－	
一審被告の事情	年齢	60歳	職業	－	
	収入	－	財産	－	
	学歴	－	健康	－	
その他	婚期（別居）	38年（11年）	子	男子2人（37歳、33歳）	
	家事分担	－	親権	－	

第3章　財産分与をめぐる算定事例

事実経過（裁判所が認定した事実）	
S33. 12. 3	婚姻。
S34. 12. 7	長男出生。 このころ長野市に自宅土地建物購入。
S38. 5. 12	二男出生。
S47. 7	軽井沢に土地を購入。
S49. 11	東京都にマンション購入。 このころ、妻が長野県の自宅、東京都のマンション等の登記名義を無断で変更。
S58. 3	東京都に借地権付建物（自宅）購入。
S60. 4. 28	妻の実父が死亡したが、これにつき妻は、兄や夫が毒殺したとして夫を非難するようになる。
S60. 10. 5	妻が家出。
S61	夫が妻に対し登記名義の回復請求訴訟。
S61. 2. 19	妻が協議離婚届提出。
S62. 12. 23	原審（東京地裁）では、夫から妻への協議離婚無効本訴請求（なお、夫からの離婚及び慰謝料及び財産分与請求は控訴審からの新請求）と、妻から夫への離婚、財産分与及び慰謝料反訴請求について争われ、夫の協議離婚無効確認請求、並びに妻の離婚及び財産分与請求をそれぞれ認めた（双方控訴）。
H8. 10. 22	登記名義回復の所有権訴訟確定（夫が大部分勝訴）。

裁判所の判断理由

　まず、婚姻関係の破綻は一審被告に責任があるから、一審被告は一審原告の精神的苦痛を慰謝する義務があると認定した。その上で、一審被告の言動のうちには一審被告の判断制御能力が減退した状態にあったことに起因するところも少なくないと推認されることから、このことを斟酌すべきであるとし、慰謝の関係について、一審原告のため慰謝料の性質を有する財産分与を認める方法で決するのが相当であるとした。

　この財産分与については、夫婦共同財産である不動産5筆のうち4筆について、取得経緯、出捐割合、現在までの利用状況等にかんがみ、一審被告3筆と一審原告1筆の各単独所有とし、これら4筆の不動産の取得代金、寄与度等を算定して、その差額の調整を兼ねて残りの1筆の不動産を共有とする方法を採用した。

　この調整によると、不動産について、一審原告の持分と一審被告の持分は62％（661万円相当）対38％（409万円相当）となるが、この財産分与における取得分に慰謝料の

性質を有する分与分を加えた結果、一審原告が70％、一審被告が30％の割合による共有とする方法で分与するのが相当であるとした。

コメント

　本事例は、離婚について複雑な経緯があるものの、財産分与に関しては、5筆ある共有不動産のうち4筆を各当事者の単独所有として分与し、その結果生じる不動産価格の差額については残りの1筆の不動産の共有持分割合で調整を図るという方法で清算をしたものであり、それ自体は一般的な方法である。

　しかし本事例では、この共有持分割合の調整において、更に慰謝料的要素も加味した割合に修正している点に特徴がある。

　すなわち、本件では、一審原告の慰謝料請求に理由があるとしているところ、この慰謝料について別途に金銭的支払を命じるのではなく、財産分与の判断の中で慰謝料的要素として斟酌して、分与額を決定しているのである。夫婦関係の経済的清算という大局的観点から、財産分与と慰謝料的を実質的に一括して判断したものと言える。

67 別居した妻が財産分与の請求をしたところ、逆に妻に対して持ち出した財産額との差額を夫に支払うよう命じた事例

▶被控訴人（妻）が別居に際して、ゴルフ会員権等の債券類を持ち出した上で、控訴人（夫）に対し離婚と財産分与を求めて提訴した事案で、被控訴人が持ち出した債券類の価格が被控訴人に対する分与額を上回ることから、被控訴人に対して、逆に差額の1,100万円を控訴人に財産分与として支払うよう命じた事例

（東京高判平7・4・27家月48・4・24）

控訴人の主張（夫）	被控訴人の主張（妻）	裁判所の判断
財産分与：0円 慰謝料：−	財産分与：控訴人から被控訴人に債権類（9種合計約740万円相当） 慰謝料：− （以上原審）	財産分与：被控訴人から控訴人に1,100万円 慰謝料：0円 〔財産分与の割合〕 3割6分を被控訴人

事実関係（裁判所の判断時）					
控訴人の事情	年　齢	−	職　業	駐車場賃貸（個人）	
	収　入	−	財　産	別荘、中野区の建物、ゴルフ会員権、債権、株式の他、婚姻前に取得した不動産、株式あり	
	学　歴	−	健　康	−	
被控訴人の事情	年　齢	−	職　業	ホテル勤務	
	収　入	−	財　産	別居の際に持ち出したゴルフ会員権、債権等	
	学　歴	−	健　康	−	
その他	婚　期 （別居）	33年（10年）	子	女子（32歳）、男子（26歳）	
	家事分担	−	親　権	−	

事実経過（裁判所が認定した事実）	
S36. 10. 21	婚姻。
S37. 12. 16	長女出生。
S43. 12. 26	長男出生。
S59夏頃	家庭内別居となる。
S60. 3. 10	別居（妻名義のゴルフ会員権、夫名義を含む債券類を持ち出す。）。
S60. 10. 17	妻が離婚調停申立て。
S61. 6. 5	調停成立の見込みがないため取下げ。
S63	妻が離婚訴訟提起。夫敗訴により夫のみ控訴。

裁判所の判断理由

　被控訴人は、控訴人の特有財産及び夫婦共有財産の維持管理には貢献しているものの、ゴルフ等の遊興に多額の支出をしていたことから、夫婦財産の形成及び増加には、さほどの貢献をしていないこと、夫婦共有財産の形成には控訴人の特有財産が大きく貢献していること、別居中の生活費は双方でそれぞれが負担したほか、子の養育費を被控訴人が負担したこと、被控訴人が本件以外にも夫婦共有財産とみなすべき財産を所持している可能性が疑われること等本件の諸事情を考慮すると、財産分与の対象となる金額（総額7,020万円）の約3割6分に相当する2,510万円を被控訴人に分与し、その余を控訴人に分与するのが相当である、とした。

　そして、この分与額と被控訴人が持ち出した債券類の評価額との差額は1,100万円相当であるとして、被控訴人に対し、その金額相当額の支払を命じた。

コメント

　被控訴人のみが財産分与の請求をし、控訴人からは財産分与の請求がなされていなかった本事例において、裁判所は、逆に被控訴人に対して控訴人へ財産分与とその支払をするよう命じる判断をした。

　そもそも財産分与は、家事審判事項とされていることから、当事者の請求には、拘束力が認められないとされている。

　このことから、本件では、一方当事者のみが財産分与を請求している場合においても、夫婦財産の清算のためには、請求とは逆に他方当事者に対する支払を命じることが可能と判断し、それにより終局的解決を図ったものと言える。

分与割合を3割6分とした点であるが、本件では夫婦共有財産を形成するに当たり、控訴人が特有財産（有価証券等）の換価代金から出捐したなどの事情があったことからこれを斟酌したものである。

なお、被控訴人は、原審（東京地判平4・8・26（昭63（タ）571））において、慰謝料を請求していたものの、同請求が認められないまま控訴もしなかったため、本判決では慰謝料について判断をしていない。

68 離婚等請求訴訟において、財産分与請求につき、家事審判等に委ねるのを相当として同請求を棄却した事例

▶婚姻中に購入した不動産及び控訴人（夫）の特有財産に被控訴人（妻）等を債務者とする抵当権が設定され、被担保債務の返済が順調に行われていない場合、財産分与請求は担保権の消長を見た上で家事審判等に委ねるべきとした事例

（東京高判平7・3・13判タ891・233）

控訴人の主張（夫）	被控訴人の主張（妻）	裁判所の判断
離婚 親権者：夫 慰謝料：500万円	離婚 親権者：妻 財産分与：妻所有建物のある夫名義の敷地 慰謝料：500万円	離婚 親権者：妻 財産分与：特有財産等の担保権の消長により今後判断すべき 慰謝料：300万円（夫→妻）

事実関係（裁判所の判断時）					
控訴人の事情	年 齢	47 歳	職 業	教 師	
	収 入	－	財 産	被控訴人所有の建物の敷地、相続により得た土地物件、相続により得た土地の隣地（買増部分）	
	学 歴	－	健 康	統合失調症に罹患	
被控訴人の事情	年 齢	44 歳	職 業	新聞販売店経営	
	収 入	－	財 産	建物（ただし、債務総額は2億円超）	
	学 歴	－	健 康	－	
その他	婚 期 （別居）	20年（5年）	子	女子2人（18歳、11歳）	
	家事分担	－	親 権	妻	

第3章　財産分与をめぐる算定事例　　233

事実経過（裁判所が認定した事実）	
S50. 1. 31	婚姻。昭和50年10月長女出生。
S54. 3～ S56. 2頃、 S57冬頃～ 　S58冬頃	夫の女性関係。
S57. 11	次女出生。
S57. 12	相続による夫の土地、物件所有。
S58. 7	夫が、買増土地購入。
S59～	夫が、妻に対し、暴力を振るうようになる。
S59～H元	夫が精神分裂病に罹患、入退院を繰り返す。
S63	妻所有の建物を新築、有限会社A（代表者妻）が新聞販売店を経営。
H元. 12頃	妻が子供らと賃借アパートに転居し、別居。
H2. 5. 2	調停申立て。
H3. 10. 15	訴訟提起。

裁判所の判断理由

【財産分与】

　婚姻生活の結果形成された夫婦共有財産と見るのが相当な現存する積極的財産は、買増土地及び建物並びに新聞販売店の営業権を実質的価値とする有限会社Aの出資持分であり、建物の敷地である土地及び物件は、夫の特有財産で、財産分与の対象とすべき特段の事情は認められない。

　建物、土地、物件、買増土地には、妻又は有限会社Aを債務者とする抵当権等が設定されており、被担保債務の返済が順調になされておらず、債務額等に徴して担保権の実行を受ける可能性が高いことも窺え、夫婦共有財産の実質的な総価格は今後の債務返済と絡み、極めて流動的なものである。妻に特定の不動産を財産分与した場合、妻がその余の不動産の被担保債務の返済を怠って実質的価値を消滅させてしまう可能性もある。直ちに財産分与を決定するのは適切ではなく、今後の夫婦共有財産の実質的価値及び夫の特有財産に付けられている担保権の消長を見た上で、離婚後一定期間内は許される家庭裁判所の審判等に委ねるのが相当である。

【慰謝料】

　夫婦間の婚姻生活が破綻した主な原因は、夫の女性関係と妻に対する暴力にあり、夫は妻に対し離婚に伴う慰謝料を支払うべき義務があり、その額は300万円と認めるのが相当である。

コメント

　本事例は、離婚請求と財産分与は、財産分与は離婚を前提とするという密接な関係にあることから、離婚の判決に伴って財産分与の判断もするところ、夫妻の不動産に抵当権が設定され、その被担保債務の返済が滞っており、夫婦共有財産の実質的価値が流動的である場合には財産分与については家事審判等に委ねるのを相当という判断をした。この判決の上告審において（最判平16・6・3判時1869・33）、本判決は全部破棄され、事件は原審に差し戻されている。この点については、前掲**第1章第1**の2(4)参照。

　現在では、人事訴訟法32条1項に基づき、財産分与は申立てにより、離婚訴訟の附帯処分として、離婚訴訟と同時に解決しなければならないので、本判決とは結論が異なると思われる。なお、関連する裁判例としては、名古屋高裁金沢支部昭和60年9月5日決定（家月38・4・76）がある。

69 清算的財産分与を夫婦の婚姻生活の実態から判断し、寄与割合を妻6夫4とした事例

▶夫婦が各々作家、画家として活動し、各自で収入、預貯金を管理していた場合、各個人の預貯金、著作権は清算的財産分与の対象とならないとし、寄与割合については、原則は平等であるが、妻が専ら家事労働に従事していたこと等婚姻生活の実態から判断して、妻6夫4とした事例

(東京家審平6・5・31家月47・5・52)

申立人の主張（妻）	相手方の主張（夫）	裁判所の判断
財産分与及び慰謝料：土地建物の申立人への所有権（建物については共有持分権）移転登記手続	相当額の金員の支払と引換に建物の共有持分の相手方への分与及び共有持分につき持分移転登記手続	財産分与：相手方から申立人への3,010万5,000円の支払、相手方に建物共有持分の分与及び登記手続の同時履行 慰謝料：0円 〔財産分与の割合〕 （申立人）6 （相手方）4

事実関係（裁判所の判断時）					
申立人の事情	年　齢	57　歳	職　業	童話作家	
	収　入	安　定	財　産	共有建物、預貯金	
	学　歴	－	健　康	健　康	
相手方の事情	年　齢	56　歳	職　業	画　家	
	収　入	安　定	財　産	土地、共有建物、預貯金	
	学　歴	－	健　康	健　康	
その他	婚　期（別居）	29年（1年）	子	女子（26歳）	
	家事分担	申立人	親　権	－	

事実経過（裁判所が認定した事実）	
S36．8．10	夫が旧土地を購入の上、同土地に旧建物を建築。

頃	
S37．1．6	婚姻。 婚姻後、各々の収入を各々で管理。共同生活の支出についての明確な取決めはなし。家事労働、育児は、妻がほぼ全面的に担当。
S42．9．3	長女出生。
S47〜S55	旧建物を改装、増築。妻が、工事費用約2,000万円を負担。
S55〜	互いの人生観、価値観の相違等から不仲となり家庭内別居。
S62．3．25	夫が、旧土地旧建物を東京都に売却。本件土地建物を購入。本件土地は、夫名義。本件建物は、共有名義（ただし、共有名義は便宜的になされたもの）。
H2．4．30	妻が近所にある仕事場に移ることにより別居。
H2．9．3	長女が婚姻。本件建物に長女夫婦及び夫が居住。
H3．6．10	協議離婚。離婚後、夫は、長女夫婦に対し、本件建物の明渡しを要求。

裁判所の判断理由

【清算的財産分与の対象】

妻と夫は、婚姻前から作家、画家として活動し、婚姻後も各々が各自の収入、預貯金を管理し、必要なときに夫婦の生活費用を支出するという形態をとっており、夫婦共通の財布というものがなく、婚姻中から各名義の預貯金、著作物の著作権については各名義人に帰属するとの合意があったと解するのが相当である。それゆえ、各個人名義の預貯金、著作権は、清算的財産分与の対象とならない。

【清算的財産分与の寄与割合】

夫婦は基本的理念として対等な関係であり、財産分与は婚姻生活中の夫婦の協力によって形成された実質上の共有財産の清算と解するのが相当であるから、原則的に平等であるが、妻と夫の婚姻生活の実態によれば、それぞれ芸術家として各々の活動に従事するとともに、妻が約18年間専ら家事労働に従事してきたこと、及び、当事者双方の共同生活について費用の負担割合、収入等を総合考慮すると、上記割合を修正し、妻6夫4とするのが相当である。

【慰謝料】

相手方が申立人の長年にわたる努力を認めないのは、相手方の女性蔑視の価値観によるものとして慰謝料を請求するが、慰謝料請求権の具体的理由として主張するものは独自の見解で採用できない上に、申立人から相手方への慰謝料請求を認めなければならない事実は認めることができない。

第3章　財産分与をめぐる算定事例

> コ　メ　ン　ト

　本事例は、夫婦が各々作家、画家として活動し、婚姻後も各自の収入預貯金を各自で管理していた場合、各自名義の預貯金、著作権は、名義人に帰属するとの合意があったと解するのが相当として、清算的財産分与の対象にならない、財産分与の寄与割合については原則として平等であるが、妻が専ら家事労働に従事した事情等を考慮して、妻6夫4との判断をした。

　本件土地建物については、相手方が婚姻前に購入した旧土地旧建物の売却代金が本件土地建物の購入代金の一部（55％）に充てられたことから、本件土地建物の55％については相手方である夫が特有財産となる持分を有し、本件土地建物の残りの45％が清算的財産分与の対象となるとされた（相手方が旧土地旧建物の4分の3に当たる代金を婚姻前に支払い、その余を婚姻期間中にローンで支払ったと認定して、旧土地売却代金の4分の3に当たる6,724万9,000円が相手方の特有財産になるとし、それが本件土地建物の購入代金1億2,268万4,840円に占める割合すなわち55％（67,249,000÷122,684,000×100≒55）が相手方の特有財産となる持分となるとした。）。

　なお、関連する裁判例としては、松山地裁西条支部昭和50年6月30日判決（判時808・93）、広島高裁岡山支部平成16年6月18日判決（判時1902・61（**42**参照））がある。

70 中国国籍の妻から日本国籍の夫に対する離婚等請求訴訟において、日本民法を準拠法として慰謝料等を認めた事例

▶中国国籍の妻から日本国籍の夫に対する離婚等請求訴訟において、離婚に至るまでの行為を原因とする慰謝料請求については一般不法行為の問題、離婚に伴う慰謝料については離婚給付の一端を担うものとして、共に日本国民法を準拠法とした事例

(神戸地判平6・2・22判タ851・282)

原告の主張（妻）	被告の主張（夫）	裁判所の判断
離婚 親権者：妻 財産分与：400万円 慰謝料：800万円	請求棄却	離婚 親権者：妻 財産分与：400万円 慰謝料：200万円

事実関係（裁判所の判断時）				
原告の事情	年齢	27歳	職業	美容師
	収入	約15万円／月	財産	－
	学歴	－	健康	－
被告の事情	年齢	42歳	職業	公務員
	収入	約600万円／年	財産	土地（固定資産評価額554万円）建物（固定資産評価額784万円）1、土地（固定資産評価額81万円）建物（固定資産評価額600万円）2 ただし、ローン債務あり（残債務額不明）
	学歴	－	健康	－
その他	婚期（別居）	7年半（3年）	子	男子（5歳）
	家事分担	－	親権	妻

第3章　財産分与をめぐる算定事例

事実経過（裁判所が認定した事実）	
S61．10．25	中国で婚姻。
S62．4．13	妻が来日。夫宅にて同居、婚姻生活を始める。
S63．6	長男二郎出生。
H元．4．21	夫の貯金等を頭金として、土地建物を金3,760万円で購入。
H2．8．8	夫の貯金等を頭金として、土地建物を金約2,100万円で購入。
H3．4～	妻が美容師専門学校に通い始める。 妻が専門学校に通い始めたこと、二郎の育児の意見が異なることを理由に連日のように夫婦喧嘩をするようになる。
H3．12．15	夫が妻に対し蹴る等の暴行を加えたため、妻は左眼窩吹抜骨折、鼻骨骨折、上顎骨骨折の傷害を負い、約3週間入院。 妻の入院中、夫は妻に一方的に離婚を宣言した上、夫の署名済の離婚届を届けたり、妻に無断で、妻の美容師専門学校の道具等を破棄したり、夫宅の鍵を取り替えたりする。
H4．1．6	妻の退院後、妻は母子寮で生活を始め、夫及び二郎とは別居。 妻は、離婚等請求の調停申立て。
H4．2．17	調停不成立。
H4．7．1	妻は、離婚等請求の訴訟提起。
H4．8．3頃	妻は、二郎を引き取る。 妻は、二郎の面倒を見ながら、美容師の資格を取得するために美容室に勤務。
H4．11．5	夫が二郎を夫宅に連れ帰る。
H5．3．19	妻は、人身保護請求事件を提起。
H5．8．5	二郎を釈放し、妻に引き渡すとの判決に基づき、妻は、二郎の引渡しを受ける。

裁判所の判断理由

【財産分与】

　原・被告間の各収入額、本件各物件購入の際の頭金の捻出状況とこれに寄与した原告の程度、原・被告間の実際の同居期間等一切の事情を総合すると、被告は、原告に対し、財産分与として金400万円を給付するのが相当である。

【慰謝料】

　原・被告間の婚姻期間、被告の暴行の態様、原告の受傷の程度等にかんがみると、慰謝料の額は金200万円と認めるのが相当である。

コメント

　本事例は、中国国籍の妻から日本国籍の夫に対する離婚等請求訴訟において、慰謝料について、離婚に至る個々の行為を原因とする慰謝料については一般不法行為の問題として法例11条（現：法通則17）に則り不法行為地、離婚そのものを原因とする慰謝料請求に関しては離婚給付の一端を担うものとして法例14条・16条（現：法通則27）、に則り、常居所地をもとに日本国民法を準拠法とした。また、慰謝料については、婚姻期間、夫の暴行の態様、妻の受傷の程度等にかんがみ、200万円が相当、財産分与については、夫妻の各収入額、婚姻当時の物件購入の際の頭金の捻出状況と寄与した妻の程度、実際の同居期間を総合し、夫から妻に対し400万円が相当との判断をした。

　なお、関連する裁判例としては、名古屋地裁平成11年11月24日判決（判時1728・58（95参照））がある。

71 離婚の反訴請求せずに予備的財産分与の申立てを可能とし、夫の特有財産の維持への寄与から妻に財産分与を認めた事例

▶離婚請求された被告が反訴請求をせずに予備的に財産分与を申し立てることができるとし、夫の特有財産の維持に寄与したことをもって、夫から妻への財産分与が認められた事例

(京都地判平 5・12・22判時1511・131)

原告の主張（夫）	被告の主張（妻）	裁判所の判断
離　婚	請求棄却 仮定的な財産分与の申立て 主位的申立て：不動産の所有権移転登記 予備的申立て：金1億円及び遅延損害金	離　婚 財産分与：1,500万円（原告→被告）

事実関係（裁判所の判断時）					
原告の事情	年　齢	72 歳	職　業	会社経営	
	収　入	－	財　産	不動産5物件（総額6億円、抵当権設定あり）	
	学　歴	－	健　康	－	
被告の事情	年　齢	57 歳	職　業	－	
	収　入	－	財　産	－	
	学　歴	－	健　康	－	
その他	婚期（別居）	9年（2年）	子	実子はなし	
	家事分担	－	親　権	－	

事実経過（裁判所が認定した事実）

S59. 1頃	夫と妻は同居、事実上の婚姻関係に入る。
S60. 3. 22	婚姻。妻は、夫の子供と養子縁組する。 妻は、夫経営の会社の経理を担当。

S61.12.6頃	夫と妻は、夫経営の会社の事務連絡等で口論となり、夫が妻に対し暴力を振るう。その後も、夫妻間で口論が絶えない。
H2.3	夫経営の会社の経理にアルバイトが入り、妻が会社の金約800万円を流用していることが発覚。
H2.9	夫は、夫婦関係調整の調停を申し立てる。
H3.6	妻の飼い犬が死亡したことにより、妻の精神的動揺が生じ、精神科での治療を受ける。
H3.7.17	妻が、夫宅に、落書き。
H3.7.28	夫は、妻の自宅への立入りを拒否。
H3.8末頃	妻が自宅を出て、別居。

裁判所の判断理由

【予備的財産分与の申立ての可否】

　人事訴訟手続法15条の趣旨に照らすと、自ら離婚請求をしない当事者も予備的に財産分与の申立てをし得る。ただし、財産分与請求権に対する遅延損害金請求権は財産法上の損害賠償請求権であり、反訴などの訴え提起により請求すべきであって、離婚請求の相手方の予備的財産分与の申立てによって請求することはできない。

【財産分与の対象】

　夫の特有財産や夫経営の会社の財産は、清算の対象となる夫婦の実質的な共有財産とは言えず、原則として財産分与の対象とならないが、妻が、財産の価値の減少を防止し、その維持に一定限度、寄与したことが認められ、その他一切の事情を総合すれば、夫は、妻に対し、金1,500万円を分与するのが相当である。

コメント

　本事例は、まず、手続の経済と当事者の便宜を考慮するという人事訴訟手続法15条の趣旨にかんがみ、自ら離婚請求しない当事者も予備的に財産分与の申立てをし得ると判断した。次に、財産分与の対象となる財産につき、特有財産や第三者に帰属するような財産は、夫婦が協力して形成した財産の潜在的持分を清算するという財産分与制度の趣旨に照らし、原則として財産分与の対象にはならないが、財産の価値の減少を防止し、その維持に一定限度、寄与したことが認められる場合には、一切の事情を総合して財産分与を認めると判断をした。

　なお、関連する裁判例としては、最高裁平成16年6月3日判決（判時1869・33）、最高裁昭和58年2月3日判決（判時1069・73）がある。

72 禁治産宣告を受けた妻との離婚を求める夫の財産分与の申立てを認め、妻死亡時まで定期金の支払を命じた事例

▶禁治産宣告を受けた妻に対して、その後見人の夫（原告）が、後見監督人を被告として、離婚を求めるとともに妻への離婚後扶養の意味を持つ財産分与の裁判を求めた事案で、離婚を認めるとともに妻が死亡するまでの定期金の支払を命じた事例

（横浜地横須賀支判平5・12・21判時1501・129）

原告の主張（夫）	被告の主張（妻の後見監督人）	裁判所の判断
離　婚 財産分与：一時金300万円、妻の生存中5万円／月の定期金給付	離婚については本人の本意を窺いしれないので裁判所の判断を求める。 財産分与については合意	離　婚 財産分与：300万円、判決確定の日の翌日から禁治産者死亡日まで金5万円／月の支払（ただし、判決確定日の月は5万円／月の日割計算）

事実関係（裁判所の判断時）				
原告の事情	年　齢	45　歳	職　業	公務員
	収　入	－	財　産	－
	学　歴	－	健　康	－
妻の事情	年　齢	40　歳	職　業	－
	収　入	障害年金受給	財　産	－
	学　歴	－	健　康	失外套症候群（植物状態とほぼ同一の状態）
その他	婚　期（別居）	17年（約5年）	子	男子2人（16歳、14歳）
	家事分担	－	親　権	原　告
	その他	子らも両親の離婚をやむを得ないものと受け止めている。		

事実経過（裁判所が認定した事実）

S51. 2. 10	婚姻届出。
S52. 10	長男誕生。
S54. 6	二男誕生。
S55末頃以降	妻は頭痛、立眩み、転びやすくなる。
S56	妻は脳腫瘍と診断される。
S59	妻は脳腫瘍摘出手術を受けるが、健忘症状、右上下肢不全麻痺、歩行障害が現れる。
同年6～S63	妻は通院治療を継続。脳腫瘍の再発。
その頃から	妻は顕著な神経症状、聴力障害のため自立した生活が困難となり、両親の元で療養生活を送り始める。
H2	妻は入院手術を受けるが、症状改善なし。
H2. 2	妻は聴力障害により第3級障害認定を受ける。
H3. 1	妻は第1級障害認定を受ける。
H3. 5	妻は身体障害者療養施設に入所、現在に至る。
H3	原告は妻の母（被告）と離婚の話をするようになる。
H4	原告は妻の禁治産宣告申立事件を申し立てる。
H5. 2. 5	妻は禁治産宣告を受ける。
H5	原告は後見監督人選任申立事件を申し立てる。
H5. 4. 27	妻の母が後見監督人に選任される。
H5. 5. 24	本訴を提起。

裁判所の判断理由

1　義務者からの財産分与の申立ての可否

　①財産分与の義務者が財産分与の申立てをすることは、原則として認められないが、禁治産者妻の後見監督人が被告となる本件においては予備的財産分与の申立てをさせた上で裁判することには手続上の疑義が残ること、②本件のような有責配偶者の離婚請求と係わらない事案では、職権探知主義が実現するところと遜色のない審理を担保できると見られる実質的な考量が妥当しないような場合ではないこと、③本件離婚訴訟手続の中で財産分与の裁判をできるならば当事者双方の負担を軽減し、迅速な裁判を実現することができること、④民法768条、家事審判法9条1項乙類5号などに照らしても原告が本件のような離婚訴訟に付随して財産分与を申し立てることを禁ずるものではないと解されることから、本件においては、義務者である原告が離婚訴訟に付

随して財産分与の申立てをすることが許されると解する。
2　財産分与の具体的内容

　原告と被告は、離婚後の妻の療養監護について一時金300万円、終生にわたり月5万円の給付をすることを合意しているが、この合意に裁判所は拘束されるものではない。しかし、300万円の一時金は2児を抱える原告にとり少なくない金額であること、定期給付金は、妻の今後の医療関係費の大部分が公的扶助により賄われる見込みであること、日常の病院での雑費、付添看護関係費、被告の通院費用などの支出は離婚前からの送金月額と同程度の額であり、かつ合理性のある額であること、被告もこの内容を了解していること、その他諸般の事情にかんがみれば、原告と被告の合意は合理的な離婚後扶養の内容である。

コメント

　本事例は、義務者からの財産分与の申立てを認めるとともに、その内容として一時金の他、妻が死亡するまで定期金の支払を認めたものである。

　通常、義務者であるにもかかわらず財産分与の申立てをするのは、義務者が有責配偶者である場合が多く、その是非について裁判例は分かれている（前掲**第1章**の**第3の2**参照）。

　本事例では、妻が発病して以来、原告（夫）が妻に対して各種治療を試み、看護・見舞いなどできる限りのことをしてきたこと、妻の実家に立て替えてもらった治療費を全額返済したこと、妻が第1級障害の認定を受けて、医療費のほぼ全額免除、障害年金の受給があること、原告が妻の実家に対して毎月平均5万円以上の仕送りを続けてきたこと、原告が2人の子を監護養育してきたこと、子らが両親の離婚をやむを得ないと受け止めていること、原告が妻の母と離婚及び離婚後のことを話し合い、離婚後扶養の内容を合意していること等の背景事情が認定されている。特殊な事案ではあるが、義務者からの財産分与を認めた点のみならず、植物状態になった妻との離婚を認めた事例としても参考になる。

73 財産分与に基づく不動産強制執行において、不動産価格の下落が生じていても、強制執行は権利濫用ではないとされた事例

▶夫から妻に対する財産分与として2億円の支払を命じる判決に基づく不動産の強制執行について、不動産価格の下落があったとしても、強制執行は権利濫用ではないとされた事例

（東京地判平5・11・24判タ873・279）

原告の主張（夫）	被告の主張（妻）	裁判所の判断
強制執行に対する請求異議	請求棄却	請求棄却（本件判決は被告に財産分与請求権2億円を認めたものなので、強制執行は権利濫用に当たらず）

事実関係（裁判所の判断時）				
原告の事情	年齢	-	職業	-
	収入	-	財産	総額6億4,891万円
	学歴	-	健康	-
被告の事情	年齢	-	職業	-
	収入	不安定	財産	-
	学歴	-	健康	-
その他	婚期（別居）	-	子	-
	家事分担	-	親権	-

事実経過（裁判所が認定した事実）	
S62	妻は、夫に対し、離婚等請求訴訟。
H2.1.17	第一審判決。離婚請求認容。夫から妻に対し、3億円の財産分与の支払を命じる。夫が控訴。
H3.3.27	東京高等裁判所は、夫の不動産価格を総額6億4,891万円と認定し

	た上で、財産分与の額を2億円に変更する旨の判決を言い渡す。夫が上告。
H3．9．19	上告棄却判決。
H3．9．25	妻が判決に基づき、夫の不動産に対し強制競売の申立て。
H3．9．27	強制競売開始決定。不動産の最低売却価格が、総額2億6,091万円。
H5	夫が請求異議の訴え。

裁判所の判断理由

判決に基づく強制執行が、信義誠実の原則に背反し、権利の濫用に当たるか。

本件判決は、夫婦共通財産である不動産の清算と言うだけでなく、妻に対する慰謝料や本件不動産の他にも清算されるべき資産が存在しているはずであることなどの諸般の事情を総合的に考慮して判断したものであり、単に不動産の評価額のみに依拠して給付額を定めたものではない。

また、不動産の下落の現象は、本件判決の口頭弁論終結前から始まっており、口頭弁論終結当時において予見することができなかった重大な事情の変更と言うこともできない。

これらの事情と本件判決確定の経緯などに照らすと、強制執行に何ら違法、不当な点はなく、強制執行が、著しく信義誠実の原則に反し、正当な権利行使の名に値しないほど不当なものであり、権利濫用に当たると言うことはできない。

コメント

本事例は、確定判決による強制執行であっても、事情の変更があって執行に適しなくなったときは強制執行が権利の濫用又は信義誠実の原則の違反として請求異議の訴えを提起することができるとした判例（最判昭37・5・24判時301・4）を本件に当てはめたものである。そして、本件判決が単に不動産の評価額のみに依拠して給付額を定めたものではないこと、不動産価格の下落の現象は、本件判決の口頭弁論終結前から始まっており、必ずしも、口頭弁論終結当時において予見することができなかった重大な事情の変更と言うことはできないこと、を理由として、強制執行が信義誠実の原則に反し、権利濫用に当たると言うことはできないと判断した。

なお、関連する裁判例としては、最高裁昭和62年7月16日判決（判時1260・10）がある。

74 夫妻共通の養母の遺産分割協議で妻が取得した土地について、離婚に基づく財産分与の対象とした事例

▶夫妻共通の養母が死亡し、遺産分割に際して夫が相続を事実上放棄し遺産分割協議にて土地が妻の単独所有となった場合に、離婚後、実質的には、夫が持分権を贈与することによって妻の財産形成に寄与したとして、同土地を財産分与の対象とした事例

(東京高決平5・9・28判タ845・300)

抗告人（相手方）の主張（妻）	相手方（申立人）の主張（夫）	裁判所の判断
原審判の取消し	（原審：土地の財産分与、同土地の所有権移転登記）	抗告棄却（相続による妻取得土地につき財産分与の対象）

事実関係（裁判所の判断時）					
抗告人の事情	年齢	－	職業	－	
	収入	－	財産	土地建物、共同住宅2棟、負債4,500万円	
	学歴	－	健康	－	
相手方の事情	年齢	－	職業	会社経営	
	収入	－	財産	土地建物（約73㎡）、負債2,600万円	
	学歴	－	健康	－	
その他	婚期（別居）	15年（1年）	子	男子（男23歳）、女子2人（20歳、17歳）	
	家事分担	－	親権	－	

事実経過（裁判所が認定した事実）	
S44．6．5	婚姻。

S44. 10. 9	長男一郎出生。
S47. 7. 6	長女春子出生。
S47. 8頃	夫は、妻の養父母と同居。養父の土地に、夫所有の建物を建築。
S50. 11. 23	次女夏子出生。
S53. 7. 28	夫は、養父死亡後、養母と養子縁組。
S56. 1. 27	養母死亡。夫は、相続権を事実上放棄、妻が、土地建物を単独取得。
S56. 5. 13	遺産分割協議成立。
S56. 11. 19	妻によるスナック開店。
S57. 6. 16	妻による夫婦関係調整の調停申立て。
S58. 2. 21	別居調停成立。昭和59年1月ころ、スナック閉店で和解、同居したものの、スナックの開店をめぐって再び対立。
S59. 3. 6	協議離婚。
S59. 7. 20	夫が、財産分与及び離婚に基づく慰謝料を求めて調停申立て。
S60. 8. 2	離婚に基づく慰謝料の調停のみ取下げ。

裁判所の判断理由

【財産分与】

　清算対象とすべき財産の範囲は、原則として、婚姻中に当事者双方がその協力によって得た財産であり、判断基準時は、協力関係の終了する離婚時の財産を基本とするのが相当である。

　夫は、養母の養子として妻とともに2分の1の相続権があったにもかかわらず、円満な夫婦関係を維持するために遺産分割協議により妻に土地を取得させたのであり、実質的に見ると、夫は、法定相続分たる土地の2分の1の持分権を妻に贈与することにより、妻の財産形成に寄与したとみることができ、夫の法定相続分を限度として、夫婦財産の清算に組み入れるのが相当である。

コメント

　本事例は、夫が円満な夫婦関係を維持するために遺産分割の協議により妻に遺産を取得させた場合に実質的に夫の法定相続分につき妻への財産形成に寄与したとして財産分与の対象とした。

　財産分与の対象となる財産の範囲は、婚姻中に当事者双方がその協力によって得た財産であり、夫婦一方の特有財産はその対象とならないのが原則であるが、本件のよ

うに、夫が妻の財産形成に寄与したと見られる場合には、夫婦の公平な財産の清算のために、妻が相続した財産を財産分与の対象とすることができるとした。また、財産分与の対象となるべき場合を、夫婦の一方が遺産のすべてを相続したような場合に限られる上、遺産分割後の事情等も考慮することにより、遺産分割のやり直しではないことを明示した。

なお、関連する裁判例としては、東京高裁昭和55年12月16日判決（判タ437・151）がある。

75 婚姻期間中の財産形成に対する夫と妻の貢献度を同程度とした事例

▶会社勤めを経て独立し、会社経営で不動産などを取得した夫と、保険外交員、ブティック経営で高収入を得た妻の、婚姻期間中の財産形成に対する貢献度を同程度とし、財産分与の割合を等分とした事例

(東京地判平5・2・26判タ849・235)

原告の主張（妻）	被告の主張（夫）	裁判所の判断
財産分与：1億5,000万円 慰謝料：1,000万円	（反訴） 慰謝料：1,000万円	財産分与：3,000万円 慰謝料：本訴、反訴とも棄却 〔財産分与の割合〕 2分の1（半分半分）

事実関係（裁判所の判断時）					
原告の事情	年　齢	50 歳	職　業	ブティック経営(休業中)	
	収　入	なし	財　産	建物持分10分の1（ビル全体時価5,000万円）、茨城の土地（評価額1,350万円）、負債1,400万円	
	学　歴	中　卒	健　康	普　通	
被告の事情	年　齢	56 歳	職　業	機械工業会社経営	
	収　入	－	財　産	建物持分10分の9、借地権、川口の土地（評価額4,200万円）、ゴルフ会員権800万円、負債5,600万円	
	学　歴	大　卒	健　康	普　通	
その他	婚　期（別居）	26年（7年）	子	女子2人、男子1人	
	家事分担	－	親　権	－	

事実経過（裁判所が認定した事実）

S41.11.22	婚姻。長女、二女、長男を出生。
S44.11.20	夫、川口の土地を153万円で購入（評価額4,200万円）。
S52.1.18	夫、越谷の土地を購入。
S52.3	夫、会社退職。
S53.4	夫、機械の販売代理店として独立。
S56.4～S62.3	妻、保険外交員として働き、昭和59年度は841万円、昭和60年度は1,212万円、昭和61年度は7,474万円の年収を得ている。
S61春	妻、「離婚したい」と言い出す。夫婦生活を拒否。 夫、外泊が多くなる。
S61.8	妻、自宅でブティック開店。 夫、夫の父経営の会社所有の土地上に建築費6,800万円で自宅兼店舗、事務所を建築（名義は夫10分の9、妻10の分1）。500万円は妻が捻出し、4,400万円はローン。
S61.12.10	夫、協働して購入した不動産に妻に無断で極度額1,000万円の抵当権設定する。
S62.4	夫、自宅兼事務所の底地である、夫の父経営の会社所有の土地について賃貸借契約締結。
S62.9.30	夫、上記抵当権の極度額を妻に無断で3,000万円に増額する。
S63.8	夫、代理店を株式会社とする。
S63.10.24	夫、妻に無断で越谷の土地を1,700万で売却し、本件建物のローンの返済等に充当。
H2.2.28	妻、茨城の土地を1,350万円で購入。
H2.10	妻、離婚調停申立て。
H3.5.22	同調停 不調となる。
H3.6.12	妻、離婚訴訟を提起。
H3.10.3	夫、反訴提起。
H4	夫、乙山花子と極めて親密に交際していた。

裁判所の判断理由

【財産分与】

　婚姻期間中に取得した不動産等の財産について貢献度を同等とし、それぞれの負債の一部を財産分与算定の基礎とし、夫名義の資産を6,100万円、妻名義の資産を1,350万円と認定。更に、財産分与算定の「一切の事情」として、「夫が、妻の了解を得ずに共有財産である不動産を売却しローン弁済に充てた事実」、「夫が、設立した実質1人

会社である株式会社に相当の出資等をしている事実」「残存しているか否か明確な証拠がないが、妻が保険外交員として7年間働き、相当の収入を得たと推測されること」「婚姻費用については原則夫が負担し、妻は特段の負担をしてきていないこと」「妻には、収入がなく、離婚後の生活に不安があること」等を考慮して、夫から妻へ3,000万円を給付するのが相当である。

【慰謝料請求】

不貞の主張を裏付ける証拠はないとして双方の請求を棄却。

コメント

　婚姻期間中、取得した個々の不動産等について、また、それぞれの負債について、①共有建物の価格を5,000万円とする、②川口の土地の価格は4,200万円とする、②ゴルフ会員権の時価合計額を800万円とする、④夫の負債5,600万円のうち1,200万円は会社（夫の一人会社）の負債であるとして3,400万円を算定の基礎とする、⑤妻の負債は個人的な投資の失敗に基づくものが大半であるから、財産分与算定の消極的要素として、これを全額基礎にすることは相当でないから、その約3分の1に相当する500万円を算定の基礎とする、などと、番号を付し評価した具体的金額を表示し、夫名義の資産の合計額、妻名義の資産の合計額を算出している。その上で、貢献度を同程度として夫名義の資産及び妻名義の資産の合計額を二分し、更に、「一切の事情」として項目を立てて摘示してきた事実を考慮して具体的金額を判断している。個々の資産、負債について金額が出され、最終的には計算式も表示されているため分かりやすい。

　なお、本件では、被告の親族の情誼に基づき取得した借地権は原・被告が婚姻中に協力して取得した財産ということはできないから、財産分与算定の基礎に入れることはできないとした点も参考になる。

76 財産分与に当たり、過去及び将来の子の監護費用を斟酌した事例

▶協議離婚成立後、妻から申し立てられた財産分与において、過去に負担した子供の生活費、教育費、及び将来において予想される同負担も「一切の事情」として斟酌しうるとされた事例

(宮崎家審平5・2・12家月46・5・32)

申立人の主張（妻）	相手方の主張（夫）	裁判所の判断
財産分与：不動産の評価額から離婚時の負債の残高を差し引いた残りの半額支払。	過去及び今後共負担を続ける子供2人の学費など考慮されるべきである。	財産分与：608万円（審判確定日から6か月以内の支払） 〔財産分与の割合〕 2分の1（5割）

事実関係（裁判所の判断時）					
申立人の事情	年齢	-	職業	学習教室経営	
	収入	20万〜30万円／月	財産	なし	
	学歴	-	健康	普通	
相手方の事情	年齢	-	職業	警察官	
	収入	平均 56万5,000円／月	財産	不動産（評価額2,851万円）、負債488万8,499円	
	学歴	-	健康	普通	
その他	婚期（別居）	21年（−）	子	男子（離婚時20歳）女子（離婚時17歳）	
	家事分担	夫の単身赴任期間が長い	親権	長女 相手方	

事実経過（裁判所が認定した事実）	
S42.12.8	婚姻。長男（昭和43年7月3日生まれ）、長女（昭和46年5月1日生まれ）
S51.12	自宅を1,200万円で購入。自己資金300万円、借入金900万円。（評価額 2,851万円）

S 52	夫、転勤となり単身赴任。このころから不仲。
S 52. 9	妻、自宅で学習教室を開設。
S 53. 3	妻と子供達、夫と同居。
S 53. 7	夫、○○へ転勤。
S 56. 3	夫、○○へ転勤。
S 56. 3	妻、学習塾のため自宅を増設。改築資金300万円。警察共済からの借入金200万円、手持ち資金100万円。
S 56. 4	妻、子供達を連れて自宅に戻り、以降、夫は単身赴任。妻と子供達の生活費は、学習教室の収入で賄う。
S 62. 4	長男、大学進学。長男、長女の学費を夫が負担するようになる。
S 63. 12. 15	協議離婚（長女の親権者は夫）。 住宅購入ローンの残額488万8,499円
H 2. 3	夫が転勤となり、妻は自宅を出て、購入したマンションに転居。自宅の土地建物の鑑定評価額　2,851万円 （土地1,556万6,000円、建物1,294万4,000円）

裁判所の判断理由

【財産分与】

（形成財産の清算的財産分与）

　妻の財産形成上の寄与度5割として、自宅の土地建物の評価額2,851万円から離婚時の残債務489万円を控除した2,362万円の5割相当額1,181万円が妻に支払われるべきである。

（子供の生活費、教育関係の清算について）

　婚姻中に夫婦の一方が負担した子供の生活費、教育費は過去の婚姻費用の一部であり、一方が負担した過去の婚姻費用の償還も夫婦財産関係の清算に当たり民法768条3項「一切の事情」に含まれる。更に、離婚後も一方が負担した子供の生活費、教育費、及び今後も負担していくことが予想される同費用の負担も同様に「一切の事情」として斟酌しうる。過去において、夫、及び妻がそれぞれ支払った子供の生活費、教育費を計算し、また今後支払を要する教育費を計算し、その合計額について、それぞれの負担額を計算すると、夫が1,146万円超過して負担している。その半分である573万円を妻は夫に支払うべきことになる。

　以上によれば、形成資産の清算として夫が妻に支払うべき1,181万円から子供の生活費、教育費の支出清算として妻が夫に支払うべき573万円を控除し、夫は、妻に対し608万円を支払うべきである。

コメント

　婚姻費用の一部となる過去の子供達の教育費等について夫婦財産関係の清算の一側面であるとし、また将来の教育費等について、紛争解決の効率性の観点も加味して、財産分与の判断において斟酌しうるとした。将来における負担額について特定できる場合、支払の確実性が担保される場合に限られると思われる。

77 有責配偶者である妻からの離婚及び財産請求を認めた事例

▶有責配偶者である妻からの離婚請求について、27年間の婚姻期間中別居期間が10年近くに及ぶこと、婚姻関係破綻の責任の一端は夫にもあるとし、離婚請求を棄却した原審を取り消し、離婚を認容し、財産について5割の分与を、また夫からの慰謝料請求について200万円を認めた事例

（東京高判平3・7・16判時1399・43）

控訴人の主張（妻）	被控訴人の主張（夫）	裁判所の判断
財産分与：1,000万円	予備的反訴 慰謝料：1,000万円	財産分与：700万円 慰謝料：控訴人から被控訴人へ200万円

事実関係（裁判所の判断時）				
控訴人の事情	年齢	53歳	職業	料理教室経営
	収入	−	財産	
	学歴	−	健康	普通
被控訴人の事情	年齢	54歳	職業	会社員
	収入	約20万円	財産	不動産（評価額2,000万円）
	学歴	−	健康	普通
その他	婚期（別居）	26年（9年8か月）	子	男子、女子（いずれも成人）
	家事分担	妻が負担	親権	−

事実経過（裁判所が認定した事実）	
S39.7.2	婚姻。長男（昭和40年12月26日生まれ）、長女（昭和42年7月13日生まれ）
S47.9.30	自宅を750万円で購入。250万円を夫の母が贈与し、450万円はローン。（評価額2,000万円）
S49.6頃	妻、自宅で料理教室を開設。
S53.3	夫、会社退職し、1年後に調理師免許を取得したが就職せず。

S54. 4	夫婦の性関係途絶えた。その後、妻が深夜に帰宅したり、外泊するようになった。
S55. 9頃	妻、B男と不貞（昭和57年ころまで）。
S56. 9	妻が外泊することをめぐって、いさかいとなり、夫、暴力に及び、長男が負傷する。これをきっかけに妻が二人の子を連れて家出。以降夫は、妻及び子らの生活費、教育費を負担せず。

裁判所の判断理由

【財産分与】

夫婦財産の清算的な性格を有する財産分与は有責配偶者であっても請求し得る。婚姻中に750万円で購入した不動産について、買受代金の内250万円は夫の母が贈与し、450万円について融資を受けて、2年間は妻が返済し、その余の期間は夫が返済していること、昭和53年4月から昭和56年9月別居に至るまでの間の生活費、及びその後の2人の子の生活費、教育費を妻が負担していることから、財産分与の給付額を700万とすべきである。

【慰謝料】

妻とB男の不貞行為は、夫に対する不法行為であるが、婚姻関係の破綻については、夫の退職、その後の婚姻生活における無責任な態度、妻に対する暴力行為にも、少からず責任がある。慰謝料として200万円が相当である。

コメント

原審は8年余の別居期間は相当期間とは言えないとして、有責配偶者である妻からの離婚請求を棄却したが、本判決は、破綻に至った背景に夫にも責任があるとし別居10年近くとなる有責配偶者からの離婚請求を認め、かつ財産分与については、有責配偶者であってもいわゆる清算的な性格を有する財産分与は請求し得ると解すべきとした。

78 有責配偶者からの離婚請求を認め、平均余命の範囲内である10年分の生活費相当分を財産分与とした事例

▶有責配偶者である夫からの離婚請求について、別居期間が40年間に及んでいること、離婚により精神的・社会的・経済的に極めて過酷な状態に置かれるなど特段の事情は認められないとして離婚請求を認容し、財産分与として、平均余命の範囲内の生活費相当分として1,000万円と、慰謝料1,500万円の支払を命じた事例

（東京高判平元・11・22判時1330・48）

控訴人の主張（夫）	被控訴人の主張（妻）	裁判所の判断
離　婚	請求棄却 （予備的反訴） 財産分与：4,000万円 慰謝料：3,000万円	離　婚 財産分与：1,000万円 慰謝料：1,500万円

事実関係（裁判所の判断時）					
控訴人の事情	年　齢	77　歳	職　業	会社役員	
	収　入	－（平均以上と認定）	財　産	清算すべき財産なし	
	学　歴	－	健　康	－	
被控訴人の事情	年　齢	73　歳	職　業	無　職	
	収　入	110万円／年（年金）	財　産	文京区の建物	
	学　歴	－	健　康	－	
その他	婚　期（別居）	52年（40年）	子	夫と不貞相手との間に出生した子2人を養子縁組	
	家事分担	－	親　権	－	

事実経過（裁判所が認定した事実）	
S 12. 2. 1	婚姻。
S 17～S 21	夫、南方で従軍。
S 24～	夫とB女との関係が発覚し、夫婦仲が不和となる。
S 24. 8	夫、妻と別居し、B女と同棲。

S25頃	妻、婚姻期間中に取得した文京区の住宅を処分。以降実兄の家に住み、昭和53年ころまで人形店に勤務。
S26	夫、妻に対し離婚訴訟提起。
S29．2	夫、敗訴。
S59	夫、離婚訴訟提起。
S60．6．28	第一審判決、夫控訴。
S60．12．19	控訴審判決。
S62．9．2	最高裁大法廷判決（差戻し）。

裁判所の判断理由

【財産分与】

共有財産の清算については、別居時に主要なものを既に分与済である。

過去の婚姻費用の清算については悪意の遺棄として慰謝料算定で考慮すれば足りるとし、財産分与の中での清算を認めなかった。

財産分与については、夫は平均以上の生活を送っている一方、妻は年金収入のみであり、自活能力が全くないことを考慮し、離婚後の生活費として月額10万円ずつ平均余命の範囲内である10年間分として1,000万円の支払を命ずるのが相当である。

【慰謝料】

40年間の別居期間中、何ら経済的給付をしなかったことは悪意の遺棄に当たる。また、妻は何ら婚姻関係破綻の原因を作り出していないのに、夫の不貞行為により、強制的に離婚させられ、夫が不貞相手と法律上再婚できる状態となることは、妻に多大の精神的苦痛を与えることが明らかである。その他一切の事情を斟酌し、1,500万円の慰謝料が相当である。

コメント

本事例は、有責配偶者からの離婚請求について、別居期間が相当期間に及ぶこと、未成熟子がいないこと、離婚請求を認容することが著しく社会正義に反すると言えるような特段の事情のないこと、を審理すべきとして差し戻された控訴審であり、「特段の事情」の具体的主張に対して判断している。別居期間が長期に及んでいる場合、財産形成、夫の経済状態などを立証する方法は困難か不可能となる。

本判決は、妻が年間110万円程度の年金収入しかなく、高齢で自活能力がないことを考慮し、離婚後の妻の生活費に係わる財産分与として、平均余命の範囲内である10年間の月額10万円に相当する1,000万円の財産分与を命じている。

79 離婚時の協議において秘匿された共有財産について、財産分与の除斥期間経過後、損害賠償等請求した事例

▶協議離婚の際、財産分与の対象とすべき国債について、妻が秘して財産分与がなされたところ、離婚後6年経過して、夫が自分名義の国債の存在を知り売却した。これに対し、妻が損賠賠償請求、不当利得返還請求をし、一方、夫も、妻名義の国債について財産分与請求権を行使する機会を失ったとして妻に対し損害賠償を請求した事例

（浦和地川越支判平元・9・13判時1348・124）

原告（反訴被告）の主張（妻）	被告（反訴原告）の主張（夫）	裁判所の判断
損害賠償：609万7,077円	国債は、自分のものであり、不法行為を構成しない。 （反訴） 損害賠償：150万円	損害賠償：304万8,538円 （反訴） 損賠賠償：100万円

事実関係（裁判所の判断時）					
原告の事情	年　齢	－	職　業	－	
	収　入	－	財　産	分与を受けた自宅と預金150万円	
	学　歴	－	健　康	－	
被告の事情	年　齢	－	職　業	会社経営	
	収　入	－	財　産	－	
	学　歴	－	健　康	－	
その他	婚　期（別居）	10年（－）	子	－	
	家事分担	－	親　権	－	

事実経過（裁判所が認定した事実）

S46．7．8	婚姻。

S 54. 7. 20 ～S 55. 8. 20	妻、日興証券において夫名義で利付国債総額300万円を購入。妻、別途妻名義の国債も保持。
S 56. 9. 8	離婚。夫は、妻に対し、自宅（ローン付）と預金の半分を分与。
S 62. 6. 15	夫は、自己名義であることを奇貨として、国債を処分し、609万7,077円の支払を受けた。

裁判所の判断理由

【妻からの損害賠償、不当利得返還請求】

　財産分与の除斥期間である２年が経過したからといって、国債等が名義人である夫に帰属することにはならない。妻が、婚姻期間中に夫名義で購入した国債は、婚姻期間中であれば夫婦の共有財産に属する。妻が、離婚時、国債等の存在を秘して財産分与の協議を成立させ、夫の財産分与請求権の行使を消滅させた事情からすると、夫に対し、国債の売却金全額の支払を求めることは権利濫用又は信義則違反である。国債等が本来は２分の１の共有であったことから、妻の本訴請求は、２分の１の範囲で正当とする。

【夫からの損害賠償】

　妻名義の国債等についても、そのうち200万円については、離婚に際しては財産分与の協議対象とすべき財産であった。しかし、妻は、夫にそれを秘していたことから、夫は妻に対する財産分与請求権を行使する機会を失った。夫の反訴請求は、妻に対し、200万円の２分の１である100万円の支払を求める限度で正当である。

コメント

　婚姻期間中に、夫あるいは妻名義で取得した資産について、財産分与の除斥期間経過後の権利の帰属、清算について判断した事例である。除斥期間経過後であっても、財産分与の協議の態様を考慮し、権利行使を権利濫用・信義則違反として制限し、等分の財産分与がなされたと同様の結果となっている。

80 有責配偶者からの離婚請求を認容し、分与義務者である有責配偶者から申し立てられた財産分与額を斟酌して支払を命じた事例

▶前訴で、破綻の責任が夫及び夫の母がより重いとして、その離婚請求が棄却されたが、再度夫から提起された離婚請求について、同居期間1年足らずであるところ別居が33年に及び、その間、夫が誠意をもって妻子の生活費を支払い、また長男も社会人となっていること、などから離婚請求を認容し、同時に夫からの申立てに基づく財産分与について、申立ての額を斟酌して1,200万円の支払を命じた事例

(神戸地判平元・6・23判時1343・107)

原告の主張(夫)	被告の主張(妻)	裁判所の判断
財産分与:1,000万円と原告被告の一方の死亡又は原告が80歳に達するまでの間、15万円/月	-	財産分与:1,200万円

事実関係(裁判所の判断時)					
原告の事情	年齢	67歳	職業	私立大学附属高等学校長	
	収入	-	財産	-	
	学歴	-	健康	普通	
被告の事情	年齢	62歳	職業	洋裁の内職	
	収入	-	財産	-	
	学歴	-	健康	普通	
その他	婚期(別居)	34年(33年)	子	男子(成人)	
	家事分担	-	親権	-	

事実経過(裁判所が認定した事実)	
S30.11.21	挙式。
S31. 9. 1	婚姻届出。

S31.11.11		妻、実家へ戻る。
S32. 1.22		長男誕生。
S32.12		夫、離婚訴訟提起。有責配偶者であることを理由に敗訴。
S34. 4		夫、信用組合職員から私立大学付属高等学校の教員に転職。 夫、B女と事実上の夫婦として生活し、一子もうける。
S42		B女死亡。
S43		夫、C女と事実上の夫婦となり、一女もうける。
S45.10.16		夫が提起した離婚訴訟について敗訴確定。
S50		夫、学校長に就任。
S51. 4		長男、京都大学に入学。
S55		長男の病気療養のため、夫が妻子の転地を配慮。
S58		夫、長男に200万円で車購入。
S59. 3		長男、京都大学卒業し、社会人となる。
S59. 5		妻、神戸の高額家賃（月18万円）のマンションに入居し、夫に対し生活費に加えて家賃の負担を求める。
S59. 9		妻、夫がマンションの賃料等の振込を遅らすと、夜半、夫の居宅に押しかけ、大声を上げて夫を難詰し、夫警察に通報。
S61.11		長男、結婚のためマンションから退去。妻も転居したが、この事実を夫には知らせず、夫は少なからぬ生活費の支払を続けた。

裁 判 所 の 判 断 理 由

【財産分与】
　財産分与の附帯申立ては、分与を請求する者に限る趣旨ではなく、財産分与を出捐する者においてもすることができる。財産分与の附帯申立ては、分与の額及び方法を特定してなす必要はなく、裁判所の形成権限の発動を求めるにすぎない。本件では、夫の資産、収入がどの程度であるか明らかではないが、同居期間が1年に満たず、以後長期間にわたり別居状態が続いたもので、例え資産を形成したとしても妻の寄与は認められない。夫の別居期間中の生活費の支払状況、婚姻生活破綻後に形成された夫の家庭の存在などを考慮し、財産分与の額は1,200万円を相当とする。

コ メ ン ト

　別居期間が33年に及んだ有責配偶者からの離婚請求を認めた事例である。別居期間が長期である場合、財産分与の対象財産の把握が困難となるが、財産を出捐する側からの申立てに基づき、その額を斟酌して分与額を決定したものである。反対に、財産分与をなすべき者が離婚請求に付随して財産分与の申立てをすることは許されないとする判例（大阪高判平4・5・26判タ797・253）もある。

第 4 章
慰謝料をめぐる算定事例

266

81 慰謝料等の一部和解を踏まえ、控訴人の離婚請求を棄却不相当とした事例

▶既に別居期間が13年に及び、子らがいずれも高校生に成長し、経済的な面を別とすれば離婚によって大きな影響を受けないと思われること、控訴審での一部和解により離婚慰謝料、養育費等の債務名義が作成されている事情から有責配偶者からの離婚請求が信義誠実の原則に反しないとされた事例

（大阪高判平19・5・15判タ1251・312）

控訴人の主張（夫）	被控訴人の主張（妻）	裁判所の判断
原判決取消し 離婚 親権者を被控訴人 養育費：20歳まで1人当たり5万円／月	控訴棄却	離婚 養育費：2人につき20歳まで1人当たり5万円／月 （控訴審において一部和解：離婚慰謝料150万円、大学入学時に一時金150万円）

事実関係（裁判所の判断時）				
控訴人の事情	年齢	46歳	職業	会社員
	収入	675万円余（平成17年）	財産	マンション（2,000万円で購入、1,700万円ローン残）
	学歴	−	健康	−
被控訴人の事情	年齢	46歳	職業	パートタイマー
	収入	230万円余（平成17年）	財産	−
	学歴	−	健康	−
その他	婚期（別居）	21年（13年）	子	男子2人（18歳、16歳）
	家事分担	−	親権	いずれも被控訴人

事実経過（裁判所が認定した事実）	
S61.2.8	婚姻。

S63.12	長男誕生。
H2.7	二男誕生。
H2.9	控訴人、女性と男女関係を持つ。
H5.12	控訴人、離婚調停申立て。
H6.5.3	控訴人、別居。
H11.7	控訴人、女性と同居開始。
H12.6	控訴人、2回目の離婚調停申立て。
H13.7	控訴人、3回目の離婚調停申立て。
H14.1	控訴人、離婚訴訟提起。請求棄却。
H17.3	控訴人、4回目の離婚調停申立て。
H17.11.9	控訴人、離婚訴訟提起。原審、請求棄却。控訴人、控訴。
H19.3.20	控訴人と被控訴人との間で、一部裁判上の和解成立。

裁判所の判断理由

　当裁判所は、控訴人と被控訴人の婚姻が控訴人の不貞行為によって破綻し婚姻を継続し難い重大な事由があると認められるところ、当分の間別居生活を続ける旨の調停が成立した後約13年の別居期間が経過しようとしており、子らはいずれも高校生に成長し、当審における家庭裁判所調査官の事実調査の結果からも経済的な面を別とすれば離婚によって大きな影響を受ける可能性は低いこと、これを踏まえて当審で合意された一部和解において、控訴人が離婚慰謝料150万円及び二男の大学進学費用150万円の各支払を約束し債務名義が作成されていることなどの事情をも考慮すれば、現時点においては、破綻の経緯やその後の事情等を十分考えに入れたとしても有責配偶者である控訴人の本件離婚請求を信義誠実の原則に反するものとして棄却すべき理由はないものと判断する。

　控訴人と被控訴人の収入、子らの年齢・生活状況・婚姻費用の分担額が審判により月額12万6,000円と定められていること、控訴人が1人当たり月額5万円の養育費の支払の申出をしていること、そして、これとは別に二男の大学進学費用として150万円の養育費を毎月の養育費に加えて控訴人が被控訴人に対して支払う旨の債務名義が成立していることなどの事実を考慮すれば、控訴人が被控訴人に対して支払う子らの月々の養育費は、本判決が確定した日から子らがそれぞれ満20歳に達する月まで、1人当たり月額5万円とするのが相当である。

コ　メ　ン　ト

　本事例は、有責配偶者からの離婚請求について、同居期間が8年（うち家庭内別居2年）に比し、別居期間が13年に及ぼうとしているという別居期間の長さ、控訴人が婚姻費用を継続してこれまで支払ってきたこと、慰謝料150万円、二男の大学進学費用150万円を支払う旨の一部和解が成立した等の経済的責任を果たしている事実、別居が長期間に及び離婚が未成熟子に対して与える影響が低いとの調査官の調査等の諸事情を考慮の上、現時点においては、破綻の経緯やその後の事情等を十分考えに入れたとしても有責配偶者である控訴人の本件離婚請求を信義誠実の原則に反するものとして棄却すべき理由はないとの判断をした。

　本事例は、有責配偶者からの離婚請求が、信義誠実の原則に照らして許されないか否かという視点から判断を下しており、同種判例によれば、有責配偶者が婚姻費用を負担していない等の事情がある場合は、別居期間が長期間に及んでもなお離婚請求が認められないという判断になろう。

　また、信義誠実の原則に反するか否かの判断の基礎として、離婚が未成熟子に対して及ぼす影響について、控訴審において家庭裁判所の調査官に調査を行わせている点は、今後の実務を行うに当たって参考になるものと思われる。

　有責配偶者からの離婚請求においては、有責配偶者から財産給付を行うことを申し立てられないとするのが一般的であるため、本判決の手法は実務の上で参考となるものである。

　なお、関連する裁判例としては、有責配偶者からの離婚請求を認めた最高裁平成6年2月8日判決（判時1505・59）、本件の前審として広島地裁（平14（タ）7）、広島高裁（平14（ネ）441）、大阪家裁平成18年8月30日判決（判タ1251・316）（原審）がある。

82 夫の離婚請求に対し、妻が離婚及び離婚に伴う慰謝料を請求した事案で、離婚及び妻の慰謝料を認めた事例

▶原告（反訴被告）（夫）が、被告（反訴原告）（妻）に対して離婚を請求したのに対し、妻は離婚及び離婚に伴う慰謝料を請求した事案で、夫がほぼ全面的に妻との性交渉を拒否し続け、子供を望んだ妻が真剣に性交渉を求めたところ、夫は突然一方的に離婚を言い出し、異常とも思える発言を執拗に繰り返し、その結果、妻は急性胃炎等の診断を受けるに至った事情等が認定され、婚姻関係破綻の原因はすべて夫にあるとして離婚及び夫から妻に対し慰謝料300万円が認められた事例

（東京地判平19・3・28（平15（タ）987、平18（タ）1））

原告（反訴被告）の主張（夫）	被告（反訴原告）の主張（妻）	裁判所の判断
離婚	離婚 財産分与：500万円 慰謝料：1,000万円のうちの500万円	離婚 財産分与：0円 慰謝料：300万円

事実関係（裁判所の判断時）					
原告の事情	年齢	38歳	職業	精神科医（開業医）	
	収入	1,768万円	財産	マンション（共有）	
	学歴	大学卒業	健康	普通	
被告の事情	年齢	33歳	職業	客室乗務員	
	収入	830万円	財産	マンション（共有）	
	学歴	－	健康	急性胃炎及び仮面うつ病の疑い	
その他	婚期（別居）	6年余（3年余）	子	－	
	家事分担	共稼ぎ	親権	－	

第4章　慰謝料をめぐる算定事例

事実経過（裁判所が認定した事実）	
H12． 8． 4	婚姻。性生活は婚姻当初よりほとんどなかった。
H15． 3． 19	被告から原告に対し、子供が欲しい旨、強く申入れがある。
H15． 4	原告が被告に対し、暴言を吐き、離婚を執拗に迫るようになる。
H15． 6． 11	被告、原告に無断で原告の印鑑証明書等を取得する。
H15． 6． 12	原告、一方的に別居。
H15． 8． 7	被告、婚姻費用分担調停申立て。審判。原告抗告。抗告棄却。
H15． 8． 13	原告、夫婦関係調整調停事件申立て。不成立。
H15． 12． 2	原告、本訴訟提起。
H16． 2	原告、印鑑証明書の不正取得を理由とし、訴訟提起。一部認容判決。被告控訴。控訴棄却。
H17． 3． 29	原告、マンションの共有物分割請求訴訟提起。権利濫用で棄却。
H17． 5． 26	原告、婚姻費用分担（減額）の調停申立て。却下。
H18． 9． 26	被告、反訴提起。反訴、一部認容。

裁判所の判断理由

　財産分与の対象となる財産は、別居時に存在する夫婦共有財産と解すべきところ、原告と被告の間に分与の対象となる夫婦共有財産の存在を認めるに足りる証拠はない。被告は、原告の社会的地位に対する寄与について無形の財産として分割の対象とすべき旨主張するが、分与対象財産が存在しない以上、その前提を欠くものと言わざるを得ない。したがって、被告の財産分与の請求は認めることができない。

　原告は、一方的に別居を開始した後、婚姻関係を解消すべく、被告に責任があるかのような虚偽の事実を作出して本訴を提起した上、被告に対して侮辱的とも言える主張、供述を繰り返したばかりでなく、別訴を提起して被告に応訴を求めたり、本件和解期日において、脅迫的言辞としか受け取れないような発言までしたものである。被告においては、このような原告の態度等により、離婚を決意するに至ったものであるが、原告と被告の婚姻関係が破綻するに至った原因はすべて原告にあるものと言うべきであるから、原告は、これにより被告が受けた精神的苦痛を慰謝すべき義務がある。そして、上記のとおり、離婚を求める原告の態度が執拗かつ常道を逸したものであること、被告に非難されるべき点は何ら認められないことのほか、本件マンションの平成15年8月分から平成19年3月分までの共益費兼建物修繕積立金、管理費等をすべて被告が支払っていること、別居後の婚姻費用のうち平成15年6月分及び7月分を原告

が負担していないことなどの事情を考慮すれば、被告の精神的苦痛に対する慰謝料の額としては300万円を認めるのが相当である。

コメント

　本事例は、夫である原告について、一方的に別居したことや、虚偽の事実を作出して本訴を提起した上、被告に対して侮辱的とも言える主張、供述を繰り返したばかりでなく、別訴を提起して被告に応訴を求めたり、本件和解期日において、脅迫的言辞としか受け取れないような発言までしたという行動を取り上げ、婚姻関係が破綻するに至った原因は、すべて原告にあると判断したものである。

　被告には、原告に無断で印鑑証明書を取得したことについて、別件の訴訟で不法行為責任が認められているところ、それでも婚姻関係破綻の原因は、すべて原告にあるとしている点で、注目に値する判例である。

　ただ、本判例が、離婚を求める原告の態度が執拗かつ常道を逸したものであること、被告に非難されるべき点は何ら認められないことのほか、本件マンションの平成15年8月分から平成19年3月分までの共益費兼建物修繕積立金、管理費等をすべて被告が支払っていること、別居後の婚姻費用のうち平成15年6月分及び7月分を原告が負担していないことなどの被告に相当有利な事情を考慮していながら、慰謝料の金額を300万円と認めたことは、やや低額ではないかと思われる。

　なお、本判決は財産分与請求を認めていないが、被告居住のマンションは原告と被告の共有のままで残っている。離婚前に原告が提起した共有物分割請求は棄却されているが、離婚後に同様の訴訟を提起された場合には同一の結果になるとは限らないので、実質的には財産分与を後日の共有物分割訴訟等に委ねたとみるべきであろうか。

83 性格及び宗教観の不一致等を原因とする離婚等請求及び特定の宗教の信仰を原因とする慰謝料請求のいずれも認められなかった事例

▶本件は、平成6年1月29日に被告（妻）と婚姻し、二子をもうけた原告（夫）が、被告との間の性格及び宗教観の不一致等から、被告との婚姻関係は既に破綻しているとして、民法770条1項5号に基づき、被告との離婚等を求めるとともに、被告が婚姻に当たって特定の宗教を信仰していることを秘匿し、婚姻後も信仰している宗教団体から脱退する旨の約束を遵守しなかったことは原告との関係で不法行為を構成するとして、被告に対し、慰謝料の支払を求めた事例

(東京地判平17・4・27（平16（タ）225))

原告の主張（夫）	被告の主張（妻）	裁判所の判断
離　婚 親　権 慰謝料：300万円	－	いずれも棄却

事実関係（裁判所の判断時）			
原告の事情	年　齢	46　歳	職　業	建築業
	収　入	－	財　産	－
	学　歴	－	健　康	－
被告の事情	年　齢	43　歳	職　業	－
	収　入	－	財　産	－
	学　歴	－	健　康	－
その他	婚期 （別居）	11年（0年）	子	女子（9歳）、男子（7歳）
	家事分担	－	親　権	－

事実経過（裁判所が認定した事実）	
H2・3頃	被告宗教団体に入会。会合等に10回程度参加。

H6. 1. 29	婚姻。 被告、婚姻以前から原告及び原告母との同居 （裁判時まで同居継続）。 被告、原告母との同居を重荷に感じ、宗教団体の信仰にやや傾倒。
H7. 5	長女出生。
H10. 3	長男出生。
H12頃	長女難病に罹患。夫婦関係悪化。
H15. 10. 10	原告、夫婦関係調整調停申立て。

裁判所の判断理由

　信仰の自由は本来個人の自由であるべき事柄であり、夫婦といえどもこれをみだりに侵害、妨害することは許されるものではない。もっとも、夫婦間においては、夫婦共同生活を営む以上、相互に相手の価値観や考え方を尊重し、自己の行動の節度を守り、協力しながら家族間の精神的融和を図りながら夫婦関係を円満に保つよう努力すべき義務があるというべきであるから、その限度で信仰や宗教活動にも一定の自重が求められるというべきであって、夫婦の一方が自己の信仰の自由の実現を過度に相手方に強いたり、宗教活動に傾倒するなどして家庭内の不和を招き、あるいは相手方の心情を著しく無視するような対応をとった結果、夫婦関係が悪化し、婚姻関係を継続し難い状態に至ったような場合には、それをもって離婚原因を構成するものと解するのが相当である。

　原・被告間では、これまで宗教観や相手方が自己に対してどのような不満を抱いているのかといった事項について、話合いを通じて相互に理解、解決していこうとする機会を十分に持ってきたとまでは解し得ず、依然として相互に相手方への理解を深め、その信頼関係を回復し、愛情を醸成させる余地が残っているものと解される。そして、被告は、自身と子らのために原告との関係の修復を願い、これまでの自分の非を正すとともに、原告の指示のとおりにやり直していきたいと述べるなど、原告との関係修復に積極的な姿勢を示している。また、未だ幼少の二子の今後の養育についてみても、原告、被告双方の援助と協力が不可欠であることはいうまでもないところである。そして、原告と被告が、互いにこれまでの自らの行動、態度の是非について顧み、家庭生活をやり直す努力をするというのであれば、今後の婚姻関係の修復の妨げになる特段の事情は見当たらない。

　以上の検討によれば、現時点において、原・被告間において、円満な婚姻関係の回復を期待することは不可能とは言えず、それゆえ、両者間の婚姻関係が既に破綻して

いるとまでは認められないから、原・被告間に民法770条1項5号所定の離婚事由があると言えない。

原告は、被告との性格の不一致を主張し、婚姻生活を通じて、被告に多々不相当な振る舞いがあった旨を主張するけれども、仮に原告主張の事実を前提にしたとしても、原・被告間の婚姻関係の継続を困難にするほどの事情であるとまでは解し得ず、これをもって直ちに離婚原因の存在を肯定することはできないと言うべきである。

被告は、信仰について婚姻前に殊更原告に秘匿していたとか、宗教団体からの脱退の約束を反故にしたとの事実を認めるに足りない。よって、原告の本件請求のうち、被告に対して損害賠償を求める部分は、その余の点について判断するまでもなく理由がない。

コメント

本事例は、一方の配偶者が特定の宗教を信仰し、他方の配偶者が当該宗教を嫌悪している場合に、宗教観の不一致等の事情を原因として民法770条1項5号所定の離婚事由に該当するか、不法行為を構成するかが争点となったものである。

本判決は、信仰の自由に配慮して原則として離婚事由に該当しないが、夫婦間には夫婦関係を円満に保つよう努力する義務が存在することを理由に、信仰によって夫婦間が悪化し、婚姻関係を継続し難い状態に至った場合には、離婚事由に該当しうると判断している。

また、原告は性格の不一致の事情が離婚事由に該当するとの主張もしていたが、本判決は、婚姻関係の継続を困難にするほどの事情であるとまでは解し得ず、これをもって直ちに離婚原因の存在を肯定することはできないとした。

なお、原告は、被告が婚姻に当たって特定の宗教を信仰していることを秘匿し、婚姻後も信仰している宗教団体から脱退する旨の約束を遵守しなかったことが不法行為を構成する主張したが、これについて本判決は、事実認定のレベルで原告の主張事実が認められないとし、原告の不法行為の主張を退けた。そのため、上記原告の主張事実が認められる場合について、不法行為を構成する場合があるかどうかの判断は行われていない。

84 夫の不貞行為を原因とする慰謝料等請求につき、慰謝料200万円及び財産分与が認められた事例

▶原告（妻）が、被告（夫）が部下である女性と長年不倫関係を続けるなどしたほか、原告の態度が気に入らないと大声を上げるなどし婚姻関係は完全に破綻したと主張して離婚を求めるとともに、被告名義の不動産について共有持分2分の1の財産分与並びに離婚慰謝料2,000万円及び判決確定の日の翌日からの遅延損害金の支払を求めた事例

（東京地判平16・9・28（平14（タ）774））

原告の主張（妻）	被告の主張（夫）	裁判所の判断
離婚 財産分与：土地及び建物、マンション 慰謝料：2,000万円	原告の請求棄却	離婚 財産分与：土地及び建物、マンション各2分の1 慰謝料：200万円 〔財産分与の割合〕 2分の1

事実関係（裁判所の判断時）					
原告の事情	年齢	59 歳	職業	専業主婦	
	収入	－	財産	－	
	学歴	－	健康	－	
被告の事情	年齢	63 歳	職業	会社役員	
	収入	約840万円	財産	不動産、マンション	
	学歴	－	健康	－	
その他	婚期（別居）	37年（－）	子	女子（35歳）、男子（31歳）	
	家事分担	妻が専業主婦	親権	－	

事実経過（裁判所が認定した事実）	
S 36	原告が会社に勤務し、同社に勤務の被告と知り合う。
S 41．3	被告名義で不動産取得、新居を構える。

S42. 1		婚姻。
S43. 4		長女A生まれる。
S47. 5		長男B生まれる。
S55. 7		本件マンションを購入して移住。
S62. 2		原告卵巣摘出手術を受け、これを機に退職。退職後、株式投資に手を出す。
H8. 1		被告が会社の取締役。月額手取りで70万円超。
H9		被告が痔ろう手術。退院以降夫婦の交わりも会話もなくなり、
H10		被告が離婚話を持ち出すようになる。
H13.	5頃	被告の女性関係が明らかになり、問いただしたところ被告が激高。
H13. 12		原告が長女に貯蓄の中から1,000万円を渡したことが判明し、被告が激怒。報酬等のうち半分だけを原告に渡すようになる。
H14. 5		原告が依頼した調査会社から、被告の女性宅訪問の報告あり、原告が強い不信の念を抱くに至る。
H14. 6		離婚を決意した原告が離婚調停の申立て。調停不調に終わり、
H14. 10		本件訴訟。

裁判所の判断理由

　原告が離婚を決意した経緯やその間の被告の対応、更には本件訴訟提起後の経緯等に照らすと、原告と被告の婚姻関係は、既に完全に破綻したものと言わざるを得ない。
　婚姻関係の破綻に至った原因・経緯、とりわけ、被告が原告の気持ちを忖度せず、原告の反発等に対して事々に怒声を浴びせてこれを封じ、原告をして、被告との婚姻生活を続ける気持ちを失わせる一方、少なくとも原告に対して部下である女性等と不倫関係にあることを疑わせる行動をとり続けながら、そのような疑いを払拭すべき何ら有効な方策をとらず、また、とろうとしなかったこと、他方で、被告において、会社から得られる報酬等はすべて原告に渡し、自らはアルバイトにより得られる収入を小遣いにするなど、経済的にみて、原告に何らの負担も強いることがなかったのみならず、原告としても、被告の会社から支払われる報酬等の全額を渡され、これを生活費等に充てたほか、一部を資金として株式投資をするなど、経済的に見て不自由のない生活を送ってきたことに加え、婚姻期間、原・被告のそれぞれの年齢、今後の収入の途、その他本件に現れた諸事情を総合すると、被告の原告に支払うべき慰謝料は200万円が相当である。
　財産分与については、不動産や本件マンションは、いずれも被告の所有名義になっているものの、いわゆる夫婦形成財産であり、その取得の経緯等に照らすと、財産分与として、いずれもその2分の1の所有持分を原告に分与するのが相当である。

コメント

　本事例は、①婚姻関係の破綻の有無、②不動産を財産分与の対象とすること、③慰謝料の金額について判断をした。判決は、①の婚姻関係の破綻の有無について、被告の不貞行為については不倫関係の立証がないとしてこれを退けたが、被告が相手の女性の自宅という外から伺い知ることができない閉ざされた場所で被告が女性と二人だけで夜の時間を過ごしたという事実それ自体、被告の原告に対する背信行為であると言わざるを得ないとし、被告が上記不倫関係を疑わせる行動をとり続け、原告の疑いを払拭する方策をとろうともしなかったこと等から、婚姻関係が破綻していること、その原因が被告にあるとの認定を行った。なお、裁判所は、直接証拠がなければ、正面からの不貞行為の事実を認定することに消極的である。

　また、②の財産分与については、当該財産に対する寄与度等の事情を考慮せず、いわゆる夫婦形成財産として2分の1を認めた。この判決によれば、専業主婦で収入がない等の事情にかかわらず、原則として、夫婦であれば、財産に対して2分の1の持分を有しているということになる。しかし、後日共有物分割請求の余地があり、婚姻を解消した後においても紛争の余地を残すことになりかねずこのような分与方法は妥当問題なしと言えないのではないだろうか。

　③の慰謝料の金額については、被告が受領していた報酬の全額を原告に渡していたこと等、原告が経済的に見て不自由のない生活を送ってきたこと、婚姻期間、原・被告のそれぞれの年齢、今後の収入の途、その他本件に現れた諸事情を総合し、200万円が相当と判断している。

　被告の原告に対する背信行為を認め、更に婚姻関係の破綻の原因が被告にあると認定していることからすれば、慰謝料の金額を200万円としたことはやや低額といえ、その他の事情に重きを置いたものと言える。

85 妻が、夫の性的不能等を理由として、離婚及び慰謝料を請求した事例

▶妻である原告が、夫である被告に対し、性的不能の主張は被告の性格及び原告に対する生活態度として全体の一部と捉えた上で、離婚及び慰謝料の支払を認めた事例

(東京地判平16・5・27（平15（タ）80）)

原告の主張（妻）	被告の主張（夫）	裁判所の判断
離婚 慰謝料：500万円	慰謝料：－	離婚 慰謝料：100万円

事実関係（裁判所の判断時）					
原告の事情	年　齢	－	職　業	－	
	収　入	（結婚退職前300万円／年）	財　産	－	
	学　歴	－	健　康	－	
被告の事情	年　齢	－	職　業	会社員	
	収　入	－	財　産	－	
	学　歴	－	健　康	－	
その他	婚期（別居）	3年8か月（1年8か月）	子	－	
	家事分担	－	親　権	－	

事実経過（裁判所が認定した事実）	
H10. 冬	交際開始。
H11. 8	原告と被告、旅行先で性交渉を持つ。
H11. 10〜H12. 3	原告と被告性交渉を持つ。
H12. 9. 30	婚姻。
H12. 10中旬頃	同居開始。それ以来、被告勃起不全、性交渉なくなる。被告家計費を管理。原告の支出や日常生活に関して細かいことを原告に要求する。

| H13. 10. 23 | 原告、うつ状態となり通院を始める。 |
| H14. 9. 18 | 原告、別居。 |

裁判所の判断理由

　被告が性的不能状態にあるという一事だけでは、原・被告間に裁判離婚原因があると即断することはできない。妻である原告の側にも、夫婦相互扶助義務の一環としてある程度はその改善に寄与すべき義務があるからである。

　原告は、被告との婚姻生活において性交渉の欠如を裁判離婚原因として主張してはいるが、性交渉を通じて夫である被告との精神的つながりをより深めることにより、幸福な家庭生活を営みたいという原告の希望を、被告が全く叶えようとしないことを主張しようとしたものと理解できる。そうすると、被告の性的不能の点と、被告の性格及び原告に対する生活態度の点とは、全体を一括して検討、評価すべきものと言える。

　本件の場合、仮に原告による寄与ないし努力がほとんど見られなかったとしても、原告が被告に対して有する感情が極めて悪い状況にあることは証拠上明らかであって、それゆえに、原・被告間の婚姻関係は完全に破綻していると認められること、その原因は、被告の性格に加えて、被告が、原告を妻として処遇するには配慮を欠く生活態度を見せ続けたことにあって、総合的に考慮すれば、原・被告間には、婚姻関係を継続し難い重大な事由が存すると認められる。

　被告は、性的不能であることを秘して原告と婚姻したとは認め難く、この点を理由とする慰謝料請求は認められない。他方、被告が原告を「家政婦同然」に扱ったこと、妻として扱うのであればとるべき態度をとらなかったことが違法であることは明白であり、それによって原告が精神的損害を被ったことも認められる。原・被告間に子供がいないこと、被告が性的不能状態に陥ったこと自体はあくまで婚姻後に生じたと認められる上に、その原因が被告の帰責事由にあるとまでは認め難いこと、原告が婚姻生活中に被った精神的苦痛が被告自身の性格に起因するところが大きいことが窺われること等の諸事情を考慮すれば、その金額は、100万円が相当である。

コメント

　本事例は、夫が性的不能であることが離婚原因となるかどうかが争点となった事例である。

本事例は、性的不能状態にあるという一事だけでは、裁判離婚原因があると即断することはできず、妻の側にも、夫婦相互扶助義務の一環としてある程度はその改善に寄与すべき義務があるとしている。しかし、他方で、本事例は、妻が、夫の性的不能に関し改善に寄与していたことの有無、その程度の評価に踏み込まずに、結局、性的不能の点は夫の性格及び妻に対する生活態度について、全体を一括して検討、評価すべきとし、原告の被告に対し有する感情が極めて悪い状況にあることを理由として婚姻関係を継続し難い重大な事由が存在すると認定して離婚を認めた。その上で、性的不能の事実を隠して婚姻したとの原告の主張は認めないながらも、被告が原告に対し、妻として扱うのであればとるべき態度をとらなかったことは、認定し得るのであり、それが違法であることは明白であり、また、それによって原告が精神的損害を被ったことも、認められるとして100万円慰謝料請求を認容した。

本事例は、夫が性的不能であることは、離婚原因の存否を判断するための一事情にすぎないとの位置づけでとらえている点が参考になる判決である。

86 フランスに住むフランス人の夫に対する日本人の妻から提起された離婚請求に関して、慰謝料請求権の準拠法を日本民法とした上で、慰謝料300万円が相当であるとした事例

▶フランスに住むフランス人の夫に対して、日本に住む日本人の妻からなされた離婚請求訴訟において、慰謝料請求は、離婚の効力に関するものであるとして、日本民法の適用を認めて、その慰謝料の額は300万円が相当であるとした事例

(東京地判平16・1・30判時1854・51)

原告の主張（妻）	被告の主張（夫）	裁判所の判断
離　婚 慰謝料：1,000万円	財産分与：－ 慰謝料：－	離　婚 慰謝料：300万円

事実関係（裁判所の判断時）					
原告の 事　情	年　齢	30　歳	職　業	－	
	収　入	－	財　産	－	
	学　歴	－	健　康	－	
被告の 事　情	年　齢	29　歳	職　業	－	
	収　入	－	財　産	－	
	学　歴	－	健　康	－	
その他	婚　期 （別居）	4年（2年）	子	男子（2歳）	
	家事分担	－	親　権	原　告	

事実経過（裁判所が認定した事実）	
H11. 11. 20	婚姻。
H13. 2. 8	長男誕生。
H13. 6. 5	原告、フランスの裁判所に対して、離婚調停手続を申し立て。
H13. 6. 16	原告は、被告から暴力を受けたとして被告を告訴。
H13. 6. 27	原告は、長男とともに日本に帰国して、別居開始。

| H13. 9. 27 | 原告は、離婚調停手続を取り下げ。 |
| H13. 10. 31 | フランスの裁判所において、被告に対して、原告を被害者とする傷害事件で有罪判決。 |

裁判所の判断理由

　フランス人でありフランスに住む被告に対して、日本に住む日本人である原告が、被告の原告に対する度重なる暴力により夫婦関係が破綻したとして、離婚を請求すると同時に慰謝料の支払等を求めた本件において、訴訟提起、遂行等のために、相手方配偶者と接近することを余儀なくすることは、従前同様の暴力等を加えられる危険にさらす可能性を高めるものであり、原告が被告住所地において離婚請求訴訟を提起することについては、原告の生命、身体が危険にさらされるという事実上の障害があり、障害の程度は著しいなどの理由から、日本における国際裁判管轄を認めるのが相当である。

　離婚請求についての準拠法は、法例16条（現：法通則27）ただし書により、本件離婚請求の準拠法は日本民法である。そして、本件慰謝料請求の準拠法は、離婚に伴う財産的給付の一環をなすもので離婚の効力に関するものであり、離婚の準拠法に従うものであるから、日本民法が適用される。

　被告の原告に対する暴力により、婚姻関係が破綻に至っており、破綻の原因を作ったのは被告であり、その責任は被告にあるものと認められる。慰謝料の額は、300万円が相当である。

コメント

　本事例は、日本に在住する日本人の妻から、フランスに在住するフランス人の夫に対する離婚請求、慰謝料請求に関して、日本に国際裁判管轄を認めた上で、その準拠法をともに日本民法とした。渉外離婚事件の国際的裁判管轄権については、被告の住所地を基準とすることを原則とした上で、「原告が遺棄された場合」及び「被告が行方不明である場合」には、被告住所地が日本にない場合であっても、例外として日本の管轄が肯定されている。本事例は、原告が原・被告の住所地であったフランスから日本に帰国してしまった事例であり、前述の例外にも該当しないのにかかわらず、日本に国際裁判管轄を認めた点に特色がある。

　なお、関連する裁判例としては、最高裁昭和39年4月9日判決（家月16・8・78）及び名古屋地裁平成11年11月24日判決（判時1728・58（**95**参照））がある。

87 原・被告双方からの慰謝料請求及び財産分与請求をいずれも認めなかった事例

▶原・被告双方からの慰謝料請求に対し、双方の責任の割合は同程度でいずれも婚姻関係破綻についての慰謝料請求権を有しないとし、夫から婚姻前・婚姻中に支出した金員の一部返還を求める財産分与請求は理由がないとし、また、妻からの財産分与請求は、婚姻前・婚姻中に既に財産分与に相当する額の金員の支給を受けたものと評価することができるとして、いずれも棄却した事例

(東京地判平15・8・29（平14（タ）122・123・320))

原告（反訴被告）の主張（夫）	被告（反訴原告）の主張（妻）	裁判所の判断
離婚 財産分与：2,000万円 慰謝料：2,000万円	離婚 財産分与：5,000万円 慰謝料：5,000万円	離婚 財産分与：0円 慰謝料：0円

事実関係（裁判所の判断時）					
原告の事情	年　齢	69 歳	職　業	会社役員（代表取締役）	
	収　入	役員報酬約1,000万円／月	財　産	婚姻中に形成された夫婦共同財産にめぼしいものはない	
	学　歴	－	健　康	－	
被告の事情	年　齢	58 歳	職　業	前職ホステス	
	収　入	役員報酬　当初36万円／月、平成12年から100万円／月（口頭弁論終結時の収入は不明）	財　産	－	
	学　歴	－	健　康	－	
その他	婚　期 （別居）	9年（2年）	子	被告の子（養子縁組）(24歳)	
	家事分担	被　告	親　権	養子縁組離縁	

事実経過（裁判所が認定した事実）	
H5．2頃	交際開始。原告は、被告の多額の借金を整理。
H5．9	原告は被告に開店資金・運転資金として約2,000万円を援助。
H6．6	婚姻。（平成13年7月の別居に至るまで、月額100万円から200万円の婚姻費用を渡す）。
H6．7	原告は被告の母を原告の経営する会社の従業員として雇用。
H6．9	被告は原告の経営する会社の役員となる（役員報酬月額36万円。次第に増額され、平成12年8月からは月額100万円）。
H6．9．27	被告の子と養子縁組。（原告は、私立高校、私立大学の学費・生活費を負担）
H9春	原告は原告経営会社の不動産の一室を被告の母の住居として提供。
H10．12	原告は被告の子の住居として被告がマンションを購入するに当たり、1,782万円を支出。
H11．6	原告は被告の父を原告の経営する会社の嘱託社員として雇用。会社の不動産の一室を住居として提供。
H13．7．12	前日の喧嘩をきっかけに別居。
H13．8．4	原告は被告に対して、離婚に際し4,300万円を支払うことを提案し、被告も受け入れたが、原告が被告の不貞行為を聞き及び離婚給付を支払う意思を喪失する。
H13．9．2	被告が関係修復を求めて原告を訪ねるが、原告はこれを拒絶。10月に原告による離婚調停・離縁調停申立て。

裁判所の判断理由

　原告と被告の婚姻関係は、婚姻生活におけるささいな出来事を発端とする夫婦喧嘩の重なり、原告の暴言と被告の応酬、互いに相手方の不貞行為を疑う相互不信及びこれらに伴い夫婦間の愛情と信頼関係の喪失等が競合して回復が不可能な程度に破綻したもので、婚姻関係破綻についての双方の責任の割合は同程度であると認められ、原・被告は、いずれも慰謝料請求権を有しない。

　原告が被告との婚姻前・婚姻中に支出した金員は、その使途を被告の自由に任せ、あるいは被告の固有財産としたり、借金の整理等のための援助を目的として出捐したものであり、離婚時の財産分与の対象となる夫婦共同財産を形成することを想定したものでなく、実質的にその一部返還を求める原告の被告に対する財産分与請求は理由がない。

　原・被告の婚姻中に形成された夫婦共同財産としてめぼしいものはなく、被告が原告との婚姻前・婚姻中に原告から支出してもらった金員は多額に上り、被告は、婚姻

中、原告から月額100万円ないし200万円の生活費の支給を受けて裕福で贅沢な生活を享受する事ができたなど相当額の蓄財も可能であったから、被告は、婚姻前・婚姻中に原告から既に財産分与に相当する額の金員の支給を受けたものと評価することができ、被告は、それ以上の財産分与請求権を有しないと言うべきである。

―――――――――――― コメント ――――――――――――

　慰謝料については、破綻に対する双方の責任割合が同程度と判断されたケースで、夫婦間における暴力と応報、相互不信等が離婚原因とされる場合、その責任がどちらにどの程度あるか判断に迷う場合があるが、参考になる。

　財産分与につき本判例は、原告が婚姻前や婚姻中に多額の金銭を与えたことについて、その使途を被告の自由に任せ、出捐の目的は被告の借金の整理等にあったのであって、夫婦の共有財産の形成とはみなされないとした。関連する裁判例としては、最高裁昭和53年11月14日判決（判時913・85）、及び高松高裁平成9年3月27日判決（判タ956・248（65参照））がある。他方、被告の請求については、被告が既に財産分与に相当する額の金員の支給を受けたものとしてこれを認めなかった。

88 妻からの離婚請求を認容しつつも、慰謝料請求は認めなかった事例

▶被告（夫）には、育児や家事への協力等が不十分であったために婚姻生活を破綻させた責任があるとしつつも、原告（妻）の男女関係が破綻原因のひとつであることなどから慰謝料請求を認めず、学資保険を対象財産とする財産分与は、親権者として指定される原告に解約返戻金の8割に当たる金額の財産分与を認めた事例

（東京地判平15・8・27（平14（タ）770））

原告の主張（妻）	被告の主張（夫）	裁判所の判断
離婚 養育費：5万円／月 （成人に達するまで） 財産分与：500万円 慰謝料：500万円	養育費：－ 財産分与：－ 慰謝料：－	離婚 養育費：1人当たり5万円／月 （成人に達するまで） 財産分与：500万円 慰謝料：0円

事実関係（裁判所の判断時）					
原告の事情	年齢	39歳	職業	パート勤務	
	収入	60万円／年	財産	－	
	学歴	－	健康	－	
被告の事情	年齢	47歳	職業	会社員	
	収入	740万円／年	財産	学資保険	
	学歴	－	健康	－	
その他	婚期（別居）	14年（1年）	子	男子3人（13歳、11歳、6歳）	
	家事分担	原告	親権	原告	

事実経過（裁判所が認定した事実）	
H元. 6.12	婚姻。
H2. 3	長男誕生。

H4.4	次男誕生。
H7.11	三男誕生。
H8.4	三男死亡。
H9.8	四男誕生。
H14.9.27	別居開始。

裁判所の判断理由

　被告には、育児や家事への協力等が不十分で、原告との婚姻生活を破綻させた責任があるが、仕事上の理由が存する場合もあった事が窺われること、原・被告間の婚姻関係が完全に破綻した状態に至った原因の一つに原告の男女交際があったこと、原告が相当の財産分与を受けられることなどを考慮すると、原告に慰謝すべき精神的損害は認められない。

　郵便局の学資保険の解約返戻金は約610万円であるが、学資保険という資産形成に原告の相当の協力があったと認められること、学資保険は子らの学資に充てるために積み立てられたものであること、及び子らの親権者は原告と指定するのが相当であることに照らせば、財産分与として500万円を給付するのが妥当である。

　原告は毎月約5万円の収入を得ており、被告が会社員として年収736万円余を得ていること、長男と次男は私立の小中学校に通学していることから、長男・次男・四男の養育費として成人に達する月まで毎月末限りそれぞれ毎月5万円支払うのが相当である。

コメント

　本事例は、婚姻生活が完全に破綻状態に至る前に原告に不貞関係があったことを認定しつつも、被告の育児・家事への協力不足から夫婦を結びつける精神的絆が既に失われていたのだから、原告に婚姻破綻につき専ら責任があるということはできないとして、原告からの離婚請求を認めた。

　慰謝料については、原告の有責部分の存在及び財産分与を受けられることなどから否定している。

89 同居義務等を一方的に放棄して別居を開始するなどの行動により婚姻関係を破綻させた夫に対して、慰謝料300万円の支払が認められた事例

▶同居・協力義務、及び子らに対する監護・教育義務を一方的に放棄し別居を始め、その後も不貞関係を継続し、子らの登校拒否などの問題を放置するなど無責任で身勝手な行動により婚姻関係を完全に破綻させた夫（反訴被告）に対して慰謝料300万円の支払を認めた事例

（東京地判平15・1・31（平12（タ）911、平13（タ）389））

原告（反訴被告）の主張 （夫）	被告（反訴原告）の主張 （妻）	裁判所の判断
離婚 財産分与：－ 慰謝料：－	離婚 財産分与：4,000万円 慰謝料：1,000万円	離婚 財産分与：600万円 慰謝料：300万円 〔財産分与の割合〕 （被告）3分の1

事実関係（裁判所の判断時）					
原告の事情	年齢	59 歳	職業	－
	収入	990～2,340万円／年	財産	土地・建物（別居時ローン残あり）
	学歴	－	健康	－
被告の事情	年齢	57 歳	職業	－
	収入	－	財産	－
	学歴	－	健康	－
その他	婚期（別居）	31年（15年）	子	男子2人（28歳、25歳）
	家事分担	－	親権	－

事実経過（裁判所が認定した事実）	
S 46. 10. 13	婚姻届出。
S 49. 4. 2	長男誕生。

S 52. 3	二男誕生。
S 58. 9頃	原告が家を出て別居開始。
S 61. 4頃	原告が被告に対して離婚の申入れ。
H元. 8頃	長男の登校拒否などの問題から同居再開。
H 2頃	再び完全に別居。

裁判所の判断理由

　婚姻関係破綻の主たる原因は、原告が、被告との同居・協力義務も、当時小学生だった子らに対する監護・教育義務等も一方的に放棄して別居を始めたことにある。しかも、別居後、原告は、不貞関係を続ける一方で、子らの登校拒否や非行などの問題があっても、被告の要請にもかかわらず、十分な協力をせずに、ほとんどこれを放置した。他方、被告も、別居開始当時、原告の所在を確認しようとせず、義父母の葬儀にも参列しなかったなどからすると、別居当時、婚姻関係は相当に冷却していたと推察できる。このことを考慮すると、原告の一方的別居とその後の身勝手で無責任な行動により、婚姻関係が完全に破綻し、離婚のやむなきに至ったことによる精神的苦痛の慰謝料としては300万円が相当である。

　原告による住宅ローンの支払が婚姻費用の分担という意味合いを有することから、夫婦財産である不動産から別居時のローン残高を控除すべきと解することは相当でなく、分与割合を決する際にこれを考慮すれば足り、土地建物の価額についての被告に対する分与割合は3分の1が相当であるから、原告は被告に対し財産分与として600万円を支払うべきである。

　離婚を申し入れてから15年が経過しており、原告による婚姻費用の負担の下に、被告において自らの生活基盤を築き、自活のための準備を行うことは十分に可能であったなどの事情に照らすならば、扶養的給付を考慮することはできない。

コメント

　財産分与の際の住宅ローン等債務の扱いに関する裁判例としては、福岡家裁昭和44年3月13日審判（判タ243・311）がある。

90 離婚を請求する夫の申し出た養育費が相当であるとして、親権者を被告である妻とした上で、夫の申出どおりの養育費を認めた事例

▶妻からの養育費請求がないケースにおいて、夫が請求した離婚を認容するに当たり、夫が申し出た養育費の金額が証拠に照らし相当であるとして、親権者を被告である妻とした上で、申出どおりの養育費の金額を認めた事例

(那覇地沖縄支判平15・1・31判タ1124・244)

原告の主張（夫）	被告の主張（妻）	裁判所の判断
離　婚 養育費：15万円／月　年3回10万円加算（成人まで） 慰謝料：300万円（撤回）	養育費：－ 慰謝料：－	離　婚 養育費：15万円／月　年3回10万円加算（成人まで） 慰謝料：－

事実関係（裁判所の判断時）				
原告の 事　情	年　齢	41　歳	職　業	医　師
	収　入	－	財　産	－
	学　歴	－	健　康	－
被告の 事　情	年　齢	34　歳	職　業	－
	収　入	－	財　産	－
	学　歴	－	健　康	－
その他	婚　期 （別居）	12年（8年）	子	女子2人（12歳、9歳）
	家事分担	－	親　権	妻

事実経過（裁判所が認定した事実）	
H2. 5.16	婚姻届出。
H2. 9	長女誕生。
H5. 6	次女誕生。

H5. 7頃	不貞関係が発覚。
H5. 12頃	別居開始。
H6. 3. 17	同居再開。
H6. 7. 16	別居再開。
H9. 10頃	原告、第三者と同居開始。
H11. 8. 28	原告・第三者間に子誕生。
H12. 2. 14	原告の提起した離婚請求に対して認容判決。
H12. 7. 18	原判決取消、原告の請求を棄却する判決。
H12. 11. 28	判決確定。
H13. 1. 12	本件訴えを提起。訴状には、①離婚を求める旨、②親権者指定に関する付随的申立て、③養育費の支払に関する付随的申立ての他、④慰謝料300万円の支払を原告に命ずることを求める趣旨が記載されていたが、④については後に撤回された。
H14. 10. 8	原告、第三者との間の子を認知。

裁判所の判断理由

　原告は、慰謝料として300万円の支払を原告に命ずる裁判を求める旨を訴状に記載の上、訴えを提起した。これは、後に撤回されたものであるが、前訴判決において、原告が被告に対して具体的で誠意のある提案をしていないとして請求を棄却されてしまったとの考えから、記載したものと考えられる。

　養育費は、原告の申出にかかる金額は証拠に照らし相当である。

コメント

　本判例は、有責配偶者からの離婚請求であるとして棄却判決が確定した後に再度提起した離婚請求において、前訴判決で認定判断された事情に口頭弁論終結後の新たな事情を加えた上で、信義則に照らしてなお許されないと言うべきか否かを判断し、離婚の請求を認容した事例である。請求の趣旨に記載した上記④慰謝料として300万円の支払を原告に命ずることを求める記載については実務上審理の対象となることは否定されるであろうが、本判決が、撤回された同記載内容を判決に示した上で、「慰謝料300万円の支払を内容とする離婚条件を提示しており・・・」「原告が一貫して提供している離婚の条件は・・・被告及び子らを著しく過酷な状況に陥れる恐れは乏しく・・・」等として最終的には原告の離婚請求を認容している。請求の趣旨に係る記載があった事が、裁判所の判断に影響があったか否かは明らかではないが、完全に否定できるとも言えず、興味深い事例である。

91 不貞行為により夫婦関係を破綻させた夫に対して妻が起こした離婚請求訴訟において、金800万円の慰謝料の支払が認められた事例

▶不貞行為をいったん宥恕された夫が、その後再び不貞行為を行い、夫婦関係を破綻させた事案において、夫が、妻の前夫との間の子を養子として成人させた事情が慰謝料の評価を低減させる事情であると認めつつ、慰謝料としては800万円が相当であるとした事例

(東京地判平14・10・25（平11（タ）312))

原告の主張（妻）	被告の主張（夫）	裁判所の判断
離　婚 財産分与：5,000万円 慰謝料：1,000万円	財産分与：－ 慰謝料：－	離　婚 財産分与：164万36円 慰謝料：800万円 〔財産分与の割合〕 2分の1

事実関係（裁判所の判断時）					
原告の事情	年　齢	62歳	職　業	－	
	収　入	－	財　産	被告との共有の土地4筆及び建物2棟（原告共有持分3分の1）、並びに被告が経営する有限会社の株式。原・被告が共有する不動産と有限会社が所有する不動産の評価額は、合計8,313万9,840円	
	学　歴	－	健　康	－	
被告の	年　齢	59歳	職　業	会社経営者	
				原告との共有の土地4筆及び建物2棟（被告共有持分3分の2）、並びに被告が経営する有限会社	

事情	収　入	－	財　産	の株式。原・被告が共有する不動産と有限会社が所有する不動産の評価額は、合計8,313万9,840円
	学　歴	－	健　康	－
その他	婚　期 （別居）	32年（－）	子	男子、養子(男女)(30歳、41歳、40歳)
	家事分担	－	親　権	－

事実経過（裁判所が認定した事実）	
S 44. 11. 23	婚姻。
S 47. 4. 20	長男誕生。
S 47. 5. 2	被告は、原告の前夫との間の二子と養子縁組。
S 50～57頃	被告が台湾女性に夢中になり、夫婦喧嘩。原告が宥恕する。
H 9 頃	被告の不貞関係が発覚。

裁判所の判断理由

　婚姻関係が30年以上に及ぶこと、この間、被告は不貞関係を持ち、いったんは原告に宥恕されたものの、再び不貞関係を持ち夫婦関係を破綻したことに照らすと、原告の受けた精神的苦痛は重大なものと認められる。一方、被告は、原告の前夫との間の子である長男・長女を養子として成人させていることなどが、慰謝料を評価する際、評価を低減させる事情と認められる。これらの事情も考慮すると慰謝料としては800万円が相当である。

　原告と被告のみが出資する有限会社の資産は、原・被告の資産とは明確に分離されずに管理されているから、財産分与の対象となる財産を確定するに当たって、有限会社の資産・負債をも通算するのが相当である。

　そして、原・被告共有及び有限会社の名義となっている不動産の固定資産税評価額の合計額は、8,313万9,840円である。被告及び有限会社の負債の合計は4,643万708円である。財産の形成に対する原告の寄与は2分の1と認められるので、原告に対しては財産分与として分与されるべき財産は、上記の資産の合計額から負債の合計額を控除した3,670万9,132円の2分の1に当たる1,835万4,566円となる。

　更に、原告が共有持分を有する不動産の固定資産税評価額の合計額は5,582万1,440

円で、これらの不動産には有限会社名義の土地を含めて抵当権が設定されており、被担保債権残額は770万4,000円である。抵当権が設定されている不動産にこれらの被担保債権を按分すると、原告が共有持分を有する不動産の被担保債権は567万7,848円となる。したがって、原告の有する共有持分額は、5,582万1,440円から567万7,848円を控除した5,014万3,592円の3分の1である1,671万4,530円となる。

　以上のことから、これらの共有持分に加えて原告に分与されるべき財産は、上記の分与されるべき財産額1,835万4,566円から1,671万4,530円を控除した164万36円となる。

コメント

　本事例は、いったんは不倫関係を妻から宥恕された夫が再び別の女性との間で不倫関係を持った事案である。妻の前夫との間の子を夫が養子として成人させている事情は、婚姻関係が破綻したことによる慰謝料の評価を低減させる事情と認めて、これらの事情を考慮した上で、慰謝料としては800万円が相当であるとした。

　また、財産分与に関しては、夫が経営する有限会社の資産・負債を、実質的には個人経営として、夫の資産として評価し、分与の対象となると判断した。そして、財産分与の額を算出するために、原・被告共有及び上記会社名義の不動産の評価として固定資産税評価額を用い、被告と上記会社の負債を控除した金額の2分の1を財産分与として原告に分与されるべき財産とした。その上で、設定されている抵当権の被担保債権残額をそれぞれの不動産の固定資産税評価額を按分して共有持分の被担保債権を出し、これを共有持分の固定資産税評価額から控除する形で、原告の共有持分の評価を行った。財産分与の額とされた164万36円は、上記分与されるべき財産から原告の共有持分の評価額を控除した金額である。

　なお、関連する裁判例としては、東京高裁昭和54年9月25日判決（判時944・55）、札幌高裁昭和44年1月10日決定（判タ242・327）などがある。

92 妻の連れ子である養女に対する夫（養父）の性的虐待を理由として離婚請求が認容された事例

▶夫（養父）が妻の連れ子である養女に対し性的虐待を行い、これが契機となって妻が別居し、夫との離婚を求めた事案において、このような事情は、その実母である原告と被告との婚姻関係を継続し難い重大な事由に当たるとされた事例

(東京地判平14・5・21（平10（タ）241・242・500））

原告の主張（妻）	被告の主張（夫）	裁判所の判断
養育費：5万円／月 慰謝料：500万円	養育費：－ 慰謝料：500万円	養育費：0円（親権者：被告（夫）） 慰謝料：200万円 監護費用（長女の生存期間分）：4万円／月

事実関係（裁判所の判断時）					
原告の事情	年齢	40歳	職業	パブ勤務	
	収入	－	財産	－	
	学歴	－	健康	－	
被告の事情	年齢	39歳	職業	タクシー運転手	
	収入	－	財産	－	
	学歴	高校卒業	健康	－	
その他	婚期（別居）	7年4か月（－）	子	男子（6歳）、養女（13歳）（ただし、本判決により離縁）	
	家事分担	－	親権	被告	

事実経過（裁判所が認定した事実）	
H6.9	被告、旅行先のマニラ市内で原告と知り合う。
H7.1.11	原告、被告、フィリピン共和国の方式により婚姻。
H7.4.11	原告、連れ子（共同原告）らと来日し、被告と同居。

H 7. 5. 11	被告、睡眠中の連れ子（共同原告）に後ろから抱きつき、パンツに手を入れ陰部を触る。
H 7. 9. 15	長男D、出生。
H 8	原告と被告、東京家庭裁判所に対し、連れ子（共同原告）と養子縁組のための許可を申し立て（平成9年5月6日許可）。
H 9. 5. 27	被告と連れ子（共同原告）、養子縁組の届出。
H 9. 6. 15	被告、連れ子を眠らせ、パンツを脱がせて陰部を弄び、舐めるなどのいたずらに及ぶ。そのため、原告ら、友人宅に転居。
H 9. 6. 20	原告ら、東京都の一時宿泊施設に転居。
H 9. 12. 12	原告ら、被告を強制わいせつ罪で告訴。
H 9	原告ら、東京家庭裁判所に夫婦関係調整及び離縁の調停を申立て。
H10. 1. 30	原告、被告との長女を出産。
H10. 3. 18	上記各調停、いずれも終了（不成立）。
H11. 5. 6	被告、原告を誣告（虚偽告訴）罪で告訴。
H12. 1. 18	長女、急性白血病で死亡。

裁判所の判断理由

　被告の原告に対する慰謝料については、婚姻を継続し難い重大な事由が主として被告の側にあること等から、本件離婚に伴う原告の精神的苦痛を慰謝する金額としては、200万円が相当である。

　平成10年1月30日出生し、平成12年1月18日に死亡した長女の監護費用は、原告が負担しているところ、その間の費用は、原・被告の収入状況等を勘案すれば、1か月4万円の範囲で被告に負担させるのが相当である。

　連れ子（共同原告）に対する被告の慰謝料については、性的虐待行為それ自体及び性的虐待に起因する被告との離縁によって受けた精神的苦痛を慰謝するには200万円が相当である。

コメント

　本事例は、被告が養子縁組している原告（妻）の連れ子（共同原告）に対し二度にわたり性的虐待を行った事案について、被告による原告（妻）の連れ子に対する性的虐待が原・被告間の婚姻関係に影響を与え、その結果、原告（妻）は被告と別居し、被告との離婚を決意するに至っているから、この事由は、婚姻関係を継続し難い重大な事由に当たるとして、原告の離婚請求を認容した事例である（なお、原告は、被告による暴力についても離婚事由として主張しているが、本判決は、被告による暴力の

程度は直ちに婚姻を継続し難い重大な事由とは言えないとしている。)。

　夫婦の性的な異常が離婚事由に当たりうることは判例においても認められており、また、近時、父親の子に対する性的虐待が問題となる事例も散見されるようになっているが、本事例は、「夫による妻の連れ子に対する性的虐待」という異常な事情が夫婦関係に与える影響を相当大きいものと認め、これが離婚事由に当たると判断しているものである。

93 別居期間約14年8か月の夫婦について有責配偶者である夫からの離婚請求が認容され、慰謝料700万円が認められた事例

▶夫による不貞行為及び一方的別居により婚姻関係が破綻した場合に、有責配偶者である本訴原告（夫）から離婚請求があった事案で、別居期間が相当長期間に及びその回復の見込みはないなどとして離婚請求が認められ、本訴被告の本訴原告に対する慰謝料700万円の請求が認められた事例

（東京地判平13・9・7（平11（タ）397、平13（タ）436））

本訴原告の主張（夫）	本訴被告の主張（妻）	裁判所の判断
離婚	慰謝料：2,000万円	慰謝料：700万円（反訴原告の請求を認容）

事実関係（裁判所の判断時）					
本訴原告（反訴被告）の事情	年齢	55歳	職業	指圧・マッサージ治療院開業	
	収入	－	財産	－	
	学歴	－	健康	－	
本訴被告（反訴原告）の事情	年齢	52歳	職業	公務員（保母）	
	収入	－	財産	－	
	学歴	－	健康	－	
その他	婚期（別居）	28年11か月（14年8か月）	子	男子（28歳）、女子（27歳）	
	家事分担	－	親権	－	

事実経過（裁判所が認定した事実）	
S47.10.27	原告と被告、婚姻。
S48.5	長男出生。
S49.8	長女出生。

S 53. 11	被告、日野市の保母として就職。
S 58. 4	原告、マッサージ専門学校長生学園に入学。
S 59	原告、専門学校の同級生と不倫関係を持つ。
S 60. 7	原告、不倫関係を認め、以後、被告に暴力を振るうようになる。
S 61. 3	原告、被告及び子らと別居し、治療院を開業。
S 61. 8	原告と不倫相手の関係終了。
S 62. 1	原告、被告を相手方として夫婦関係調整調停を申し立てる。
S 62. 2. 27	原・被告双方、同居に合意。原告、調停を取り下げる。
S 62. 3下旬	被告及び子らが転居し原告と同居するが、以降、原・被告の関係は悪化。
S 62. 11. 3	原告、被告と口論の上、別居始める。
S 63	被告、不倫相手に対し損害賠償（慰謝料）請求訴訟を提起。
H元. 6. 1	不倫相手が被告に100万円を支払い、和解成立。
H 10. 11	原告、夫婦関係調整調停を申し立てるが、不調で終了（被告不出頭）。
H 11. 6	原告、本件訴訟を提起。
H 11. 11. 4	長女（原告と同居）、精神分裂病と診断される。

裁 判 所 の 判 断 理 由

　婚姻破綻の原因は、本訴原告において不貞行為に及んだ挙げ句、夫婦関係修復のために十分な努力を尽くすことなく本訴被告との同居・協力・扶助義務、長男らに対する監護、教育義務を一方的に放棄し別居を始めたことにあり、その責任は専ら本訴原告が負うべきである上、本訴被告がほとんど1人で長男らの監護、教育に当たりその費用を負担してきたものであり、被告の精神的、経済的、社会的負担はかなりのものであったと推認される等の諸般の事情にかんがみれば、原告が精神分裂病を罹患している長女と同居している事情を斟酌しても、婚姻関係の破綻、離婚による本訴被告の慰謝料としては700万円が相当である。

コ メ ン ト

　本事例は、本訴原告による不貞行為及び一方的別居が婚姻関係破綻の原因であるとし、原告と被告との婚姻関係は完全に破綻しており、その回復の見込みはないとした上で、有責配偶者による離婚請求について、有責配偶者の責任の態様・程度、相手方配偶者の婚姻継続についての意思及び請求者に対する感情、離婚を認めた場合における相手方配偶者の精神的・社会的・経済的状況及び夫婦間の子、殊に未成熟子の監護・

教育・福祉の状況、別居後に形成された生活関係、更には、時の経過がこれらの諸事情に与える影響も考慮した上で、信義誠実の原則に照らして判断されるべきであるとの判断基準を示し、結果として、原告の離婚請求を認容したものである。

　本事例では、別居期間が相当の長期間（約14年8か月）に及んでいること及び婚姻関係の回復の見込みがないことが重視された反面、子らはいずれも成人しており、また、精神分裂病（統合失調症）を患う長女の病状は離婚請求を妨げるとは言えず、本訴被告が離婚により精神的、社会的、経済的に極めて過酷な状況に置かれるという事情は認められないとして、本訴原告の請求が認容されている。

94 夫の暴力に対する妻からの損害賠償請求において、逸失利益等の財産的損害についても認容した事例

▶夫が妻に対して離婚を請求したところ、妻が反訴を提起し、離婚、夫の暴行（本件暴行）により被った傷害についての損害賠償、離婚に伴う慰謝料及び財産分与を請求した事案の控訴審において、裁判所は本件暴行による損害に関して慰謝料のみならず逸失利益等の財産的損害についても審理、認容して1,713万5,023円の支払を認め、その他、離婚慰謝料として350万円、財産分与として2,300万円の支払を認めた。

（大阪高判平12・3・8判時1744・91）

控訴人の主張（妻）	被控訴人の主張（夫）	裁判所の判断
財産分与：5,000万円 慰謝料：500万円 損害賠償：2,500万円	養育費：－ 財産分与：－ 慰謝料：－	財産分与：2,300万円（3割） 慰謝料：350万円 損害賠償：1,713万5,023円 〔財産分与の割合〕 （控訴人）形成財産の約3割

事実関係（裁判所の判断時）			
控訴人の事情	年齢	59歳	職業	化粧品訪問販売
	収入	120万円	財産	－
	学歴	－	健康	肩関節及び脊柱に運動障害
被控訴人の事情	年齢	55歳	職業	船員
	収入	－	財産	1億円超
	学歴	1級海技士の免許	健康	普通
その他	婚期（別居）	約24年（4年9か月）	子	－
	家事分担	－	親権	－

事実経過（裁判所が認定した事実）

| S46.4.7 | 婚姻届提出。 |

H6.9～	被控訴人は船員であり、年に6ないし8か月間に及ぶ乗船勤務あり。被控訴人は6か月間の乗船勤務。控訴人に対して施設入所している母親を見舞って様子を知らせてほしい旨頼むが、控訴人は実行せず、被控訴人が帰国した翌日に実母は死亡し、被控訴人は母親の死目に会えなかった。
H7.3以降	夫婦間の争いが絶えなくなる。
H7.4.4	控訴人と被控訴人の夫婦喧嘩の際、被控訴人が控訴人に暴力を振るい（本件暴行）、控訴人は救急車で入院。控訴人は上記暴力により右鎖骨骨折、腰痛が発症（後に腰椎椎間板ヘルニアと診断）し、最終的に肩関節及び脊柱に運動障害が残存した（本件後遺障害）。本件傷害の治療のために、75日間入院、55日間通院した。控訴人・被控訴人は、本件暴行を契機に完全に別居。

裁判所の判断理由

【財産分与】

　財産の形成は、被控訴人が、1級海技士の資格を持ち、1年に6か月ないし11か月の海上勤務をするなど海上勤務が多かったことから多額の収入を得られたことが大きく寄与している。他方控訴人は主として家庭にあり、留守を守って1人で家事、育児をしたものであり、これらの点に本件に現れた一切の事情を勘案すると、財産分与として形成財産の約3割に当たる2,300万円の支払を命じるのが相当であるとした。

【慰謝料】

　被控訴人の控訴人に対する暴力はその程度、頻度において単なる夫婦喧嘩の域を超えていることが認められるとして350万円を認定した原審を維持した。

【損害賠償】

　平成7年4月4日における被控訴人の控訴人に対する暴力と控訴人の腰椎椎間板ヘルニアとは相当因果関係があり、素因減額もすべきではないとした。そして入通院慰謝料100万円、後遺障害慰謝料としては本件暴行が直接のきっかけとなって離婚のやむなきに至ったことについて別途350万円の慰謝料が認められることその他本件に現れた一切の事情を勘案すると500万円と認めるのが相当であるとし、更に労働能力を4割喪失したとして後遺障害による逸失利益1,113万5,023万円、合計1,713万5,023円の支払を認めた。

　また、損害額の算定につき、原判決が夫婦間の損害賠償であること、交通事故の損害賠償のように保険制度が完備していないことから、交通事故の損害算定に比し低額の損害算定となる旨判示した点について、控訴審は、単に夫婦関係があることのみから損害額を低く算定すべきであるとは言えないし、保険制度が完備しているか否かで損害額の算定を変えることは不合理であるとした。

コメント

　本事例は、夫が離婚を求めた（本訴請求）ところ、妻が反訴を提起し、離婚と離婚慰謝料、財産分与及び夫の暴行により被った傷害についての損害賠償を請求した事案の控訴審判決である。人事訴訟手続法7条2項が規定する同条1項の請求に係る請求と併合できる「訴えの原因たる事実によって生じた損害賠償請求事件」に関し、離婚事由として主張される程度の慰謝料と超えて、純然たる不法行為による損害賠償の請求を包含するかについては見解が分かれているが、本判例は、逸失利益等の財産的損害賠償についても審理、認容したものである。

95 日本に居住する日本人男性から米国に居住する米国人女性に対する離婚訴訟において、慰謝料請求が棄却された事例

▶日本に居住する日本人男性から米国に居住する米国人女性に対して離婚訴訟が提起され、被告が日本を出国することによって原告を遺棄した（悪意の遺棄）として慰謝料請求がなされたが、日本の国際裁判管轄を認めた上で請求が棄却された事例

（名古屋地判平11・11・24判時1728・58）

原告の主張（夫）	被告の主張（妻）	裁判所の判断
慰謝料：500万円	慰謝料：－	慰謝料：棄却

事実関係（裁判所の判断時）					
原告の事情	年齢	40歳（日本人）	職業	会社役員	
	収入	600万円／年	財産	－	
	学歴	－	健康	－	
被告の事情	年齢	29歳（米国人）	職業	－	
	収入	－	財産	－	
	学歴	－	健康	－	
その他	婚期（別居）	7年1か月（4年7か月）	子	男子（7歳）、女子（5歳）	
	家事分担	－	親権	被告	

事実経過（裁判所が認定した事実）	
H4．9．29	原告と被告は、名古屋市内で婚姻届提出。
H4．11．8	長男出生（日本、米国双方の国籍を有する）。
H5．3	滞在先のホテルにおいて、原告が被告に暴行を加え、被告が傷害を負う。
H6．1．22	原告が被告の顔面を手拳で殴打し、被告の歯が2本折れる。
H6．5．7	長女出生（日本、米国双方の国籍を有する）。
H7．4．27頃	原告、長男が咳をしたことなどに立腹、長男の顔面を殴打。

H7. 5. 1	被告は、原告に無断で子らを連れ、米国の実家へ帰る。
H7. 5. 9	被告は、アメリカ合衆国オレゴン州マリオン郡巡回裁判所に永久別居及び子らの親権者を被告と指定する旨を求める訴訟を提起。
H7. 6. 3	原告は、東京家庭裁判所に離婚調停を申し立てるが、被告は出頭せず不成立となる。
H7. 7. 31	原告、本件訴訟を提起。
H8. 2. 1	被告は、米国裁判所に、永久別居の訴えを離婚の訴えに変更する旨の申立てをする。原告の訴訟代理人が出廷し、米国裁判所は管轄を有しない旨を主張するが、米国裁判所は同裁判所の裁判管轄を認め、被告勝訴の判決言渡し（原告への送達は公示送達）。
H10. 3. 24	同判決確定。

裁判所の判断理由

　原告は、被告らに対し、遅くとも平成5年3月以降、暴行・虐待に及んだのに対し、被告が原告と婚姻後、最初にJ（注：原告が被告の不貞相手と主張している男性）と会ったのは平成6年12月のことであること、原告の暴行・虐待は、相当の程度・回数に及んだと推認されること、被告が渡米した後、Jと同棲した事実は認められないことからすると、被告とJとの交際が被告が渡米した主たる原因であったと認めることはできず、原告の暴行・虐待によって、原・被告間の婚姻関係は破綻しており、その後、被告は、原告の暴行・虐待から被告と二子の身の安全を守るため、渡米したものと認めるのが相当である。以上に述べたとおり、原・被告間の婚姻関係破綻の原因は、原告の被告らに対する暴行・虐待にあると認めるのが相当であるから、原告のその余の主張について判断するまでもなく、本件慰謝料は理由がない。

コメント

　本事例は、日本に居住する日本人男性が米国に居住する米国人女性に対して離婚訴訟を提起したものであり、①離婚、親権者指定、慰謝料請求に関する日本の国際裁判管轄、②被告が既に米国で婚姻関係終了、親権者指定について確定判決を得ていたことから米国の確定判決の効力が争点となった点が特色であるため、これらについて解説する。

　判決は、①のうち離婚については、被告が我が国に住所を有しない場合であっても、原告の住所が我が国にあり、原・被告の婚姻共同生活地が我が国にあった場合には、原告が被告を婚姻共同生活地から強制的に退去させたなどの当事者間の公平を害する

特段の事情のない限り、我が国が国際裁判管轄を有すると解するのが相当とし、本件には当事者間の公平を害する特段の事情は認められないとして日本の国際裁判管轄を認めた。親権者指定については、離婚の訴えの国際裁判管轄を有する国及び子の住所地の所在する国が親権者指定の裁判の国際裁判管轄を有するとして日本の国際裁判管轄を認めた。慰謝料については、離婚の訴えの国際裁判管轄に従うべきであるとし、また本件では不法行為地が我が国にあることが明らかであるとして、日本の国際裁判管轄を認めた。②については、米国の判決のうち、離婚に関する部分については、民事訴訟法118条各号の要件を満たさないが、親権者指定に関する部分については、同条各号の要件を満たすとし、日本における効力を認めた。

　本判決については控訴され、控訴審は、米国確定判決中の離婚及び親権者指定のいずれについても、条理上オレゴン州にも国際裁判管轄があるとし、上記判決のすべてについて民事訴訟法118条各号の要件を満たして我が国において効力を有するから、これに抵触する申立ては不適法であるとして、本判決のうち離婚請求を認容した部分を取り消した上、本件離婚の訴えを却下した（名古屋高判平12・9・21（平11（ネ）1053、平12（ネ）226））。

　なお、関連判例として、最高裁平成8年6月24日判決（判タ920・141）、名古屋地裁平成6年12月14日判決（判タ891・243）、東京地裁平成7年12月26日判決（判タ922・276（**22**参照））、名古屋高裁平成7年5月30日判決（判タ891・248）、仙台高裁秋田支部平成8年1月29日判決（判時1556・81（**98**参照））などがある。

96 高齢者の双方が離婚等を求め、慰謝料300万円等の支払が認められた事例

▶高齢者の離婚において、学校法人の理事を務める原告（夫）から被告（妻）に対し、慰謝料300万円のほか、退職金の2分の1及び被告死亡まで月額15万円の支払が、被告から原告に対し1,000万円の支払がそれぞれ認められた事例（ただし、控訴審では慰謝料だけが維持された。）

（横浜地判平9・1・22判時1618・109）

本訴原告の主張（夫）	本訴被告の主張（妻）	裁判所の判断
離婚 財産管理委託契約解除（主位的請求） 財産分与（予備的請求）：9,152万6,911円	財産分与：5,000万円 慰謝料：1,000万円 扶養料：20万円／月（被告死亡まで）	財産分与： （被告から原告） 1,000万円 （原告から被告） 　将来の退職金の2分の1 慰謝料：300万円 扶養料：15万円／月（被告死亡まで） 〔財産分与の割合〕 2分の1

事実関係（裁判所の判断時）					
原告の事情	年齢	85歳	職業	学校法人理事	
	収入	－	財産	－	
	学歴	－	健康	－	
被告の事情	年齢	69歳	職業	無職	
	収入	なし	財産	－	
	学歴	－	健康	－	
その他	婚期（別居）	19年余（3年半余）	子	－	
	家事分担	－	親権	－	

事実経過（裁判所が認定した事実）

S 35	原・被告、知り合う（それぞれ婚姻し家庭あり）。
S 39	原・被告、男女関係が始まる。
S 43．2．5	被告、前夫と離婚成立。
S 52．8．22	原告の前妻、肺癌により死亡。
S 53．1．9	婚姻届出（当面、別居して生活）。
S 56．4	同居開始。
H 5．3．26	原告、家を出て被告の下を離れる。
H 5．3．29	原告、被告の下に戻る。
H 5．4	原告、被告の下を離れ別居（現在に至る）。

裁判所の判断理由

　原告の被告に対する財産管理委託の趣旨は、被告が原告の収入のすべてについて性質のいかんを問わず自由に収支（経理）を行うことを原告があらかじめ包括的に認容するものと推認できることから、財産管理委託契約の解除を理由として同居期間中の原告の収入の返還を求める原告の主張は認められない。

　清算的財産分与の額は、原告の収入のうち別居時に残存するものを対象として、被告が婚姻中に原告の収入から相当高価な貴金属類を購入した等の事情を考慮して判断すべきである。被告が保管している別居時の共有財産は、原告名義の預金1,811万円と被告名義の預金の約半額約360万円であり、原告が既に原告名義の上記預金のうち500万円を受領したこと及び被告が相当高価な貴金属類を購入した事情等を考慮すると、原告が被告から財産分与として支払を受けるべき金額は1,000万円が相当である。

　婚姻破綻の原因の詳細は明確ではないが、被告にとっては原告が態度を変化させ被告の下を離れた真意を十分に把握することができない状況にあったこと、原告が本件訴訟において、被告が原告の収入のすべてを勝手に取り上げたなどと主張・供述をしている等の事情に徴すると、原告の本件に関する一連の言動には被告に対する不法行為に該当するものも含まれ、これに対する慰謝料は300万円が相当である。

　原告が理事を務める学校法人から将来取得する退職金は共有財産であり、被告はその2分の1を原告から分与を受けるのが相当であるが、退職金の受給及びその金額は未確定であるから、現時点では原告から被告への確定金額の支払を命じることは相当

でなく、「将来原告に乙山学園からの退職金が支給されたとき、原告は被告に対し、その2分の1を支払え。」と命ずるのが相当である。

現在原告が受領している恩給等（約591万円）は増額する蓋然性が高く、上記学校法人を退職した場合にも年金が支給される可能性のあること、被告が今後も無職の状態にあると予想されること等の諸事情を総合考慮すると、原告は、被告に対し、扶養的財産分与として、本件離婚確定日から被告が死亡するまで月額15万円を支払う義務がある。

コメント

本事例は、高齢者の離婚に伴う財産分与について、原告（夫）主張の財産管理委託契約の解除に基づく主位的請求を棄却し、財産分与を原因とする予備的請求（1,000万円）を認めた上、被告（妻）による反訴に基づき、慰謝料（300万円）のほか、清算的財産分与として原告が将来取得する退職金の2分の1、扶養的財産分与として被告死亡まで月額15万円の支払を認めた事例である。本事例は、原告が将来取得する退職金について、その取得・金額が未確定であることを理由に「受領金額の2分の1を支払え」とする将来給付判決としている点及び扶養的財産分与として定期金支払方式をとった点に特徴がある。

なお、本件の控訴審61では、被控訴人（妻）は、委託契約解除に基づき、控訴人（夫）に対し、1,311万円の返還義務があるとされたほか、扶養的財産分与請求は棄却され、退職金については、これを考慮しない場合、被控訴人（妻）は、控訴人（夫）に対し、財産分与として本来500万円程度を支払うのが相当であるとした上、将来の退職金の受給額をおよそ2,191万7,500円と認め、控訴人（夫）は、被控訴人（妻）に対し、退職金受給時に、その約2分の1から上記500万円を差し引いた500万円を分与すべきものとされており、本事例の先例としての位置付けについては注意が必要である。

97 婚姻関係が既に破綻している夫婦の一方と肉体関係を持った第三者の他方配偶者に対する不法行為責任が否定された事例

▶婚姻関係が既に破綻している夫婦の一方と第三者が肉体関係を持った場合に、他方配偶者から第三者に対して慰謝料請求がなされたが、夫婦間の婚姻関係が既に破綻していた場合には、他方配偶者に婚姻共同生活の平和の維持という権利又は法的保護に値する利益があるとは言えないとして、請求が棄却された事例

(最判平8・3・26判時1563・72)

上告人の主張（妻）	被上告人の主張（夫の不貞相手の女性）	裁判所の判断
慰謝料：1,000万円	—	上告棄却（原審是認：控訴人の慰謝料請求理由なし）

事実関係（裁判所の判断時）			
訴外夫（X）の事情	年齢	55歳	職業	会社経営
	収入	—	財産	—
	学歴	—	健康	—
妻（上告人）の事情	年齢	56歳	職業	—
	収入	—	財産	—
	学歴	—	健康	—
その他	婚期（別居）	19年（9年）	子	2人（女子、男子）
	家事分担	—	親権	—

事実経過（裁判所が認定した事実）	
S42. 5. 1	上告人とX、婚姻。
S43. 5. 8	長女出生。
S46. 4. 4	長男出生。

S59. 4	上告人とXの夫婦関係は、性格の相違や金銭に対する考え方の相違等が原因になって次第に悪化。
	Xが取締役に就任していた会社のために自宅不動産を担保提供し、且つ代表取締役に就任したことを原因として、上告人とXは喧嘩になり、夫婦関係が非常に悪化。
S61. 7頃	Xは、上告人と別居する目的で家庭裁判所に夫婦関係調整調停を申し立てたが、上告人は調停期日に出頭せず、Xが上記申立てを取り下げた。
S62. 4頃	被上告人とXは、被上告人がアルバイトをしていたスナックで知り合う。
S62. 5. 6	X、自宅を出てかねて購入していたマンションに転居。
S62夏頃	被上告人は、Xより妻とは離婚することになっていると聞き、次第に親しくなり、この頃までに肉体関係を持つようになった。
S62. 10頃	被上告人とXは、Xのマンションで同棲するに至る。
H元. 2. 3	被上告人、Xとの間の子を出産、Xはその子を認知。

裁判所の判断理由

　甲の配偶者乙と第三者丙が肉体関係を持った場合において、甲と乙との婚姻関係がその当時既に破綻していたときは、特段の事情のない限り、丙は、甲に対して不法行為責任を負わないものと解するのが相当である。ただし、丙が乙との肉体関係を持つことが甲に対する不法行為となるのは、それが甲の婚姻共同生活の平和の維持という権利又は法的保護に値する利益を侵害する行為ということができるからであって、甲と乙との婚姻関係が既に破綻していた場合には、原則として、甲にこのような権利又は法的保護に値する利益があるとは言えないからである。

　そうすると、上記の事実関係の下において、被上告人がXと肉体関係を持った当時、Xと上告人との婚姻関係が既に破綻しており、被上告人が上告人の権利を違法に侵害したとは言えないとした原審の認定判断は、正当として是認することができ、原判決に所論の違法はない。

コメント

　本事例は、第三者が配偶者の一方と肉体関係を持った場合に、その第三者は他方の配偶者に対し、その時点における婚姻関係の破綻の有無にかかわらず不法行為責任を負うかどうかにつき、法的判断をしたものである。学説は諸説分かれていたが、本判例は、婚姻関係の破綻後は夫婦間の貞操義務が消滅するとし、その後に夫婦の一方と

第4章　慰謝料をめぐる算定事例

肉体関係を持った第三者には不法行為責任は生じないと判断した。

　第三者が配偶者の一方と肉体関係を持った場合に、他方の配偶者が第三者に対し不法行為を理由に損害賠償を請求することについては、最高裁昭和54年3月30日判決（判時922・3）が「夫婦の一方の配偶者と肉体関係を持った第三者は、故意又は過失のある限り、右配偶者を誘惑するなどして肉体関係を持つに至らせたかどうか、両名の関係が自然の愛情によって生じたかどうかにかかわらず、他方の配偶者の夫又は妻としての権利を侵害し、その行為は違法性を帯び、右他方の配偶者の被った精神上の苦痛を慰謝すべき義務があるというべきである」と判示していた（以下昭和54年判例という。）。同判例との関係につき、本判決は、「昭和54年判例は、婚姻関係破綻前のものであって事案を異にし、本件に適切でない。」と判示し、昭和54年判例の射程範囲を明らかにしている。

98 離婚当時中国で生活していた中国人女性から日本人男性に対する離婚慰謝料の請求について、100万円の支払が認められた事例

▶中国人女性より日本人男性に対して離婚に伴う慰謝料請求がなされたところ、同女が離婚当時中国で生活していたことを慰謝料額算定上考慮するか争点となったが、中国と日本の物価水準の違いを考慮して20万円の支払を命じた原審を破棄し、100万円の支払を命じた事例

（仙台高秋田支判平8・1・29判時1556・81）

控訴人の主張（妻）	被控訴人の主張（夫）	裁判所の判断
敗訴部分の取消し 慰謝料：280万円	控訴棄却	慰謝料：100万円

事実関係（裁判所の判断時）					
控訴人の事情	年　齢	27　歳	職　業	家事中心	
	収　入	－	財　産	－	
	学　歴	－	健　康	－	
被控訴人の事情	年　齢	37　歳	職　業	－	
	収　入	－	財　産	－	
	学　歴	－	健　康	－	
その他	婚期（別居）	2年9か月（1年8か月）	子	なし	
	家事分担	－	親　権	－	
	その他	控訴人は平成4年から本国で生活			

事実経過（裁判所が認定した事実）	
H1. 2頃〜	被控訴人は、控訴人（中国国籍、中国在住）と文通を重ね、結婚の合意に達する。
H2.11.26	控訴人と被控訴人は、中国四川省の方式に基づいて婚姻。
H2.12. 8	日本の被控訴人本籍地に証書を提出。
H3. 4. 8	控訴人は来日し、被控訴人の父母、祖母と同居して被控訴人との婚

	姻生活に入る。
	同居中の平成3年11月ころ及び平成3年12月28日、控訴人は被控訴人より暴力を受けた。
H3.12.30	控訴人は、自宅玄関前で仰向けになり「助けて」と大声を上げた上、警察署に行った。以後、控訴人は被控訴人の許に戻らず、別居。
H3.12.31	控訴人、病院を訪れて診察を受け診断書を受領。
H4.7.16	被控訴人は、窃盗により懲役1年2か月、3年間執行猶予の有罪判決を受ける。
H5.9.17	控訴人と被控訴人は、調停により離婚。

裁判所の判断理由

　離婚慰謝料は、離婚したことにより受けた精神的苦痛を慰謝するものであり、離婚した者がその離婚調停成立当時どこで生活していたかとの点も考慮すべき一事情であることは否定できない。しかし、本件慰謝料が日本における婚姻生活の破綻に基づき現に日本において請求されていることに照らすと本件慰謝料額を算定するに当たっては、控訴人の中国に帰国後の同地の所得水準、物価水準如何は、逸失利益の算定の場合と比較してさほど重視すべきものではなく、かえってこれを重要な要素として慰謝料の額を減額すれば、被控訴人をして、一般的に日本人である妻と離婚した者の支払うべき慰謝料の額と対比し、不当に得をさせる結果を生じ、公平を欠くこととなると考えられる。当裁判所は、以上の理由により、上記で認定した事実関係（控訴人が既に中国に帰国している事実も当然に考慮して）の下においては、本件で被控訴人に負担させるべき慰謝料の額は100万円をもって相当と認めるものである。

コメント

　本事例は、中国人女性より日本人男性に対して離婚に伴う慰謝料請求がなされたが、同女が離婚当時中国で生活していたことから、中国と日本の物価水準の違いが慰謝料算定上考慮されるか争点となったものである。原審である秋田地裁大曲支部平成5年12月14日判決（判時1532・116）は、慰謝料の算定に当たり中国の経済的な実情を考慮して20万円の支払を命じたところ、妻が不服申立てした。本控訴審は、本件慰謝料が日本における婚姻生活の破綻に基づき現に日本において請求されている点を重視し、慰謝料として100万円を支払う旨判示し、確定した。

　なお、交通事故における損害額の算定において請求者（中国国籍）の居住地の物価水準を考慮すべきかが争点となった事例として、高松高裁平成3年6月25日判決（判時1406・28）がある。

99 不貞行為がある妻からの離婚請求と夫からの慰謝料請求が認められた事例

▶同居期間17年、別居期間9年で、妻に別居前2年間の不貞行為があり、夫に暴力等の有責行為がある場合に妻からの離婚請求を認容し、夫から妻に対する慰謝料請求を認容した事例

（最判平5・11・2家月46・9・40）

上告人の主張（夫）	被上告人の主張（妻）	裁判所（控訴審）の判断
財産分与：－ 慰謝料：1,000万円	財産分与：1,000万円 慰謝料：－	原審の判断は正当（財産分与：700万円（妻の請求を認容）、慰謝料：200万円（夫の請求を認容））

事実関係（裁判所の判断時）					
上告人の事情	年齢	54 歳	職業	－	
	収入	－	財産	－	
	学歴	－	健康	－	
被上告人の事情	年齢	53 歳	職業	－	
	収入	－	財産	－	
	学歴	－	健康	－	
その他	婚期（別居）	26年10か月（9年8か月）	子	男子（25歳）、女子（23歳）	
	家事分担	共稼ぎ	親権	－	

事実経過（裁判所が認定した事実）	
S39. 7. 2	上告人、被上告人、婚姻。
S40. 12. 26	長男出生。
S42. 7. 13	長女出生。
S48. 4	東京に転勤。
S49. 10	被上告人、自宅で料理教室を開く。

S52. 10		被上告人、料理教室を開設・経営。
S53. 3		上告人、勤務先退職（退職金約150万円）、調理師学校に入校。
S54. 4		夫婦間の性関係途絶。
S54. 7		被上告人の外泊、上告人の暴力始まる。
S54. 8		被上告人、不倫相手と知り合う。
S55. 4		上告人、情報サービス会社に再就職。
S55. 9		被上告人、不倫相手と情交関係を持つ（約2年間）。
S56. 9	6	別居始まる。
S57. 4		上告人、被上告人の不倫を知る。

裁判所の判断理由（最高裁が認めた控訴審の判断）

　被控訴人（夫・上告人）は、昭和47年9月30日に本件不動産（平成元年における価格は2,000万円を下らない。）を約750万円で取得し、うち250万円を実母から贈与を受け、450万円を銀行から融資を受けたが、銀行への返済は、平成4年11月までのうち昭和53年4月から昭和55年3月までは控訴人（妻・被上告人）が行い、また、昭和53年4月から昭和56年9月の別居までの生活費及び別居後の養育費等は控訴人（妻・被上告人）が負担しているから、夫から妻に対して財産分与として金700万円を給付すべきである。

　控訴人（妻・被上告人）の不倫相手との不貞行為は、被控訴人（夫・上告人）に対する不法行為であり、これにより被控訴人（夫・上告人）は精神的苦痛を被ったことが明らかであり、これを慰謝するには200万円が相当である。

コメント

　本事例は、同居期間17年2か月・別居期間9年8か月（夫54歳・妻53歳）の事案で、別居前約2年間に渡る不貞行為がある妻の有責配偶者による離婚請求で、夫にも暴力や嫌がらせ等の有責行為がある場合に婚姻関係は既に破綻しているとして、離婚を認容した事例である。

　有責配偶者からの離婚請求については、最高裁昭和62年9月2日判決（判時1243・3）が認めて以来、離婚を認める裁判例が多数存在するが、別居期間が相当の長期間であるかについて判断のウエイトが置かれているものが少なくない。本事例は結婚後約26年のうち、同居期間17年に対し、別居期間は9年に及び、判決においても別居期間が相当の長期間に及んでいる点が指摘されている。

この他、本事例においては、判決中に指摘されているように離婚請求の相手方である夫にも少なからざる有責行為があったほか、2人の子がいずれも成人しており夫婦間に未成熟子がいないことも離婚請求を認める際に考慮されたものと言えよう。
　また、妻の不貞行為は、夫婦関係が冷却してから約1年経過後のものとしながら、その時点ではいまだ夫婦共同生活の実体を欠き、回復の見込みがないとは認められないとして慰謝料を認めた点は、婚姻関係の破綻時期に関する判断としても参考になろう。

100 男性に妻がいることを知りながら内縁関係に入った女性から男性に対する内縁関係の不当破棄を理由とする損害賠償請求が認容された事例

▶男性が、妻子があるにもかかわらず、未婚の女性に対し、妻とは別れると言いながら内縁関係に入って子を出産させたことに対し、慰謝料として300万円の支払が認められた事例

（京都地判平4・10・27判タ804・156）

原告の主張（女性）	被告の主張（男性）	裁判所の判断
慰謝料：2,269万円	－	慰謝料：300万円

事実関係（裁判所の判断時）			
原告の事情	年　齢	24 歳	職　業	実父経営の鮮魚店手伝い
	収　入	－	財　産	－
	学　歴	専門学校	健　康	－
被告の事情	年　齢	32 歳	職　業	菓子店勤務
	収　入	約20万円／月	財　産	－
	学　歴	－	健　康	－
その他	婚　期（別居）	－	子	男子（2歳）
	家事分担	－	親　権	－

事実経過（裁判所が認定した事実）	
	原告と被告は、幼少のころからの知合い。
S60. 9. 4	被告、Xと婚姻。2子をもうける。
S62. 11頃	双方の知人の送別式で、被告は原告に対し、妻とは不仲で離婚を考えていることを話した上、原告に好意を持っている旨述べた。 原告と被告、交際開始。約1か月後には肉体関係を持つ。
H1. 10	原告、被告の子を懐胎。被告は、どうせ妻とは離婚するのだから産んでもよいと、出産することを承諾。
H1. 11頃	原告と被告、一緒に住むマンションを探し始める。

H2.1	被告は原告の父に対し、現在妻とは離婚の話合いをしており、原告とは結婚すると述べる。
H2.3.19	被告、マンションを借りる。賃貸借契約書の入居者の欄には、被告本人のほか、婚約者として原告の名も記載されていた。
H2.5.20	原告、Y（男児）出産。
H2.5.24	被告が原告に対して、突然、「別れてくれ。」と言い出す。
H2.6末	被告、マンションの契約を解約。
H3.2.12	京都家庭裁判所で、Yが被告の子であることを認知する審判が出され、平成3年3月3日確定。

裁判所の判断理由

　被告は、妻子があるにもかかわらず、当時19歳で未婚の原告に対し、妻とは別れると言いながら交際を重ね、妊娠させた上、いったんは原告と内縁生活に入り、子を出産させたが、その出産直後に、一方的に別れたものであって、原告及びYの今後の生活等も考えると、被告が原告に与えた精神的苦痛は大きいものがある。

　他方、原告は、被告に妻子があるのを知りながら同人と交際したものであって、被告の離婚する旨の言葉を信じていたとはいえ、このような結果になったことについて、原告にも幾分か責任があることは否定できない。これらの事情のほか、原告の年齢、両名の内縁生活の期間等を総合して判断すると、原告の精神的損害に対する慰謝料として、300万円の損害賠償を認めるのが相当である。

コメント

　男性に妻のあることを知りながら交際した女性に対し、妻から慰謝料を請求される事例は少なくないが、本事例は、男性に妻のあることを知りながら情交関係を結び内縁関係に入った女性から男性に対して慰謝料を請求した事例である。

　内縁関係を不当に破棄された者は相手方に対し不法行為を理由として損害の賠償を求められる（最判昭33・4・11判時147・4）ものの、妻ある男性との情交関係、内縁関係は、善良の風俗に反するものとして原則として保護の対象とならず、男性の違法性が著しく大きいと評価できる特殊、例外的な場合に限り、男性に対して慰謝料請求が許されるとされている（最判昭44・9・26判時573・60）。上記最高裁判決では、女性が当時19歳余で異性に接した体験がなく、思慮不十分であるのに男性が付け込み、真実女性と結婚する意思がないのにその意思があるように装って女性に妻と別れて女性と結婚する旨の詐言を用い、女性をして、男性と妻との間柄が男性の言うとおり不仲であって

男性はいずれは妻と離婚してくれるものと誤信させて情交関係を結んだが、女性が妊娠したことを知らされると女性と会うのを避け、交際を絶ったと認定し、情交関係を誘起した責任は主として男性側にあり、女性の側におけるその動機に内在する不法の程度に比し、男性の側における違法性は、著しく大きいものと評価することができるとして、損害賠償義務を認めた。

　本判決は上記最高裁判例に従った判断をしたものである。

101 米国籍の夫婦の離婚事件において、日本民法に基づいて離婚・親権者指定・離婚給付を判断した事例

▶夫婦ともに日本で生まれた日本人であったが、帰化して米国籍を取得、現在は日本国内に居住する夫婦の離婚事件につき、離婚の準拠法を夫婦の共通常居所地法である日本法、親権者指定の準拠法を法例21条（現：法通則32）により日本法、財産分与と慰謝料の準拠法を法例16条（現：法通則27）により日本民法として判断、財産分与につき150万円、慰謝料につき150万円の給付をすべきことを命じた事例

（横浜地判平3・10・31判時1418・113）

原告（反訴被告）の主張（夫）	被告（反訴原告）の主張（妻）	裁判所の判断
財産分与：－ 慰謝料：－	財産分与：1,000万円 慰謝料：800万円	財産分与：150万円 慰謝料：150万円

事実関係（裁判所の判断時）			
原告の事情	年齢	61歳	職業	元米軍のコンピューター・プログラマー（退役）
	収入	給与年額US$3万4,624 退役年金月額手取り約US$540	財産	US$1万以上を管理
	学歴	－	健康	－
被告の事情	年齢	51歳	職業	米軍の販売店勤務
	収入	－	財産	退職金US$3,000
	学歴	－	健康	－
その他	婚期（別居）	18年（2年）	子	男子（10歳）
	家事分担	－	親権	被告

事実経過（裁判所が認定した事実）

S35.5	原告と被告は、ともに日本で出生（日本国籍）。 原告、米国軍に従事して渡米、米国籍を取得（日本国籍を喪失）。

第4章　慰謝料をめぐる算定事例

S48. 4. 21	原告と被告は沖縄で知り合い、婚姻。
S48. 7	原告と被告、渡米。
S55. 2	被告、米国籍を取得（日本国籍を喪失）。
S55. 3	原告は米国陸軍軍属として日本に配属され、被告とともに来日。
S56. 9. 27	沖縄県内の米国海軍地方医療センターで長男出生（米国籍）。
S62. 8	原告と被告は、原告の実家（徳島）に帰省した際のトラブルから不仲になる。
S62. 11	原告が離婚調停を申し立てるが、双方が長男の親権者になると主張して譲らず、不調となる。
H1. 1. 26	被告が長男を連れて家を出たことにより別居。 最終口頭弁論期日において、原告と被告はともに日本国内に居住。

裁判所の判断理由

【財産分与】

　原・被告の収入状況、婚姻費用の支払状況を認定した上、被告が別居する際、原・被告の共有名義の貯金口座からUS$5,770（うち約US$3,000は被告の退職金）及び長男名義の貯金口座から33万6,067円引き出したこと、原告が平成2年11月時点で管理している預貯金はUS$1万を超えると認定、原告は被告に対し、本件離婚に伴う財産分与として150万円を給付するのが相当であると判示した。

【慰謝料】

　原告は一方的で、非妥協的な性格であり、夫婦間のトラブル以後は、原告の被告に対する接し方に、右性格が顕著に現れるようになり、これに対しても被告も反発するなどして、家庭不和が増強していった。原告は、被告を自己と対等の人格を有する者と認めず、一段劣った者と見ていると認定し、原・被告間の婚姻関係破綻に至った原因を作ったのは、主として原告であり、その原因は原告にあるとして、慰謝料150万円を認めた。

コメント

　本事例は、夫婦双方共に日本で生まれた日本人であったが、帰化して現在は米国陸軍軍属として米国籍を有する夫婦の離婚事件であり、訴訟では離婚・親権者指定・離婚給付の各準拠法が争点となり、法例改正後の離婚に伴う各争点の準拠法について判断した事例である。

　裁判所は、まず新法例（平成元年改正）と旧法例の適用については、離婚裁判について事実審の最終口頭弁論期日が基準になるとして、新法例を適用した。そして、離

婚請求については、原・被告ともに米国籍であるものの、米国は不統一国であり、共通本国法がないとして、共通常居所地法の認定をし、日本法を準拠法とした。財産分与と慰謝料については、離婚の効力に関する問題として法例16条（現：法通則27）により日本法を適用、親権者指定については法例21条（現：法通則32）により子の常居所地法である日本法を適用した。

102 妻の性交渉拒否が離婚原因であるとして、妻に慰謝料支払を命じた事例

▶妻が婚姻当初から性交渉を拒否し続けたことが原因で結婚9か月で協議離婚するに至ったとして、妻に対し150万円の慰謝料支払を命じた事例

(岡山地津山支判平3・3・29判時1410・100)

原告の主張(夫)	被告の主張(妻)	裁判所の判断
慰謝料:①妻、妻の母に対し500万円、②指輪の引渡し(反訴)①却下、②・③棄却	①・②請求棄却(反訴)①婚姻費用7万円×6か月=42万円、②慰謝料500万円、③妻の特有財産50万円の返還	慰謝料:①(被告→原告)150万円(被告の母への請求は棄却)、②認容(反訴)①却下、②・③棄却

事実関係(裁判所の判断時)				
原告の事情	年齢	35歳(婚姻時31歳)	職業	給与生活者
	収入	−	財産	−
	学歴	−	健康	普通
被告の事情	年齢	31歳(婚姻時27歳)	職業	無職
	収入	なし	財産	なし
	学歴	−	健康	身体的異常はない
その他	婚期(別居)	9か月(4か月)	子	なし
	家事分担	−	親権	−

事実経過(裁判所が認定した事実)	
S61.1	原告が友人に頼んで友人の妹である被告花子(「花子」)を紹介してもらう。原告、花子ともに離婚経験あり。
S62.7.24	原告方が被告方に結納金代わりの指輪を交付。
S62.9.11	原告と花子が挙式、同月16日入籍。花子は結婚初夜から性交渉を拒否。婚姻期間中一度も性交渉させなかった。
S63.1.17	花子が原告と寝室を異にし、必要なこと以外は話さなくなる。
S63.2.1	花子の母・被告松子(「松子」)と伯母が原告方に来る。

S63. 2. 18	被告花子が被告松子、伯母とともに実家に帰り、以後別居。
S63. 3. 21	原告が夫婦関係調整調停を申立て。
S63. 4. 5	被告花子が離婚届郵送。
S63. 6. 20	原告が離婚届に署名・押印して提出、同日受理。

裁判所の判断理由

　本件婚姻は、被告花子の男性との性交渉に耐えられない性質から来る原告との性交渉拒否により両者の融和を欠くに至ったことから破綻したと認められる。夫婦間の性交渉は通常伴うべき婚姻の営みであり、当事者がこれに期待するのはごく当たり前の自然の発露である。被告花子は、原告と婚姻しながら性交渉を拒否し続け、婚姻を破綻せしめたのであるから、原告に対し、不法行為責任に基づき、よって被らせた精神的苦痛を慰謝すべき義務があり、原告に認められるべき慰謝料額は、本件に顕れた一切の事情を総合勘案し、金150万円が相当である。

　婚姻当時、夫31歳、妻27歳の大人であったから、被告花子が前回の離婚原因を原告に告知すべき義務があったのではないかということは考え得るとしても、当事者でもない被告松子が原告に対しそのようなことを告知すべき法的義務があったとは考え難い。また、昭和63年2月ころには既に婚姻は破綻していたから、そのころの被告松子の言動が婚姻破綻を招来ないし助長させたというわけにはいかない。したがって、原告の被告松子に対する不法行為に基づく慰謝料請求は認容できない。

コメント

　婚姻は、一般的に子孫の育成をも目的としてなされるものであり、夫婦関係の性交渉が婚姻の基本となる重要な事項であり、夫の性交不能が民法770条1項5号の「婚姻を継続し難い重大な事由」に当たるとした最高裁判決もあるところである（最判昭37・2・6判時288・22）。

　夫婦生活に応じない夫に対し、慰謝料請求が認められた事例は幾つかある。例えばポルノ雑誌に興味を示すが夫婦生活に応じない夫に対し500万円の慰謝料の支払を命じた事例（浦和地判昭60・9・10判タ614・104）、婚姻に際し、妻に自己の性交不能を告知せず、その後も性交不能が続いている場合に夫に対し200万円の慰謝料の支払を命じた事例（京都地判昭62・5・12判時1259・92）、婚姻中に全く性的交渉を求めなかったことが原因で協議離婚した後に夫に対し500万円の慰謝料の支払を命じた事例（104参照）などがある。

　本件は、女性側の性交渉拒否の事例であり、かつ女性側に150万円の慰謝料支払を命じたという点で特色のある事例である。

103 韓国人夫婦の協議離婚に際し、離婚慰謝料を認めない韓国民法の適用を排斥し、日本民法により離婚慰謝料を認めた事例

▶在日韓国人夫婦が協議離婚した後に、夫が妻の浪費が離婚原因として離婚に伴う債務の不存在確認を求めたのに対し、妻が反訴で夫の不貞が離婚原因として慰謝料支払を求めたところ、夫の不貞を離婚原因と認め、更に準拠法となる韓国民法では協議離婚の場合の慰謝料請求が認められないところ、その結論は我が国の公序良俗に反するとして、法例30条（現：法通則42）により韓国民法の適用を排除して、日本民法を適用した上、600万円の慰謝料支払を命じた事例

（神戸地判平2・6・19判時1383・154）

原告の主張（夫）	被告の主張（妻）	裁判所の判断
債務不存在確認 （反訴）請求棄却	請求棄却 （反訴）慰謝料1,000万円	本訴：請求棄却 反訴：慰謝料600万円認容

事実関係（裁判所の判断時）					
原告の事情	年齢	－	職業	婦人靴製造業（倒産）	
	収入	－	財産	－（事業負債約3億円）	
	学歴	－	健康	普通	
被告の事情	年齢	－	職業	原告の事業を手伝う	
	収入	－	財産	－	
	学歴	－	健康	普通	
その他	婚期（別居）	24年（－）	子	男子2人（23歳、15歳）、女子2人（20歳、16歳）	
	家事分担	－	親権	被告	

事実経過（裁判所が認定した事実）	
S36. 5. 9	原・被告挙式（双方とも、日本で生育し、日本に永住権を有する在日韓国人）。
S41. 5	原告が婦人靴製造事業（「戌田シューズ」）を開始。
S44～S54	戌田シューズ年商4億円以上。被告も戌田シューズの事業を手伝う（経理担当）。自宅その他不動産を購入。原告、ゴルフやクラブ、バーなどで遊興（遊興費年間5～600万円）。
S52. 1. 17	韓国戸籍に婚姻届出。
S54. 9	2億円の建築費をかけて4階建てビル（甲野ビル）を建設。
S55～57	甲野ビルのテナントが集まらず、取引先の手形不渡事故が相次ぎ、戌田シューズの資金繰りが悪化。昭和57年2月に甲野ビル売却。
S59. 10	原告が韓国で丙川と知り合い、急速に親しくなる。
S60. 1～3	原告の不貞が発覚。
S60. 6. 18	戌田シューズ倒産（負債約3億円）。
S60. 7. 17	離婚届出提出。子供4人は被告の元で養育。
S60. 8. 16	原告が丙川と婚姻。

裁判所の判断理由

　認定の事実によれば、妻の浪費によって戌田シューズが倒産したという夫の主張には理由はなく、原告の不貞が離婚の原因である。

　離婚によって相手方が被った損害を賠償すべきか否かは離婚の効力に関する問題であり、法例（平成元年改正前）16条により、夫の本国法である韓国民法が準拠法となるが、韓国民法では、裁判上の離婚の場合は慰謝料支払義務を認めるが、協議上の離婚の場合は規定がなく慰謝料支払義務を認めないものと解される。

　しかし、本件では、夫婦ともに日本で生まれ育ち、日本に永住権を持ち、日本国内に住所を持ち、結婚生活もすべて日本国内で行われてきたことを考えると、本件離婚に伴う財産上の給付を一切認めないということは、我が国における公の秩序、善良の風俗に反する結果になるというべきであり、本件については法例30条により、夫の本国法である韓国民法の適用を排斥し、日本国民法を適用するのが相当である。

　前認定の事実によれば、夫が本件離婚によって妻の被った精神的苦痛を慰謝すべき義務のあることは明らかであり、その賠償額は前認定の事実及び本件に現れた一切の諸事情を総合考慮すると、金600万円が相当である。

第4章　慰謝料をめぐる算定事例　　329

> コメント

　渉外離婚の場合、どの国の法律を適用すべきかについては、本判決当時は法例により準拠法を定めていた。法例は、平成18年に全部改正され、平成19年1月1日に法の適用に関する通則法が施行されている。

　この事例の当時の法例によれば、離婚の効力についての準拠法は夫の本国法（法例16）であり、韓国民法であった（現在は①夫婦の共通本国法、②①がないときは夫婦の常居所地法、③②もないときは夫婦の密接関連地法となる（法通則25・27））。

　韓国民法では、裁判上の離婚について定めた843条が慰謝料請求権を認めた806条を準用しているのに対し、協議離婚について定めた839条は806条を準用していないことから、協議離婚については慰謝料請求権は認められていないと言わざるを得ない。

　しかし、本件のような日本で生育した在日韓国人夫婦の離婚についても韓国民法の結論を維持すると日本の公序良俗に反する。そこで、法例30条（法通則42）を適用して日本民法を適用して慰謝料請求を可能とした事例である。

104 協議離婚後に、元夫が性交渉を持たなかったことが離婚原因であったとして元妻が求めた慰謝料請求が認められた事例

▶協議離婚後に、離婚の原因は元夫が性交渉をすることに思いが及ばなかったか、性交渉をする気がなかったか、性的能力に問題があったかのいずれかであり、これにより婚姻が破綻したとして、元夫に対し500万円の慰謝料支払を命じた事例

(京都地判平2・6・14判時1372・123)

原告の主張（妻）	被告の主張（夫）	裁判所の判断
慰謝料：1,000万円	請求棄却（予備的主張：過失相殺）	慰謝料：500万円

事実関係（裁判所の判断時）			
原告の事情	年齢	37歳（婚姻当時35歳）	職業	音楽教室講師（婚姻のため退職）
	収入	－	財産	－
	学歴	大学卒	健康	良好
被告の事情	年齢	46歳（婚姻当時44歳）	職業	薬品会社勤務
	収入	－	財産	－
	学歴	大学卒	健康	良好
その他	婚期（別居）	3か月（0.5か月）	子	なし
	家事分担	原告	親権	なし

事実経過（裁判所が認定した事実）	
S62. 6	原・被告が見合いで知り合う。
S63. 2	結納。
S63. 4	原告が婚姻のため退職（月収25万円の音楽教室講師の職）。
S63. 4. 8	婚姻届出。
S63. 5. 3	フランスで挙式。
S63. 5. 7	帰国。
S63. 5. 11	同居開始。当初から被告の指示により寝室が別れており、会話もほとんどなく、手を握る等の接触もなく、性交渉は一切ない。

S63. 6. 18	原告が家を出る。
S63. 7. 2	仲人を交えて話し合うが、被告は原告の身体の具合が悪かったから性交渉はできなかったと言うほか、無気力な反応に終始する。被告が事前に用意してきた署名済の離婚届を原告に渡し、離婚の合意が成立。
S63. 7. 7	離婚届出。

裁判所の判断理由

　夫が性交渉に及ばなかった真の理由は判然としないが、夫は性交渉のことで妻が悩んでいたことを全く知らなかったことに照らせば、夫としては夫婦において性交渉をすることに思いが及ばなかったか、元々性交渉をする気がなかったか、あるいは夫の性的能力に問題があるのかと疑わざるを得ない。

　別居後の夫の対応のまずさ、特に仲人を交えて原告と話し合ったときの夫の言動は、何ら納得がいく説明ではなく、真面目に結婚生活を考えていたものとは到底思えず、また話合いの前から最終結論を出し、事態を善処しようと努力することなく事前に離婚届を用意するなど、夫の行動によって離婚することとなったと言わざるを得ないから、夫は妻に慰謝料の支払をする義務がある。

　婚姻生活が短期間で解消したのは専ら夫にのみ原因があり、妻には過失相殺の対象となる過失はないので、夫の過失相殺の主張は失当である。

　認定事実や説示の他、諸般の事情を総合考慮すると、夫が妻に支払うべき慰謝料は500万円をもって相当と認める。

コメント

　婚姻は、一般的に子孫の育成をも目的としてなされるものであり、夫婦関係の性交渉が婚姻の基本となる重要な事項であり、夫の性交不能が民法770条1項5号の「婚姻を継続し難い重大な事由」に当たるとした最高裁判決もあるところである（最判昭37・2・6判時288・22）。

　夫婦生活に応じない夫に対し、慰謝料請求が認められた事例は幾つかある。例えばポルノ雑誌に興味を示すが夫婦生活に応じない夫に対し500万円の慰謝料の支払を命じた事例（浦和地判昭60・9・10判タ614・104）、婚姻に際し妻に自己の性交不能を告知せず、その後も性交不能が続いている場合に夫に対し200万円の慰謝料の支払を命じた事例（京都地判昭62・5・12判時1259・92）などがある。

　本件は、協議離婚後の慰謝料請求の事案であっても、上記判例と同じように慰謝料請求が認められることを明らかにした事例である。

105 「エホバの証人」に入信した妻の過度の宗教活動により夫婦関係が破綻したが双方に責任があるとして夫の離婚請求が認容された事例

▶妻が宗教活動（「エホバの証人」）に没頭して子供らを入信させ、これに反対した夫が家族と別居して婚姻が破綻した事案において、婚姻破綻の原因は当事者双方が婚姻関係を円満に継続する努力を怠ったことにあり、その責任は夫婦双方にあるとして、夫による離婚請求が認められたが慰謝料は認められなかった事例

（東京高判平2・4・25判時1351・61）

控訴人の主張（夫）	被控訴人の主張（妻）	裁判所の判断
慰謝料：600万円	慰謝料：0円	慰謝料：0円

事実関係（裁判所の判断時）					
控訴人の事情	年　齢	－	職　業	会社員	
	収　入	－	財　産	－	
	学　歴	－	健　康	－	
被控訴人の事情	年　齢	－	職　業	専業主婦	
	収　入	－	財　産	－	
	学　歴	－	健　康	－	
その他	婚　期（別居）	20年（4年）	子	女子2人（18歳、5歳）、男子（15歳）	
	家事分担	－	親　権	被控訴人（妻）	

事実経過（裁判所が認定した事実）	
S 45. 4. 18	控訴人・被控訴人、婚姻。
S 46. 7. 31	長女春子、出生。
S 49. 8. 11	長女春子、控訴人運転の自動車に轢かれ頭部を負傷し、外傷性てんかんの後遺症を負う。
S 50. 1. 5	長男一郎、出生。

第4章 慰謝料をめぐる算定事例

S51頃〜	被控訴人、長女春子の後遺症に悩み「エホバの証人」主催の「聖書の勉強会」に参加。
S53頃〜	被控訴人、長男、長女を同伴し、定期的に集会に参加。
S56頃〜	被控訴人、集会に常時参加し、昼間も伝道活動等に従事。
S57.9	控訴人の両親、被控訴人の父らと被控訴人の宗教活動について協議。
S59.5.2	控訴人、離婚調停申立て（昭和59年10月25日不調）。
S60.1.22	次女夏子、出生（ただし、控訴人はこれに反対）。
S60初	控訴人、被控訴人、家庭内別居を開始。
S60.9	被控訴人、「全時間奉仕者」となり、以後、宗教活動に没頭。
S61.4	控訴人、被控訴人、別居を開始。
S62.2	控訴人、離婚調停申立て（同年3月17日不成立）。

裁判所の判断理由

控訴人・被控訴人間の婚姻関係破綻の責任は双方にあり、被控訴人のみに責任があるとは言えないから、仮に婚姻関係の破綻によって控訴人が精神的苦痛を被っているとしても、被控訴人に対し慰謝料の支払を命じるのは相当でない。

コメント

本事例は、離婚請求を棄却した原判決（東京地八王子支判昭63・9・29（昭62（タ）92））を取り消した控訴審判決である。原判決は、原告（夫、控訴人）と被告（妻、被控訴人）との婚姻関係は破綻に瀕してはいるが、その原因は、原告が被告に「エホバの証人」を止めるよう説得できず自ら家庭を捨てたことにあり、婚姻破綻の責任は主として原告にあり、円満な家庭を回復する可能性はあるとして、請求を棄却した。

これに対し、本事例は、双方は全く相容れない正反対の考え方をしていることを理由に夫婦共同生活を回復する余地は全くないとして婚姻関係の破綻を認めた上、信仰の自由は夫婦といえども侵害できないが、一方が宗教活動に専念し相手の生活等を無視して婚姻関係が破綻した場合にはその者にも婚姻関係破綻の責任があるとしながら、結果として、当事者双方に婚姻破綻の責任を認めて控訴人の離婚請求を認めている。

なお、控訴人が飲酒にふけり、落書きや器物破壊等に及んだ点について本判決は、婚姻関係破綻の結果とし、破綻の原因とは位置付けなかった。

本事例は、被控訴人の宗教活動の程度、長期間の別居、婚姻生活中の双方の態度等

を考慮し、婚姻関係の破綻を認め、結果として、その責任を当事者双方にあるとした点に特色がある（なお、妻が宗教活動（エホバの証人）を続け別居に至った事例で夫の離婚請求が認められた肯定例として広島地裁平成5年6月28日判決（判タ873・240）、東京地裁平成9年10月23日判決（判タ995・234）、名古屋高裁平成10年3月11日判決（判時1725・144）等、否定例として大阪地裁平成2年5月14日判決（判時1367・78）、名古屋高裁平成3年11月27日判決（判タ789・219）、東京地裁平成5年9月17日判決（判タ872・273）を参照）。

附錄資料

1 消費者物価指数

年	平成17年＝100　2005＝100		
	全国	人口5万以上の都市	東京都区部
昭和45年平均	32.5		32.4
46	34.6		34.4
47	36.3		36.2
48	40.5		40.6
49	49.9		49.1
50	55.7		55.2
51	61.0		60.5
52	65.9		65.5
53	68.8		68.8
54	71.3		71.4
55	76.9		76.4
56	80.5		80.1
57	82.9		82.6
58	84.3		84.2
59	86.3		86.4
60	88.0		88.4
61	88.6		89.3
62	88.6		89.6
63	89.2		90.5
平成元年	91.3		93.0
2	94.1		95.8
3	97.2	97.6	99.0
4	98.8	99.4	100.8
5	100.2	100.7	102.1
6	100.8	101.2	102.8
7	100.7	101.1	102.5
8	100.8	101.4	102.5
9	102.7	103.0	103.8
10	103.3	103.7	104.6
11	103.0	103.3	104.2
12	102.2	102.6	103.2
13	101.5	101.7	102.1
14	100.6	100.8	101.0
15	100.3	100.5	100.6
16	100.3	100.5	100.5
17	100.0	100.0	100.0
18	100.3	100.2	100.1
19	100.3	100.3	100.2
20	101.7	101.5	101.2
21	100.3	100.3	100.0

消費者物価指数年報（平成21年）―総務省統計局

2　費目別、世帯人員別標準生計費（平成21年4月）

費目＼世帯人員	1人	2人	3人	4人	5人
	円	円	円	円	円
食料費	30,680	33,370	44,790	56,210	67,640
住居関係費	34,610	57,360	52,370	47,390	42,400
被服・履物費	9,110	5,810	8,000	10,200	12,400
雑費Ⅰ	34,610	41,260	61,640	82,030	102,410
雑費Ⅱ	17,240	21,260	27,940	34,620	41,310
計	126,250	159,060	194,740	230,450	266,160

＜参考＞　費目別、世帯人員別生計費換算乗数

費目＼世帯人員	2人	3人	4人	5人
食料費	0.452	0.607	0.762	0.917
住居関係費	1.035	0.945	0.855	0.765
被服・履物費	0.370	0.510	0.650	0.790
雑費Ⅰ	0.289	0.432	0.575	0.718
雑費Ⅱ	0.284	0.374	0.463	0.553

（平成21年人事院勧告）

3 生活保護法による保護の基準（抄）

$$\begin{pmatrix}昭38・4・1\\厚\ \ 告\ \ 158\end{pmatrix}$$

最終改正　平22・3・31厚労告143

別表第1　生活扶助基準

　第1章　基準生活費

　1　居宅

　　(1)　基準生活費の額（月額）

　　　ア　1級地

　　　　(ア)　1級地―1

　　　　　第1類

年　齢　別	基　準　額
0　歳　～　2　歳	20,900円
3　歳　～　5　歳	26,350
6　歳　～　11　歳	34,070
12　歳　～　19　歳	42,080
20　歳　～　40　歳	40,270
41　歳　～　59　歳	38,180
60　歳　～　69　歳	36,100
70　歳以上	32,340

　　　　　第2類

基準額及び加算額		世帯人員別				
		1　人	2　人	3　人	4　人	5人以上1人を増すごとに加算する額
基　準　額		43,430円	48,070円	53,290円	55,160円	440円
地区別冬季加算額（11月から3月まで）	Ⅰ区	24,350	31,530	37,630	42,670	1,640
	Ⅱ区	17,410	22,550	26,910	30,520	1,170
	Ⅲ区	11,560	14,970	17,860	20,250	780
	Ⅳ区	8,820	11,420	13,630	15,460	590
	Ⅴ区	6,150	7,970	9,510	10,780	410
	Ⅵ区	3,090	4,000	4,770	5,410	200

(イ) 1級地—2
第1類

年　齢　別	基　準　額
0 歳 ～ 2 歳	19,960円
3 歳 ～ 5 歳	25,160
6 歳 ～ 11 歳	32,540
12 歳 ～ 19 歳	40,190
20 歳 ～ 40 歳	38,460
41 歳 ～ 59 歳	36,460
60 歳 ～ 69 歳	34,480
70 歳以上	31,120

第2類

基準額及び加算額		世　帯　人　員　別				5人以上1人を増すごとに加算する額
		1 人	2 人	3 人	4 人	
基　準　額		41,480円	45,910円	50,890円	52,680円	440円
地区別冬季加　算　額 (11月から3月まで)	Ⅰ区	23,250	30,110	35,940	40,750	1,640
	Ⅱ区	16,630	21,540	25,700	29,150	1,170
	Ⅲ区	11,040	14,300	17,060	19,340	780
	Ⅳ区	8,420	10,910	13,020	14,760	590
	Ⅴ区	5,870	7,610	9,080	10,290	410
	Ⅵ区	2,950	3,820	4,560	5,170	200

イ　2級地

(ア)　2級地—1
第1類

年　齢　別	基　準　額
0 歳 ～ 2 歳	19,020円
3 歳 ～ 5 歳	23,980
6 歳 ～ 11 歳	31,000
12 歳 ～ 19 歳	38,290
20 歳 ～ 40 歳	36,650
41 歳 ～ 59 歳	34,740
60 歳 ～ 69 歳	32,850
70 歳以上	29,430

第2類

基準額及び加算額		世帯人員別				
		1 人	2 人	3 人	4 人	5人以上1人を増すごとに加算する額
基 準 額		39,520円	43,740円	48,490円	50,200円	400円
地区別冬季加算額 (11月から3月まで)	Ⅰ区	22,160	28,690	34,240	38,830	1,490
	Ⅱ区	15,840	20,520	24,490	27,770	1,060
	Ⅲ区	10,520	13,620	16,250	18,430	710
	Ⅳ区	8,030	10,390	12,400	14,070	540
	Ⅴ区	5,600	7,250	8,650	9,810	370
	Ⅵ区	2,810	3,640	4,340	4,920	180

(イ) 2級地―2

第1類

年　齢　別	基　準　額
0 歳 ～ 2 歳	18,080円
3 歳 ～ 5 歳	22,790
6 歳 ～ 11 歳	29,470
12 歳 ～ 19 歳	36,400
20 歳 ～ 40 歳	34,830
41 歳 ～ 59 歳	33,030
60 歳 ～ 69 歳	31,230
70 歳以上	28,300

第2類

基準額及び加算額		世帯人員別				
		1 人	2 人	3 人	4 人	5人以上1人を増すごとに加算する額
基 準 額		37,570円	41,580円	46,100円	47,710円	400円
地区別冬季加算額	Ⅰ区	21,060	27,270	32,550	36,910	1,490
	Ⅱ区	15,060	19,510	23,280	26,400	1,060
	Ⅲ区	10,000	12,950	15,450	17,520	710
	Ⅳ区	7,630	9,880	11,790	13,370	540

(11月から3月まで)	V区	5,320	6,890	8,230	9,320	370
	VI区	2,670	3,460	4,130	4,680	180

ウ　3級地

(ア)　3級地―1

第1類

年　齢　別	基　準　額
0　歳　～　2　歳	17,140円
3　歳　～　5　歳	21,610
6　歳　～　11　歳	27,940
12　歳　～　19　歳	34,510
20　歳　～　40　歳	33,020
41　歳　～　59　歳	31,310
60　歳　～　69　歳	29,600
70　歳以上	26,520

第2類

基準額及び加算額		世　帯　人　員　別				5人以上1人を増すごとに加算する額
		1　人	2　人	3　人	4　人	
基　準　額		35,610円	39,420円	43,700円	45,230円	360円
地区別冬季加算額 (11月から3月まで)	I区	19,970	25,850	30,860	34,990	1,340
	II区	14,280	18,490	22,070	25,030	960
	III区	9,480	12,280	14,650	16,610	640
	IV区	7,230	9,360	11,180	12,680	480
	V区	5,040	6,540	7,800	8,840	340
	VI区	2,530	3,280	3,910	4,440	160

(イ)　3級地―2

第1類

年　齢　別	基　準　額
0　歳　～　2　歳	16,200円
3　歳　～　5　歳	20,420
6　歳　～　11　歳	26,400
12　歳　～　19　歳	32,610

附　録　資　料

20　歳　～　40　歳	31,210
41　歳　～　59　歳	29,590
60　歳　～　69　歳	27,980
70　歳以上	25,510

第 2 類

基準額及び加算額		世　帯　人　員　別				
		1　人	2　人	3　人	4　人	5人以上1人を増すごとに加算する額
基　　準　　額		33,660円	37,250円	41,300円	42,750円	360円
地区別冬季加算額(11月から3月まで)	Ⅰ区	18,870	24,440	29,160	33,070	1,340
	Ⅱ区	13,490	17,480	20,860	23,650	960
	Ⅲ区	8,960	11,600	13,840	15,690	640
	Ⅳ区	6,840	8,850	10,560	11,980	480
	Ⅴ区	4,770	6,180	7,370	8,350	340
	Ⅵ区	2,390	3,100	3,700	4,190	160

(2) 基準生活費の算定

　ア　基準生活費は、世帯を単位として算定するものとし、その額は第 1 類の表に定める個人別の額を合算した額と第 2 類の表に定める額の合計額とする。ただし世帯構成員の数が 4 人の世帯の基準生活費の額は、第 1 類の表に定める個人別の額を合算した額に0.95を乗じた額（その額に10円未満の端数が生じたときは、これを10円に切り上げるものとする。）と第 2 類の表に定める額の合計額とし、世帯構成員の数が 5 人以上の世帯の基準生活費の額は、第 1 類の表に定める個人別の額を合算した額に0.90を乗じた額（その額に10円未満の端数が生じたときは、これを10円に切り上げるものとする。）と第 2 類の表に定める額の合計額とする。また、12月の基準生活費の額は、当該合計額に世帯構成員 1 人につき次の表に定める期末一時扶助費を加えた額とする。

級　　地　　別	期　末　一　時　扶　助　費
1　級　地　—　1	14,180円
1　級　地　—　2	13,540
2　級　地　—　1	12,900
2　級　地　—　2	12,270
3　級　地　—　1	11,630
3　級　地　—　2	10,990

イ 第2類の表におけるⅠ区からⅥ区までの区分は次の表に定めるところによる。

地区別	Ⅰ区	Ⅱ区	Ⅲ区	Ⅳ区	Ⅴ区	Ⅵ区
都道府県名	北海道 青森県 秋田県	岩手県 山形県 新潟県	宮城県 福島県 富山県 長野県	石川県 福井県	栃木県 群馬県 山梨県 岐阜県 鳥取県 島根県	その他の都府県

ウ 入院患者日用品費又は介護施設入所者基本生活費が算定される者の基準生活費の算定は、別に定めるところによる。

2 救護施設等
(1) 基準生活費の額（月額）
ア 基準額

級地別	救護施設及びこれに準ずる施設	更生施設及びこれに準ずる施設
1級地	64,240円	68,050円
2級地	61,030	64,650
3級地	57,820	61,250

イ 地区別冬季加算額（11月から3月まで）

級地別＼地区別	Ⅰ区	Ⅱ区	Ⅲ区	Ⅳ区	Ⅴ区	Ⅵ区
1級地	10,640円	8,160円	6,420円	4,760円	3,030円	2,280円
2級地	9,680	7,430	5,840	4,330	2,760	2,070
3級地	8,720	6,690	5,260	3,900	2,480	1,870

(2) 基準生活費の算定
ア 基準生活費の額は、(1)に定める額とする。ただし、12月の基準生活費の額は、次の表に定める期末一時扶助費の額を加えた額とする。

級地別	期末一時扶助費
1級地	5,070円
2級地	4,610
3級地	4,160

イ 表におけるⅠ区からⅥ区までの区分は、1の(2)のイの表に定めるところによる。

3 職業能力開発校附属宿泊施設等に入所又は寄宿している者についての特例

次の表の左欄に掲げる施設に入所又は寄宿している者（特別支援学校に附属する寄宿舎に寄宿している者にあつては、これらの学校の高等部の別科に就学する場合に限る。）に係る基準生活費の額は、1の規定にかかわらず、それぞれ同表の右欄に掲げる額とする。

施　　　設	基準生活費の額	
	基　準　月　額	地区別冬季加算額及び期末一時扶助費の額
職業能力開発促進法（昭和44年法律第64号）にいう職業能力開発校、障害者職業能力開発校又はこれらに準ずる施設に附属する宿泊施設 特別支援学校に附属する寄宿舎 障害者自立支援法（平成17年法律第123号）附則第48条の規定によりなお従前の例により運営をすることができることとされた同条に規定する精神障害者社会復帰施設（以下「旧法精神障害者社会復帰施設」という。）	食費として施設に支払うべき額と入院患者日用品費の基準額の合計額	地区別冬季加算額は、2の(1)のイの表に定めるところにより、期末一時扶助費の額は、2の(2)のアの表に定めるところによる。
障害者自立支援法附則第58条第1項の規定によりなお従前の例により運営をすることができることとされた同項に規定する知的障害者援護施設（以下「旧法知的障害者援護施設」という。）（同法附則第52条の規定による改正前の知的障害者福祉法（昭和35年法律第37号）第21条の8に規定する知的障害者通勤寮（以下「旧法知的障害者通勤寮」という。）に限る。）	食費及び居住に要する費用として施設に支払うべき額と入院患者日用品費の基準額の合計額	
国立身体障害者リハビリテーションセンター	食費及び居住に要する費用として施設に支払うべき額と入院患者日用品費の額の合計額	

国立光明寮 国立保養所 独立行政法人国立重度知的障害者総合施設のぞみの園が設置する施設 障害者自立支援法附則第41条第1項の規定によりなお従前の例により運営をすることができることとされた同項に規定する身体障害者更生援護施設（以下「旧法身体障害者更生援護施設」という。） 旧法知的障害者援護施設（旧法知的障害者通勤寮を除く。） 障害者自立支援法第5条第12項に規定する障害者支援施設 児童福祉施設最低基準（昭和23年厚生省令第63号）にいう知的障害児施設（自閉症児施設を除く。）、第二種自閉症児施設、盲児施設、ろうあ児施設、肢体不自由児療護施設	
児童福祉施設最低基準にいう第一種自閉症児施設、肢体不自由児施設（肢体不自由児通園施設及び肢体不自由児療護施設を除く。）、重症心身障害児施設 児童福祉法（昭和22年法律第164号）にいう指定医療機関	入院患者日用品費の額

第2章　加算
1　妊産婦加算
　(1)　加算額（月額）

級　地　別	妊　　　　　婦		産　　婦
	妊娠6か月未満	妊娠6か月以上	
1級地及び2級地	9,140円	13,810円	8,490円
3　　級　　地	7,770	11,740	7,220

(2) 妊婦についての加算は、妊娠の事実を確認した日の属する月の翌月から行う。
(3) 産婦についての加算は、出産の日の属する月から行い、期間は6箇月を限度として別に定める。
(4) (3)の規定にかかわらず、保護受給中の者については、その出産の日の属する月は妊婦についての加算を行い、翌月から5箇月を限度として別に定めるところにより産婦についての加算を行う。
(5) 妊産婦加算は、病院又は診療所において給食を受けている入院患者及び内部障害者更生施設に入所している者については、行わない。

2 障害者加算
  (1) 加算額（月額）

			(2)のアに該当する者	(2)のイに該当する者
在宅者	1 級 地		26,850円	17,890円
	2 級 地		24,970	16,650
	3 級 地		23,100	15,400
入院患者又は社会福祉施設若しくは介護施設の入所者			22,340	14,890

  （注） 社会福祉施設とは保護施設、旧法身体障害者更生援護施設、旧法精神障害者社会復帰施設、旧法知的障害者援護施設、障害者自立支援法第5条第12項に規定する障害者支援施設、児童福祉施設最低基準にいう知的障害児施設（自閉症児施設を除く。）、第二種自閉症児施設、盲児施設、ろうあ児施設若しくは肢体不自由児療護施設又は老人福祉法（昭和38年法律第133号）にいう老人福祉施設をいい、介護施設とは介護保険法（平成9年法律第123号）にいう介護保険施設をいうものであること（以下同じ。）。

  (2) 障害者加算は、次に掲げる者について行う。
    ア 障害等級表の1級若しくは2級又は国民年金法施行令別表に定める1級のいずれかに該当する障害のある者（症状が固定している者及び症状が固定してはいないが障害の原因となつた傷病について初めて医師又は歯科医師の診療を受けた後1年6月を経過した者に限る。）。
    イ 障害等級表の3級又は国民年金法施行令別表に定める2級のいずれかに該当する障害のある者（症状が固定している者及び症状が固定してはいないが障害の原因となつた傷病について初めて医師又は歯科医師の診療を受けた後1年6月を経過した者に限る。）。ただし、アに該当する者を除く。
  (3) 特別児童扶養手当等の支給に関する法律施行令（昭和50年政令第207号）別表第1に定める程度の障害の状態にあるため、日常生活において常時の介護を必要とする者（児童福祉法に規定する肢体不自由児施設、老人福祉法に規定する養護老人ホーム及び特別養護老人ホーム並びに障害児福祉手当及び特別障害者手当の支給に関する省令（昭和50年厚生省令第34号）第1条に規定する施設に入所している者を除く。）については、別に14,380円を算定するものとする。

(4) (2)のアに該当する障害のある者であつて当該障害により日常生活のすべてについて介護を必要とするものを、その者と同一世帯に属する者が介護する場合においては、別に12,060円を算定するものとする。この場合においては、(5)の規定は適用しないものとする。

(5) 介護人をつけるための費用を要する場合においては、別に69,810円の範囲内において必要な額を算定するものとする。

3　介護施設入所者加算

　介護施設入所者加算は、介護施設入所者基本生活費が算定されている者であつて、障害者加算又は8に定める母子加算が算定されていないものについて行い、加算額（月額）は、9,890円の範囲内の額とする。

4　在宅患者加算

(1) 加算額（月額）

級　　地　　別	加　　算　　額
1級地及び2級地	13,290円
3　級　地	11,300

(2) 在宅患者加算は、次に掲げる在宅患者であつて現に療養に専念しているものについて行う。

　ア　結核患者であつて現に治療を受けているもの及び結核患者であつて現に治療を受けてはいないが、保護の実施機関の指定する医師の診断により栄養の補給を必要とすると認められるもの

　イ　結核患者以外の患者であつて3箇月以上の治療を必要とし、かつ、保護の実施機関の指定する医師の診断により栄養の補給を必要とすると認められるもの

(3) 在宅患者加算は、(2)に掲げる者であつて内部障害者更生施設に入所しているものについては、行わない。

5　放射線障害者加算

　放射線障害者加算は、次に掲げる者について行い、その額は、(1)に該当する者にあつては月額42,660円、(2)に該当する者にあつては月額21,330円とする。

(1)ア　原子爆弾被爆者に対する援護に関する法律（平成6年法律第117号）第11条第1項の認定を受けた者であつて、同項の認定に係る負傷又は疾病の状態にあるもの（同法第24条第2項に規定する都道府県知事の認定を受けた者に限る。）

　イ　放射線（広島市及び長崎市に投下された原子爆弾の放射線を除く。以下(2)において同じ。）を多量に浴びたことに起因する負傷又は疾病の患者であつて、当該負傷又は疾病が放射線を多量に浴びたことに起因する旨の厚生労働大臣の認定を受けたもの

(2)ア　原子爆弾被爆者に対する援護に関する法律第11条第1項の認定を受けた者（同法第25条第2項に規定する都道府県知事の認定を受けた者であつて、(1)のアに該当しないものに限る。）

　イ　放射線を多量に浴びたことに起因する負傷又は疾病の患者であつた者であつ

て、当該負傷又は疾病が放射線を多量に浴びたことに起因する旨の厚生労働大臣の認定を受けたもの

6 児童養育加算

児童養育加算は、児童の養育にあたる者について行い、その加算額（月額）は、15歳に達する日以後の最初の3月31日までの間にある児童1人につき13,000円とする。

7 介護保険料加算

介護保険料加算は、介護保険の第一号被保険者であつて、介護保険法第131条に規定する普通徴収の方法によつて保険料を納付する義務を負うものに対して行い、その加算額は、当該者が被保険者となる介護保険を行う市町村に対して納付すべき保険料の実費とする。

8 母子加算

(1) 加算額（月額）

		児童1人	児童が2人の場合に加える額	児童が3人以上1人を増すごとに加える額
在宅者	1級地	23,260円	1,840円	940円
	2級地	21,640	1,720	870
	3級地	20,020	1,610	800
入院患者又は社会福祉施設若しくは介護施設の入所者		19,380	1,560	770

(2) 母子加算は、父母の一方若しくは両方が欠けているか又はこれに準ずる状態にあるため、父母の他方又は父母以外の者が児童（18歳に達する日以後の最初の3月31日までの間にある者又は20歳未満で2の(2)に掲げる者をいう。）を養育しなければならない場合に、当該養育に当たる者について行う。ただし、当該養育に当たる者が父又は母である場合であつて、その者が児童の養育に当たることができる者と婚姻関係（婚姻の届出をしていないが事実上婚姻と同様の事情にある場合を含む。）にあり、かつ、同一世帯に属するときは、この限りでない。

9 重複調整等

障害者加算又は母子加算について、同一の者がいずれの加算事由にも該当する場合には、いずれか高い加算額（同額の場合にはいずれか一方の加算額）を算定するものとし、相当期間にわたり加算額の全額を必要としないものと認められる場合には、当該加算額の範囲内において必要な額を算定するものとする。ただし、障害者加算のうち2の(4)又は(5)に該当することにより行われる障害者加算額及び母子加算のうち児童が2人以上の場合に児童1人につき加算する額は、重複調整を行わないで算定するものとする。

第3章　入院患者日用品費、介護施設入所者基本生活費及び移送費
1　入院患者日用品費
(1)　基準額及び加算額（月額）

基　準　額	地区別冬季加算額（11月から3月まで）		
	Ⅰ区及びⅡ区	Ⅲ区及びⅣ区	Ⅴ区及びⅥ区
23,150円以内	3,600円	2,110円	1,000円

(2)　入院患者日用品費は、次に掲げる者について算定する。
　ア　病院又は診療所（介護療養型医療施設を除く。以下同じ。）に1箇月以上入院する者
　イ　救護施設、更生施設又は老人福祉法にいう養護老人ホーム若しくは特別養護老人ホームから病院又は診療所に入院する者
　ウ　介護施設から病院又は診療所に入院する者
(3)　(1)の表におけるⅠ区からⅥ区までの区分は、第1章の1の(2)のイの表に定めるところによる。

2　介護施設入所者基本生活費
(1)　基準額及び加算額（月額）

基　準　額	地区別冬季加算額（11月から3月まで）		
	Ⅰ区及びⅡ区	Ⅲ区及びⅣ区	Ⅴ区及びⅥ区
9,890円以内	3,600円	2,110円	1,000円

(2)　介護施設入所者基本生活費は、介護施設に入所する者について算定する。
(3)　(1)の表におけるⅠ区からⅥ区までの区分は、第1章の1の(2)のイの表に定めるところによる。

3　移送費
　　移送費の額は、移送に必要な最小限度の額とする。

別表第2　教育扶助基準

区　分＼学校別	小　学　校	中　学　校
基　準　額（月額）	2,150円	4,180円
教　材　代	正規の教材として学校長又は教育委員会が指定するものの購入に必要な額	
学　校　給　食　費	保護者が負担すべき給食費の額	
通学のための交通費	通学に必要な最小限度の額	
学習支援費（月額）	2,560円	4,330円

別表第3　住宅扶助基準

1　基準額

区分 級地別	家賃、間代、地代等の額 （月額）	補修費等住宅維持費の額 （年額）
1級地及び2級地	13,000円以内	120,000円以内
3　級　地	8,000円以内	

2　家賃、間代、地代等については、当該費用が1の表に定める額を超えるときは、都道府県又は地方自治法（昭和22年法律第67号）第252条の19第1項の指定都市（以下「指定都市」という。）若しくは同法第252条の22第1項の中核市（以下「中核市」という。）ごとに、厚生労働大臣が別に定める額の範囲内の額とする。

別表第4　医療扶助基準

1	指定医療機関等において診療を受ける場合の費用	生活保護法第52条の規定による診療方針及び診療報酬に基づきその者の診療に必要な最小限度の額
2	薬剤又は治療材料に係る費用（1の費用に含まれる場合を除く。）	25,000円以内の額
3	施術のための費用	都道府県知事又は指定都市若しくは中核市の長が施術者のそれぞれの組合と協定して定めた額以内の額
4	移送費	移送に必要な最小限度の額

別表第5　介護扶助基準

1	居宅介護、福祉用具、住宅改修又は施設介護に係る費用	生活保護法第54条の2第4項において準用する同法第52条の規定による介護の方針及び介護の報酬に基づきその者の介護サービスに必要な最小限度の額
2	移送費	移送に必要な最小限度の額

別表第6　出産扶助基準

1　基準額

区分	基準額
施設分べんの場合の額	202,000円以内
居宅分べんの場合の額	204,000円以内

2　病院、助産所等施設において分べんする場合は、入院（8日以内の実入院日数）に要する必要最小限度の額を基準額に加算する。
3　衛生材料費を必要とする場合は、5,400円の範囲内の額を基準額に加算する。

別表第7　生業扶助基準
1　基準額

区　　分			基　準　額
生　業　費			45,000円以内
技能修得費	技能修得費（高等学校等就学費を除く。）		72,000円以内
	高等学校等就学費	基本額（月額）	5,300円
		教材代	正規の授業で使用する教材の購入に必要な額
		授業料	高等学校等（公立高等学校に係る授業料の不徴収及び高等学校等就学支援金の支給に関する法律（平成22年法律第18号）第2条第1項各号に掲げるものを除く。）に通学する場合は、同法の施行前に当該高等学校等が所在する都道府県の条例に定められていた都道府県立の高等学校における額以内の額。
		入学料及び入学考査料	高等学校等が所在する都道府県の条例に定める都道府県立の高等学校等における額以内の額。ただし、市町村立の高等学校等に通学する場合は、当該高等学校等が所在する市町村の条例に定める市町村立の高等学校等における額以内の額。
		通学のための交通費	通学に必要な最小限度の額
		学習支援費（月額）	5,010円
就　職　支　度　費			28,000円以内

2　技能修得費（高等学校等就学費を除く。以下同じ。）は、技能修得（高等学校等への就学を除く。以下同じ。）の期間が1年以内の場合において、1年を限度として算定する。ただし、世帯の自立更生上特に効果があると認められる技能修得（高等学校等への就学を除く。以下同じ。）については、その期間は2年以内とし、1年につき72,000円以内の

額を2年を限度として算定する。
3 技能修得のため交通費を必要とする場合は、1又は2に規定するところにより算定した技能修得費の額にその実費を加算する。

別表第8　葬祭扶助基準

1　基準額

級　地　別	基　　準　　額	
	大　　人	小　　人
1級地及び2級地	201,000円以内	160,800円以内
3　　級　　地	175,900円以内	140,700円以内

2　葬祭に要する費用の額が基準額を超える場合であつて、葬祭地の市町村条例に定める火葬に要する費用の額が次に掲げる額を超えるときは、当該超える額を基準額に加算する。

級　地　別	大　　人	小　　人
1級地及び2級地	600円	500円
3　　級　　地	480	400

3　葬祭に要する費用の額が基準額を超える場合であつて、自動車の料金その他死体の運搬に要する費用の額が次に掲げる額を超えるときは、19,700円から次に掲げる額を控除した額の範囲内において当該超える額を基準額に加算する。

級　地　別	金　　額
1級地及び2級地	13,330円
3　　級　　地	11,660円

4 養育費算定表・婚姻費用算定表

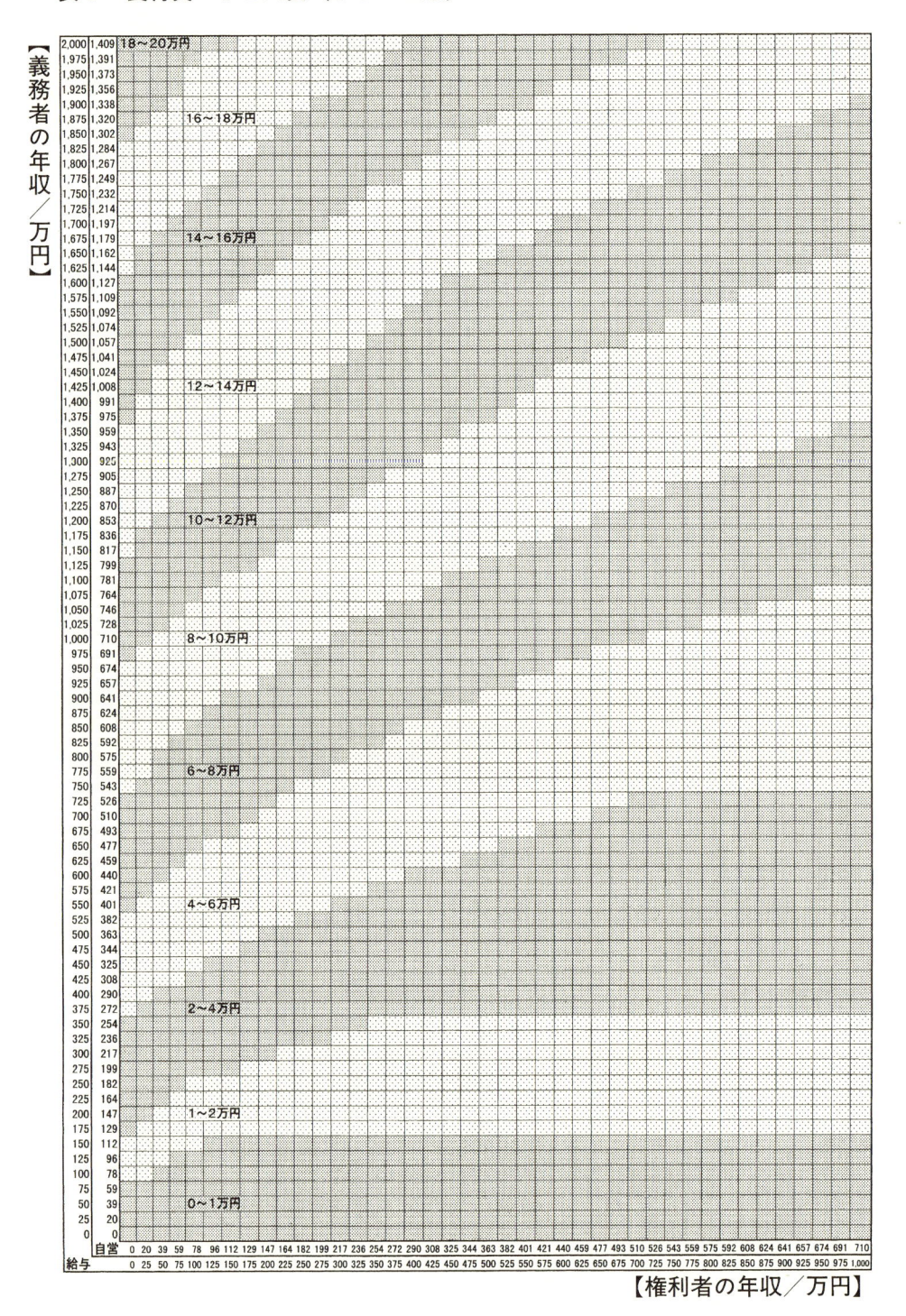

表1 養育費・子1人表（子0～14歳）

【義務者の年収／万円】

【権利者の年収／万円】

附録資料

表2　養育費・子1人表（子15～19歳）

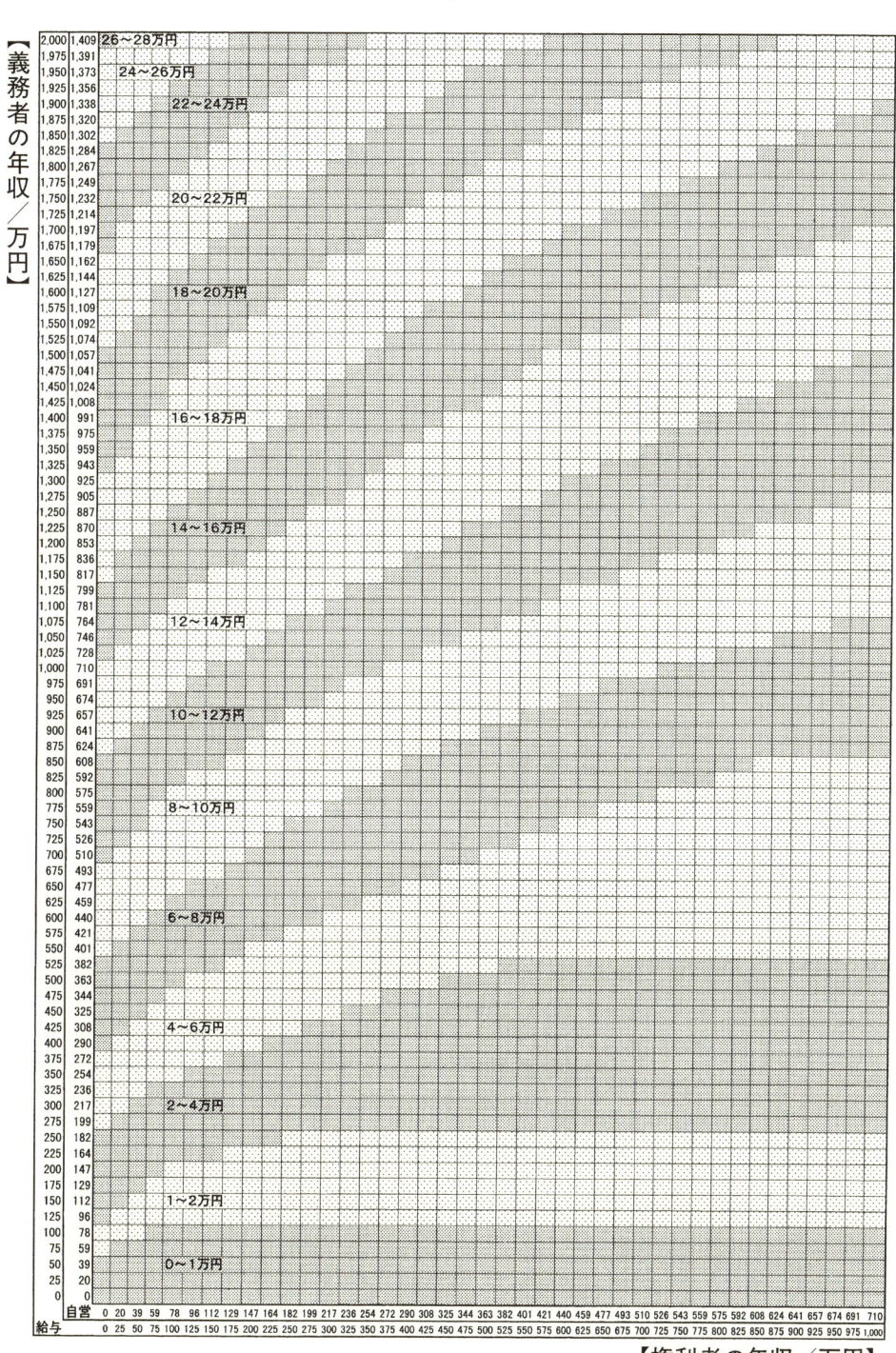

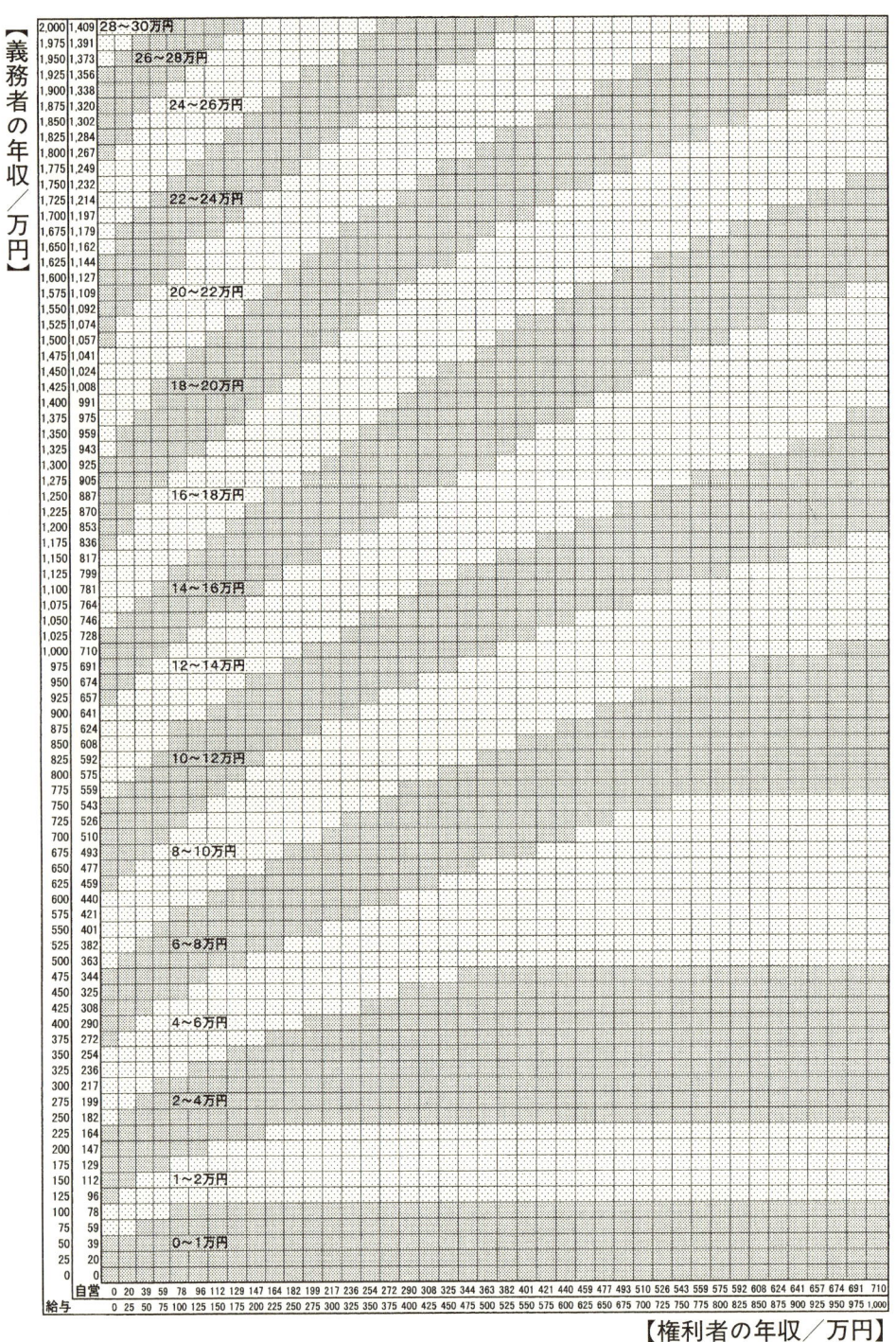

表3　養育費・子2人表（第1子及び第2子0〜14歳）

表4　養育費・子2人表（第1子15〜19歳，第2子0〜14歳）

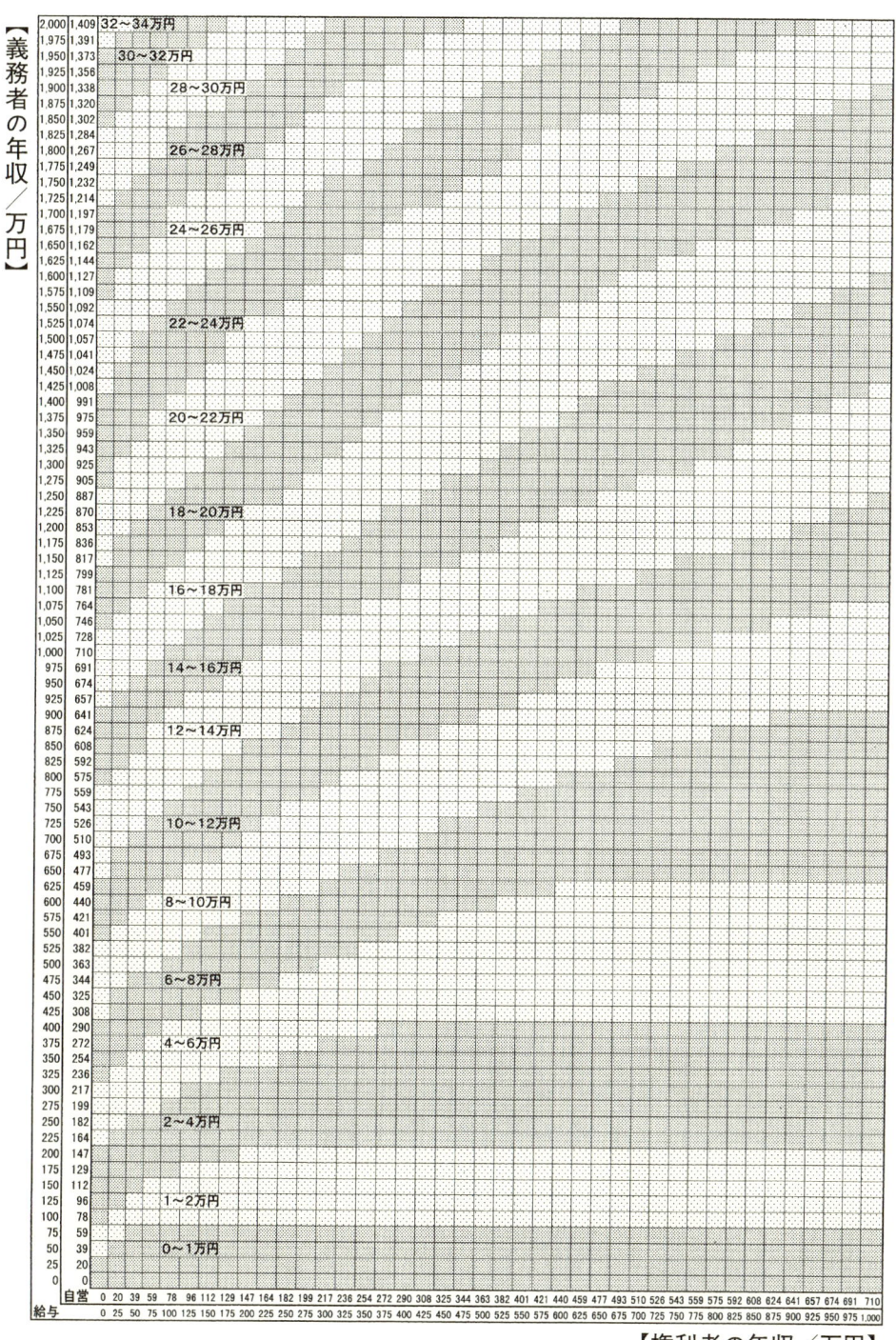

表5　養育費・子2人表（第1子及び第2子15〜19歳）

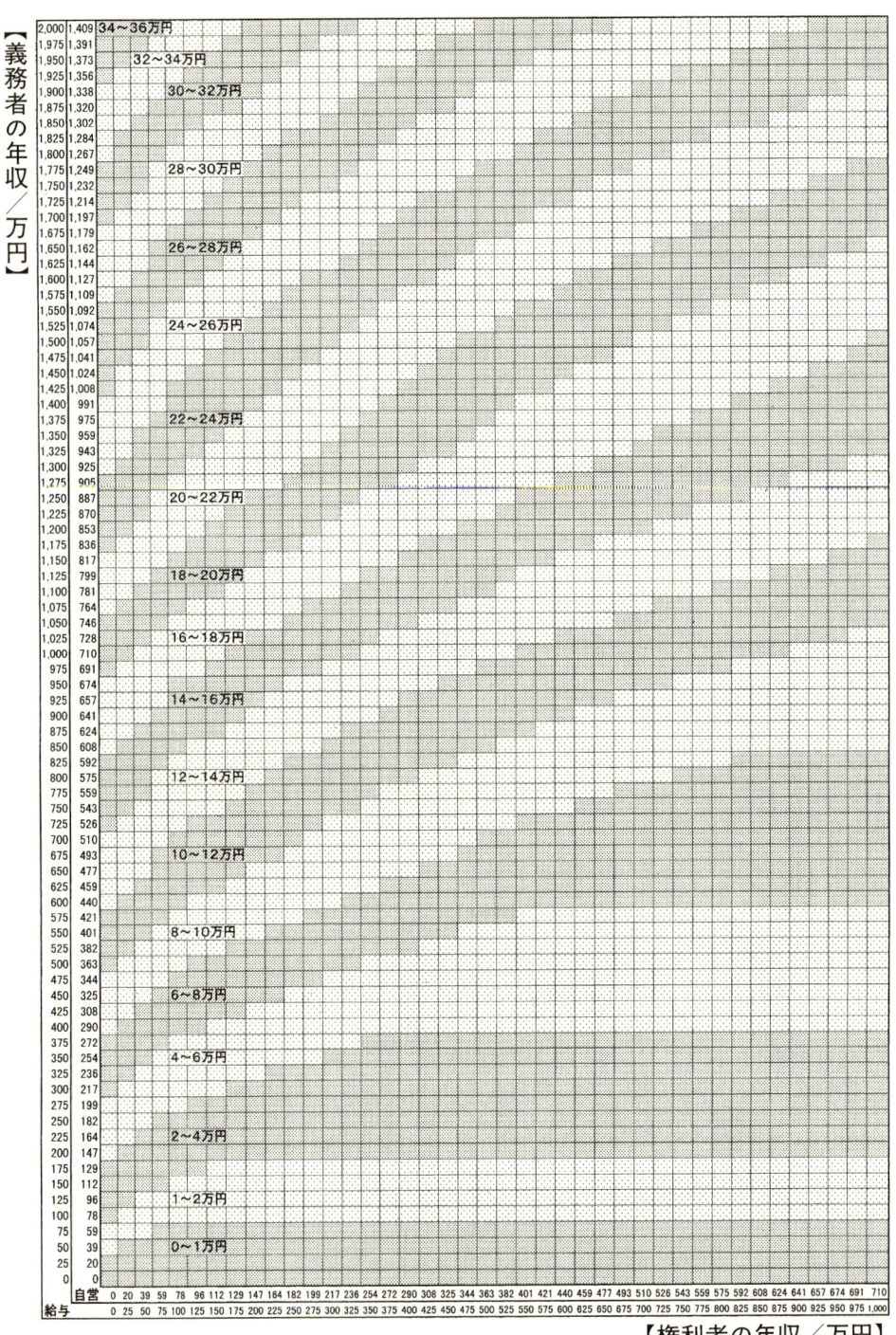

表6　養育費・子3人表（第1子，第2子及び第3子0～14歳）

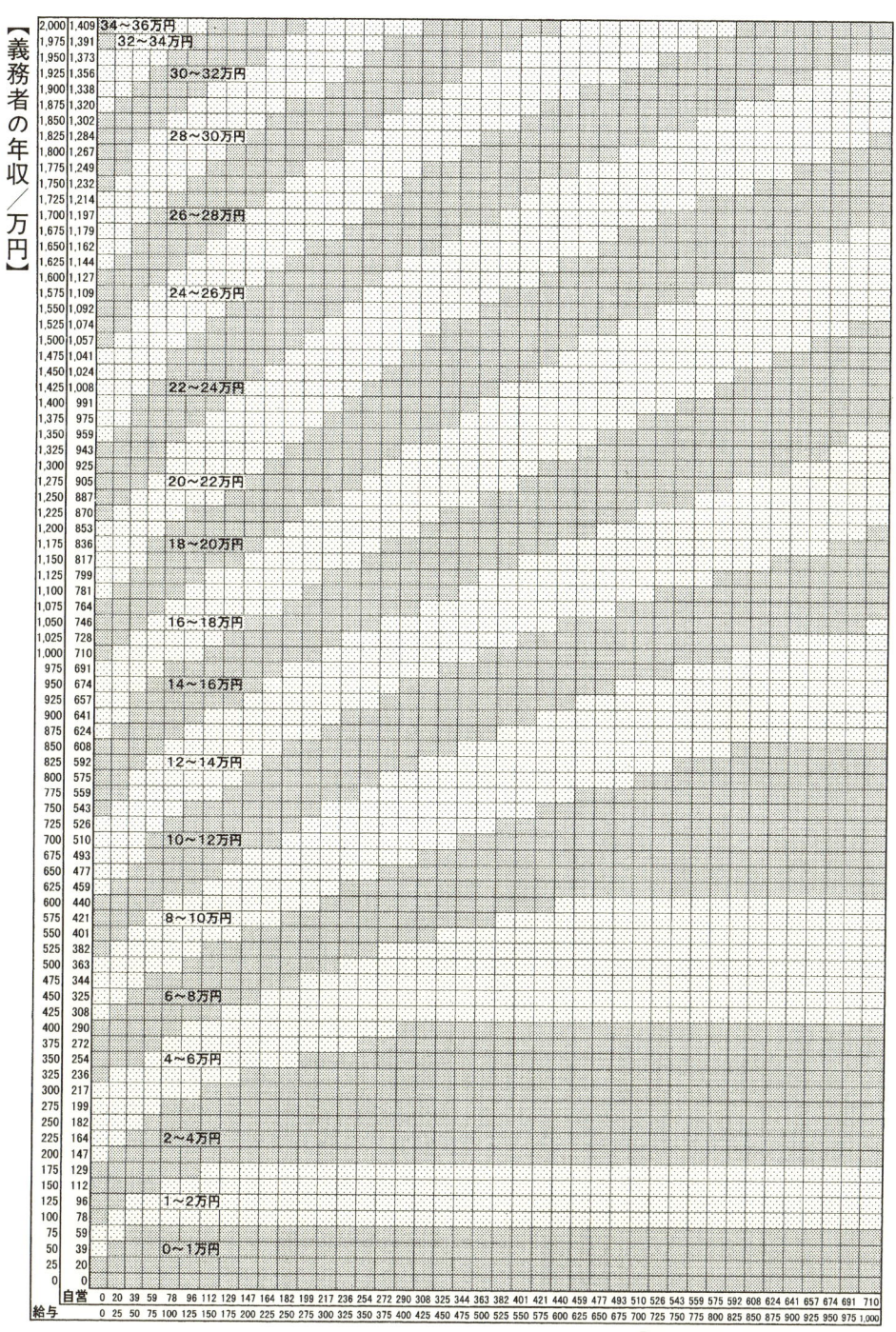

表7 養育費・子3人表（第1子15～19歳，第2子及び第3子0～14歳）

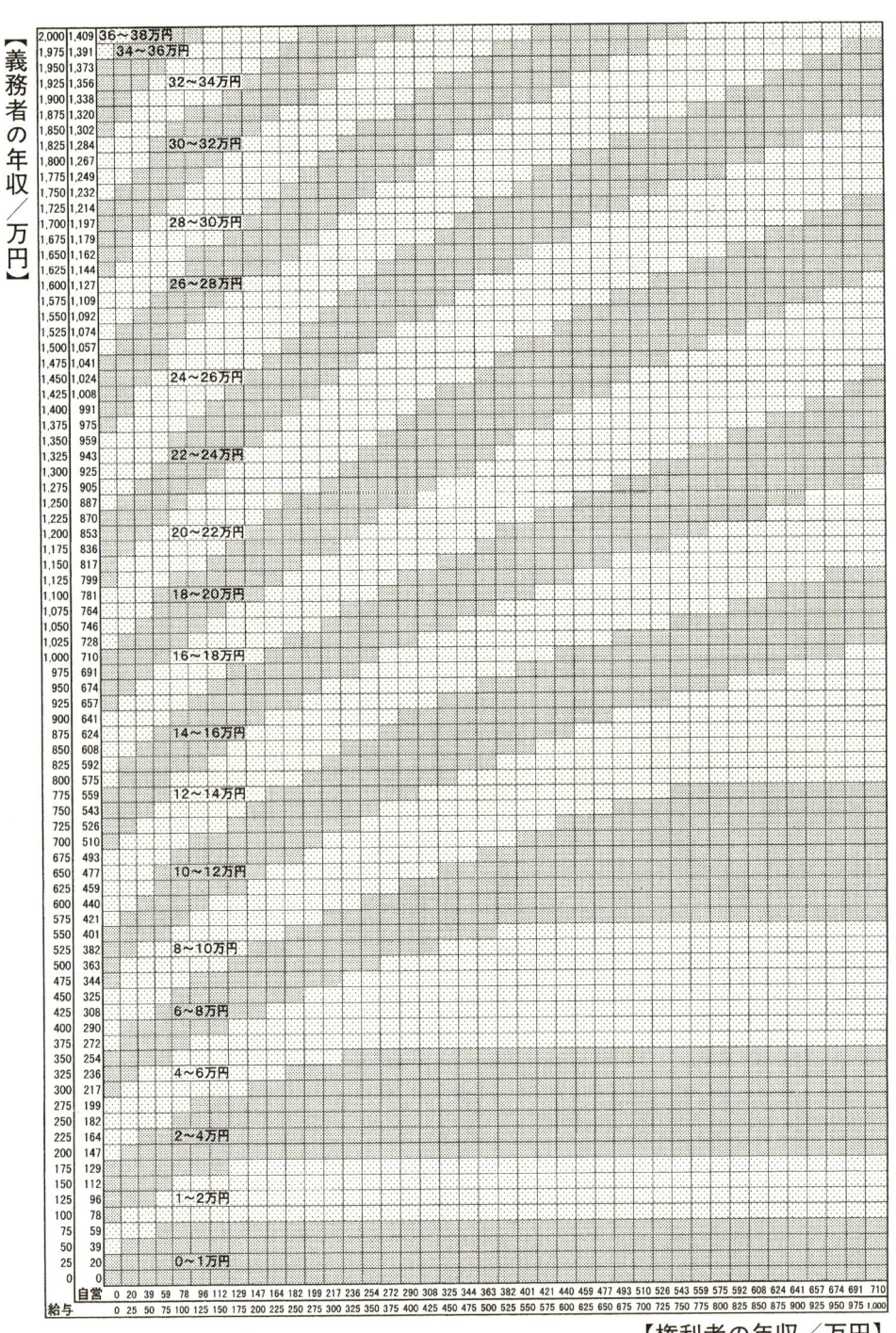

表8 養育費・子3人表（第1子及び第2子15～19歳，第3子0～14歳）

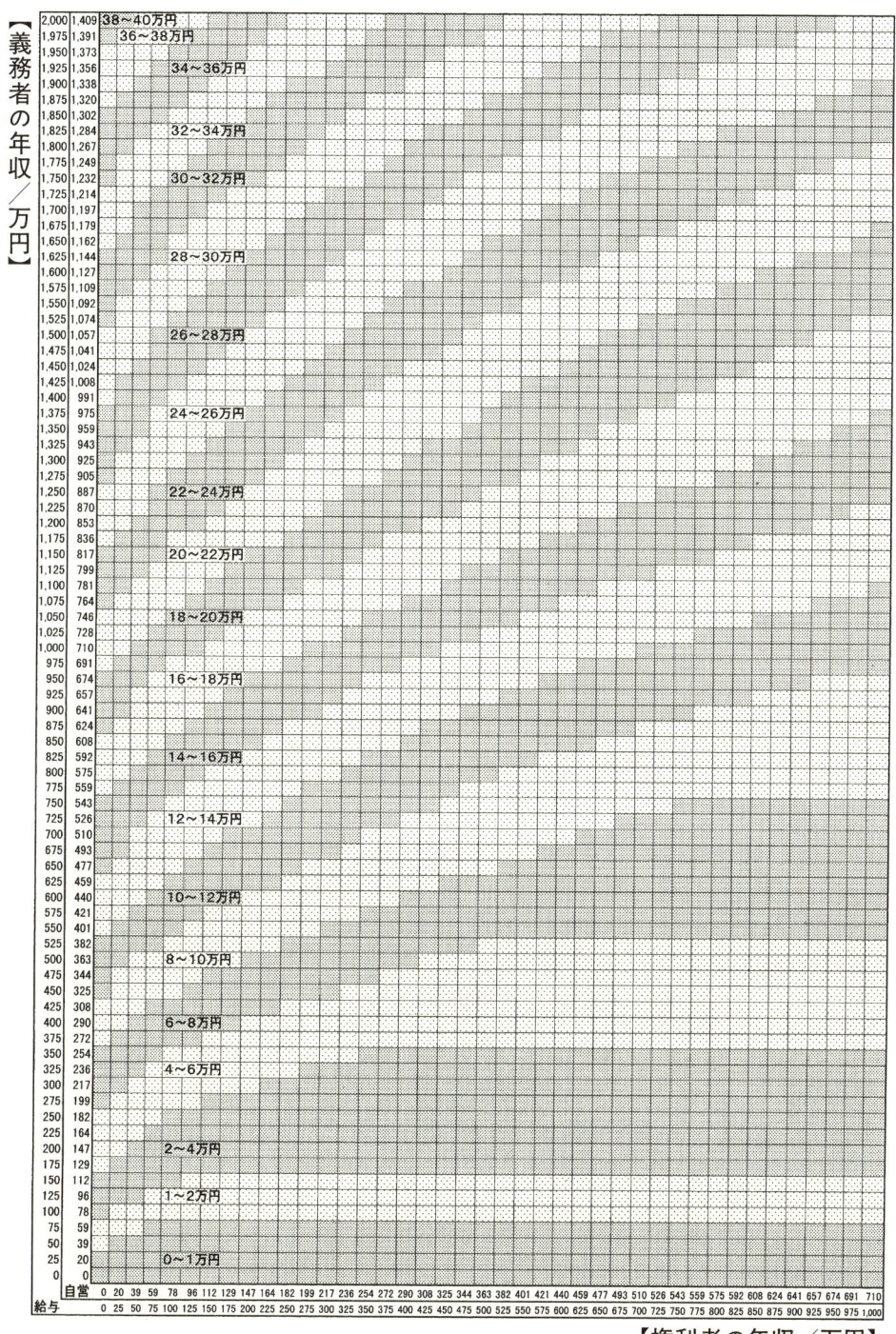

表9　養育費・子3人表（第1子，第2子及び第3子15〜19歳）

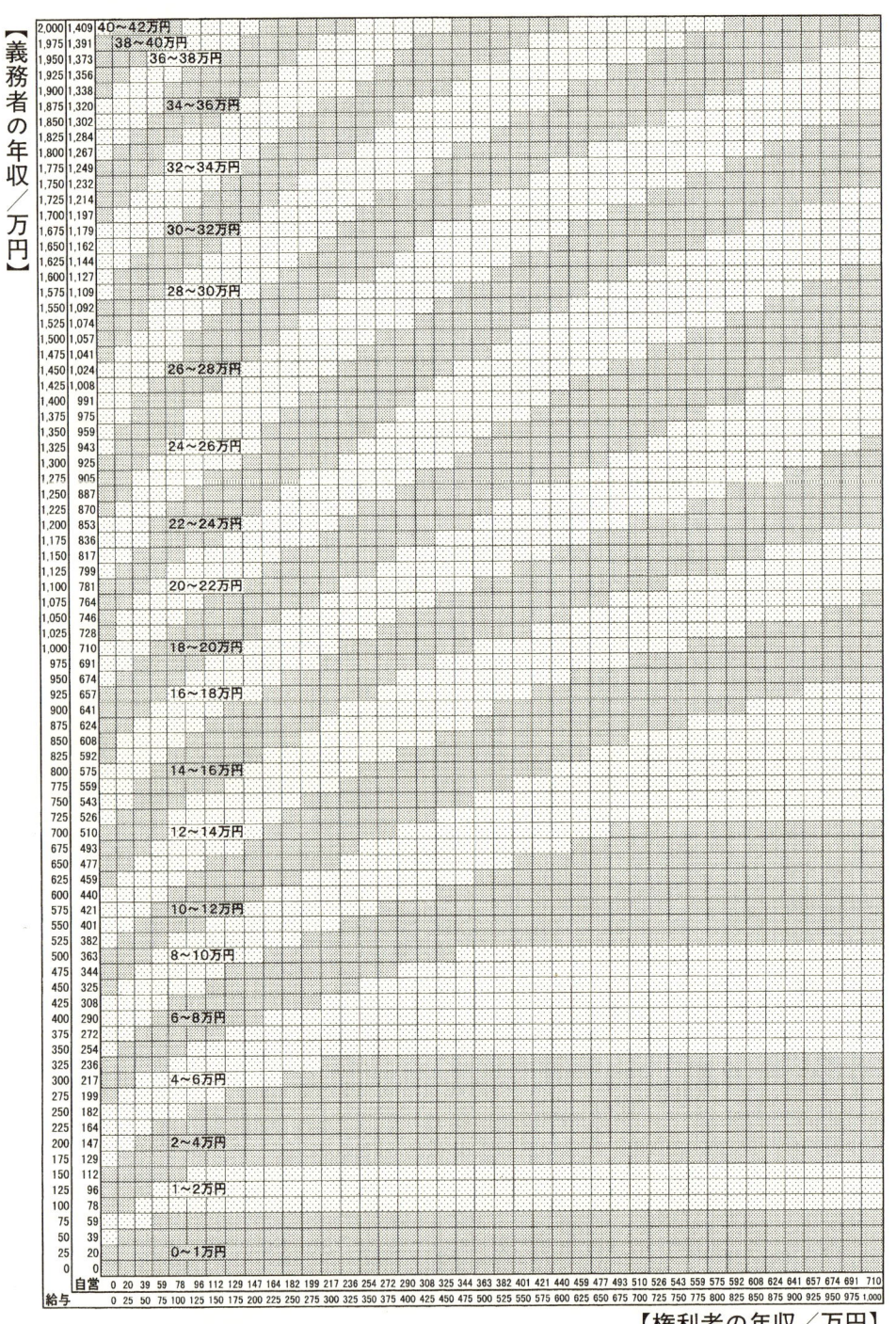

表10　婚姻費用・夫婦のみの表

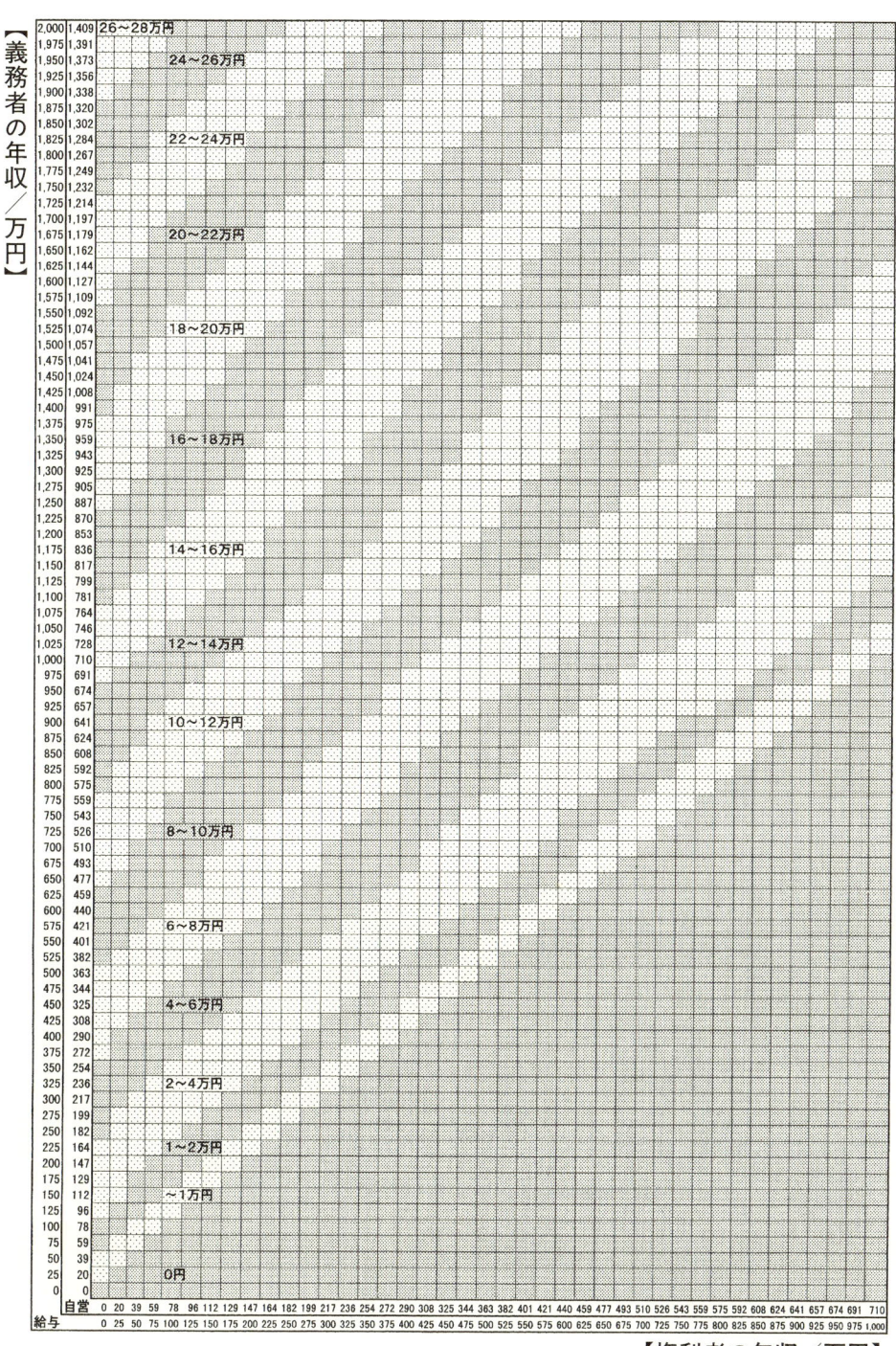

表11　婚姻費用・子1人表（子0～14歳）

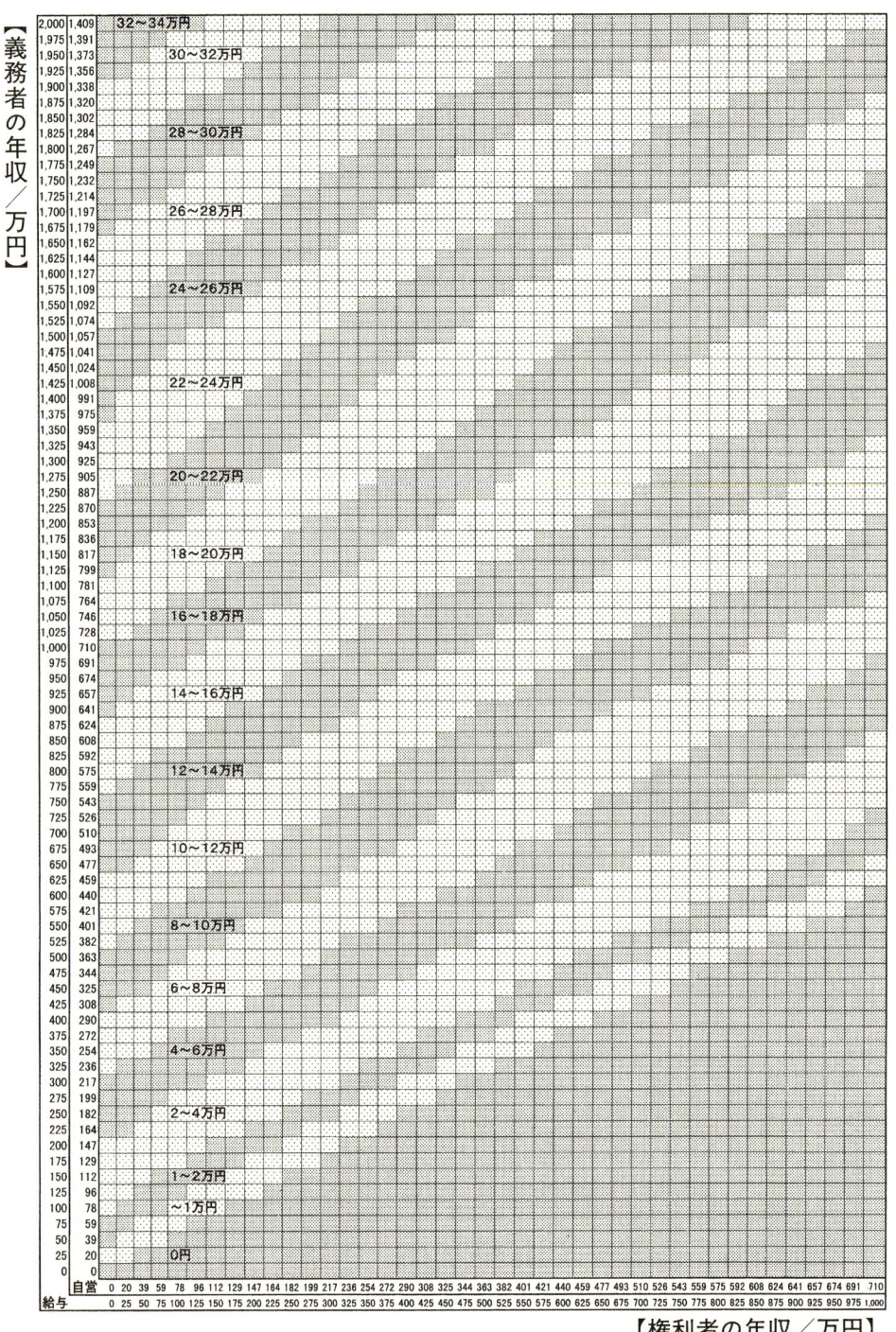

表12　婚姻費用・子1人表（子15〜19歳）

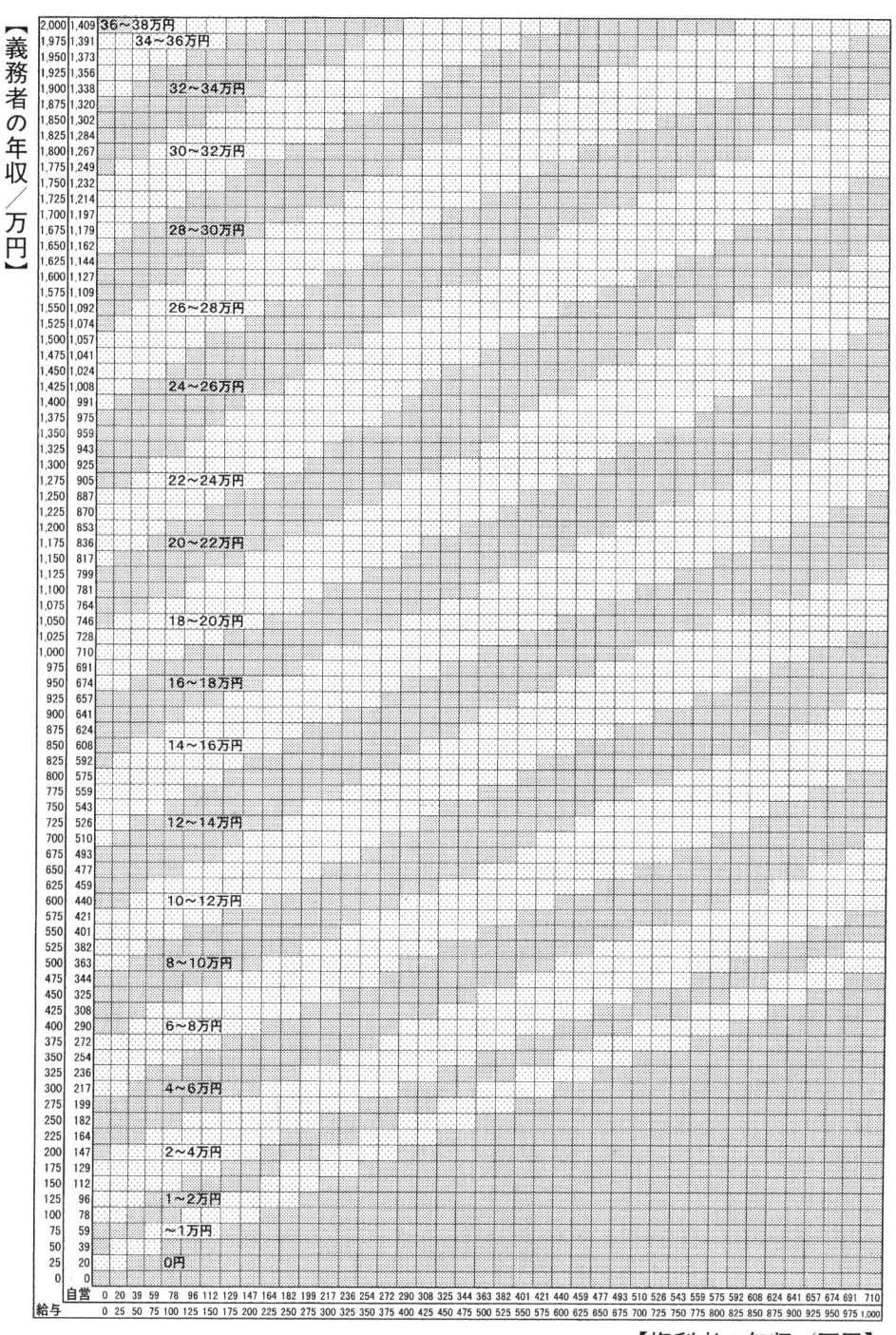

【義務者の年収／万円】

【権利者の年収／万円】

表13 婚姻費用・子2人表（第1子及び第2子0〜14歳）

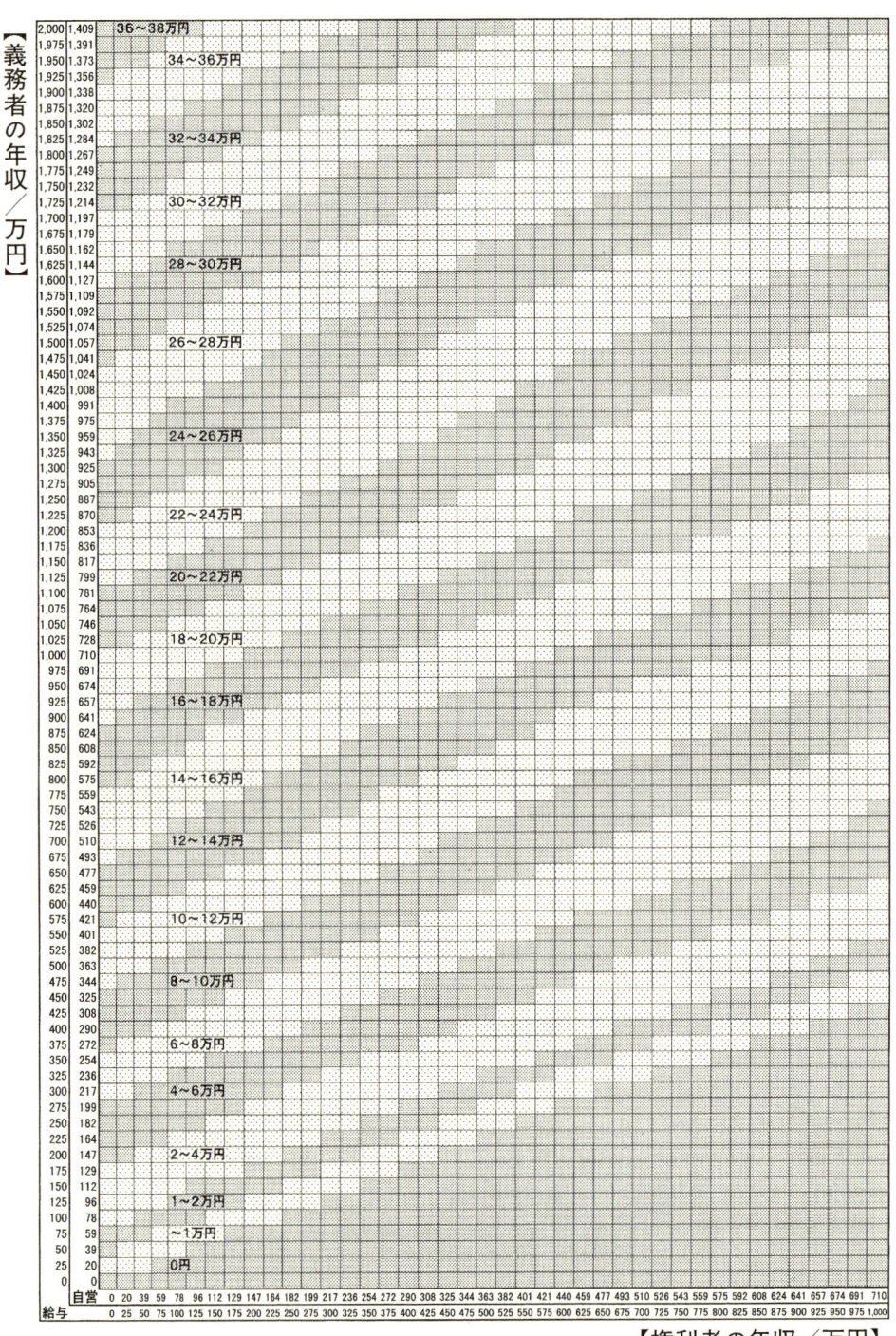

表14　婚姻費用・子2人表（第1子15～19歳，第2子0～14歳）

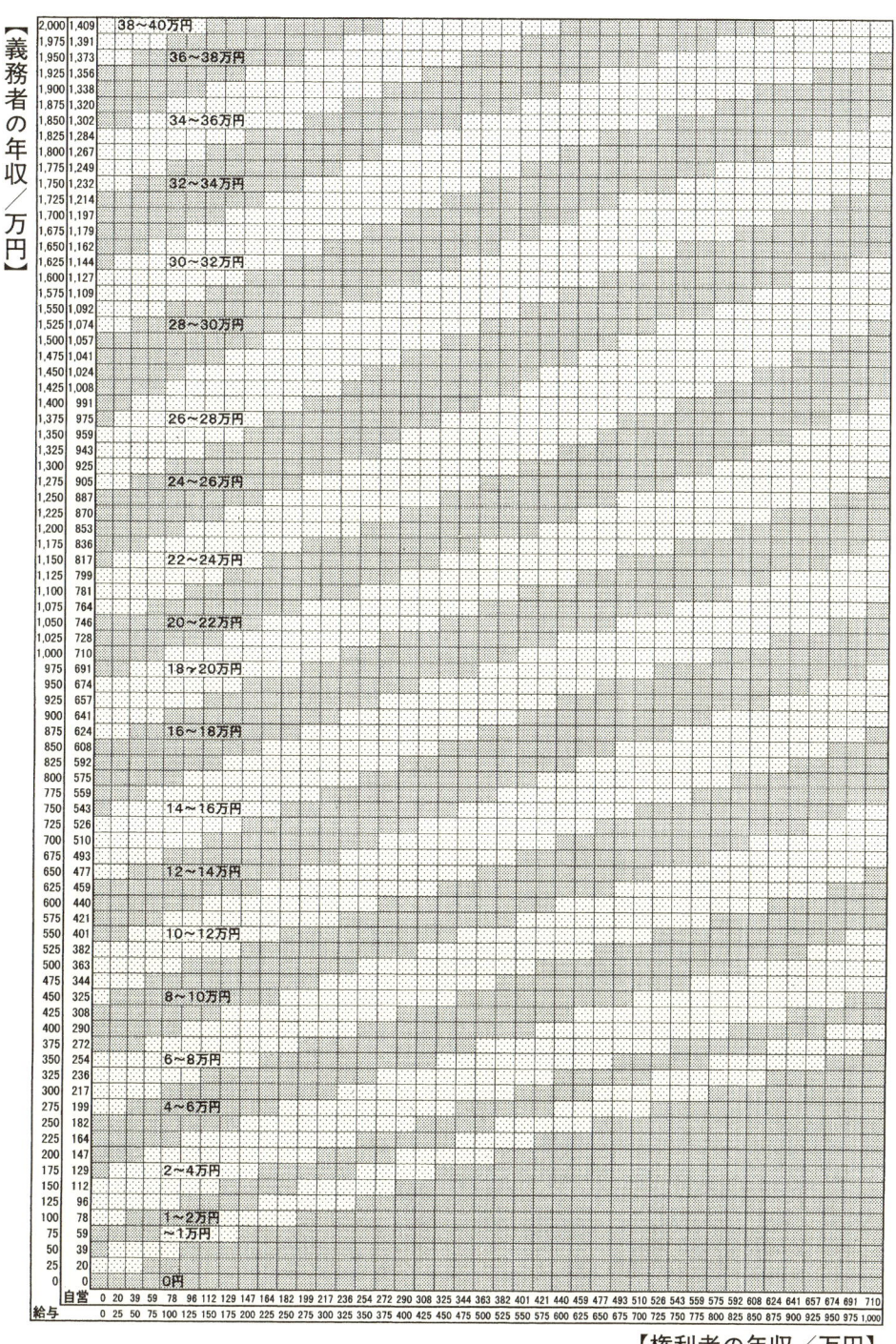

表15 婚姻費用・子2人表（第1子及び第2子15～19歳）

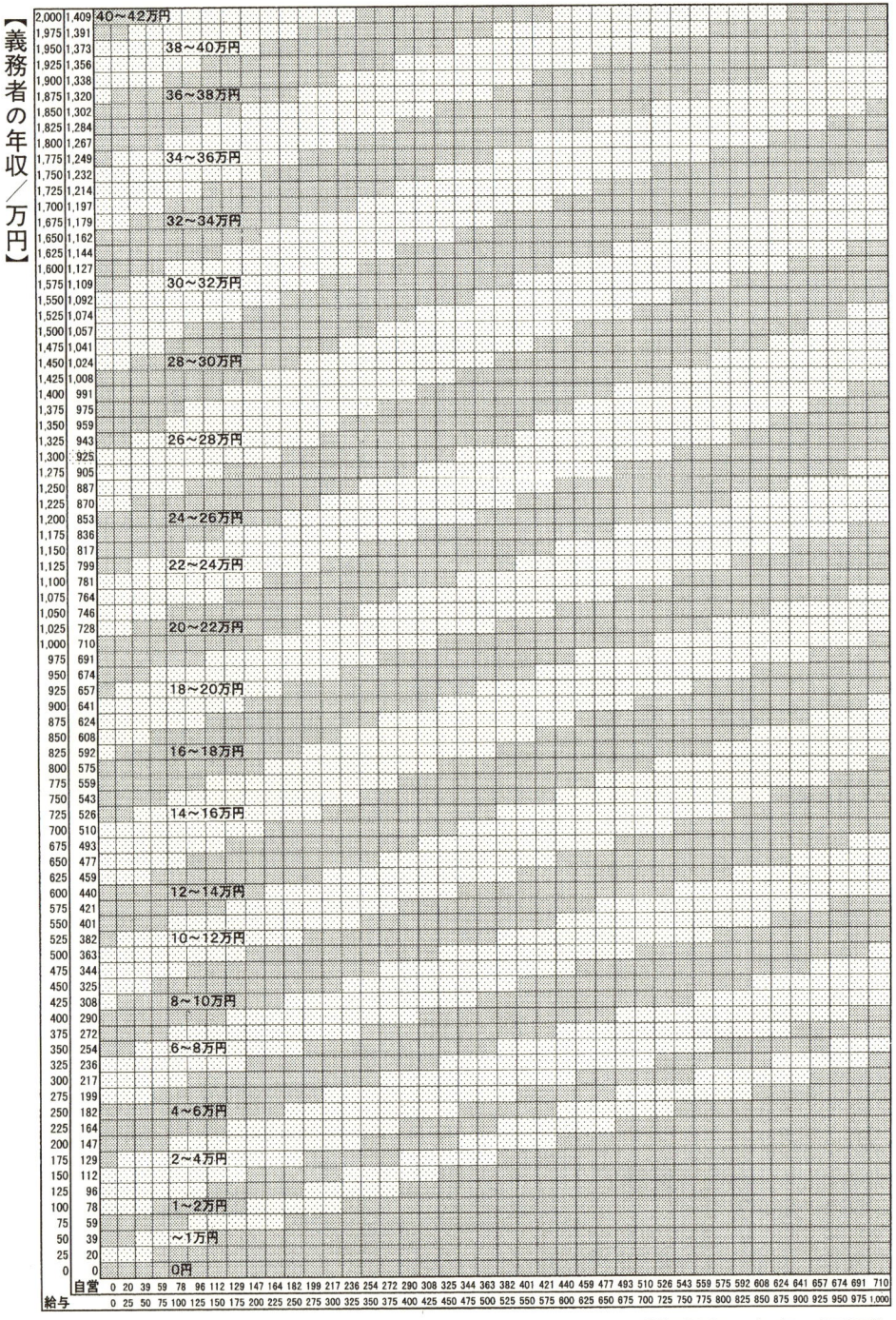

表16 婚姻費用・子3人表（第1子，第2子及び第3子0～14歳）

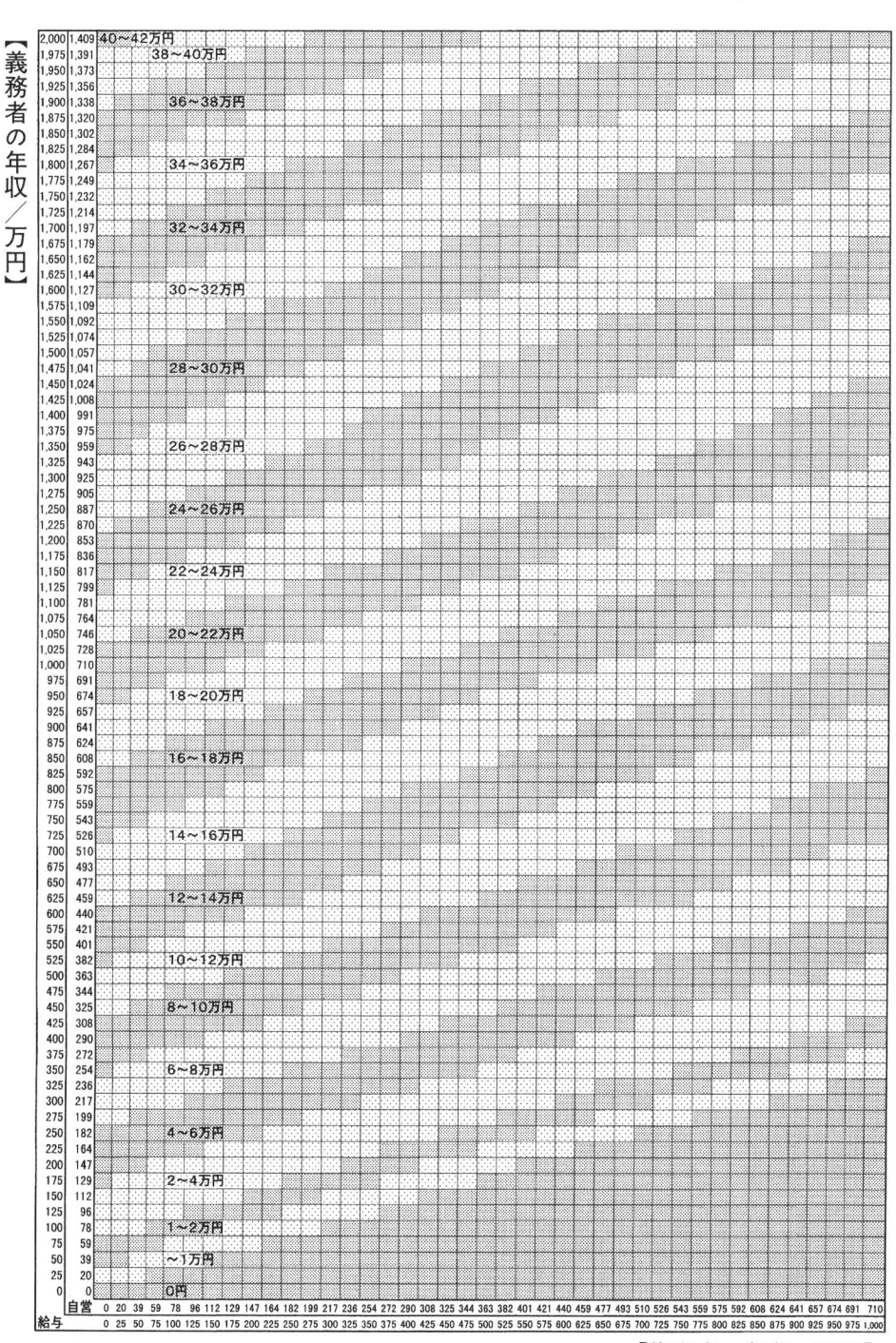

表17 婚姻費用・子3人表（第1子15～19歳，第2子及び第3子0～14歳）

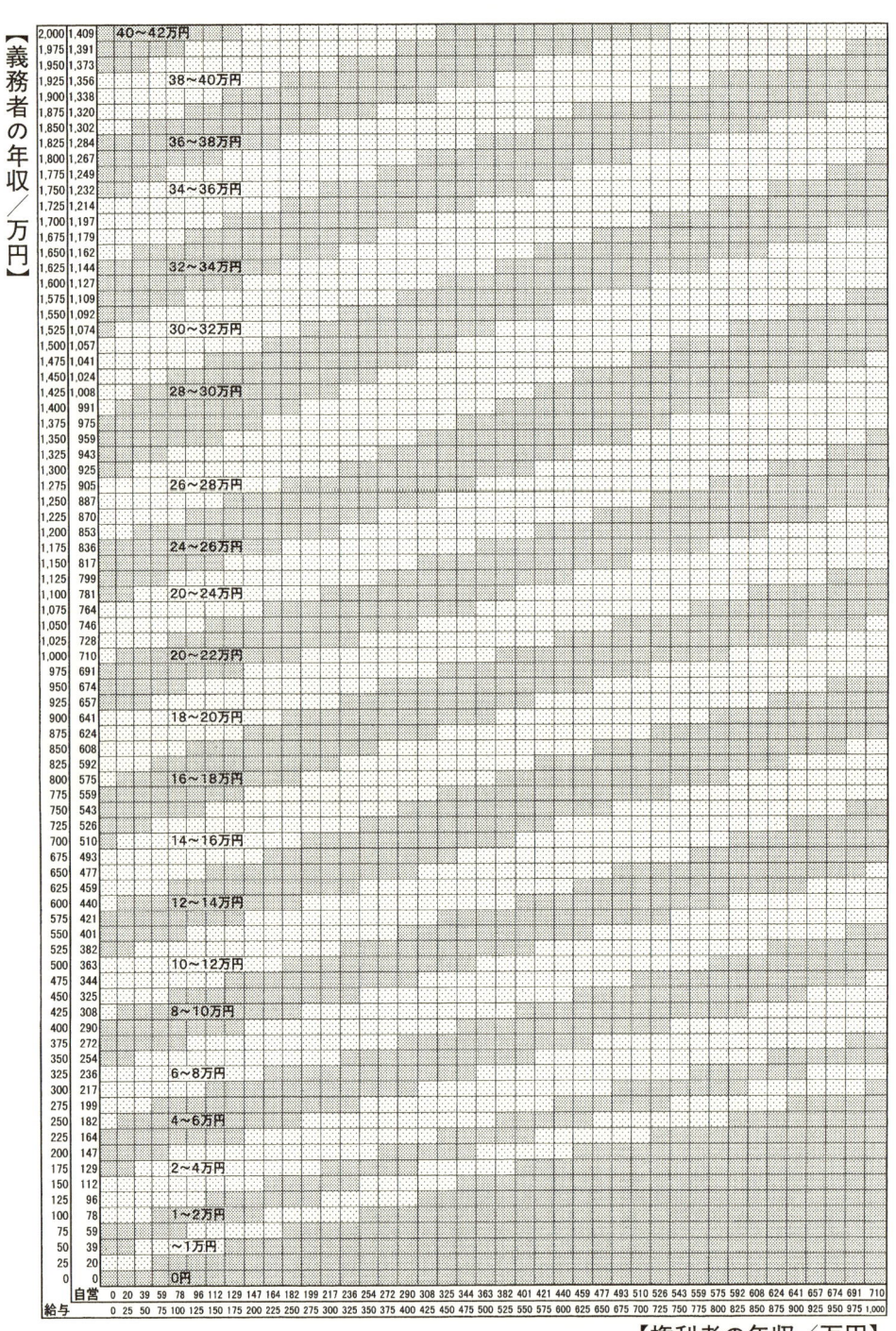

表18　婚姻費用・子3人表（第1子及び第2子15〜19歳，第3子0〜14歳）

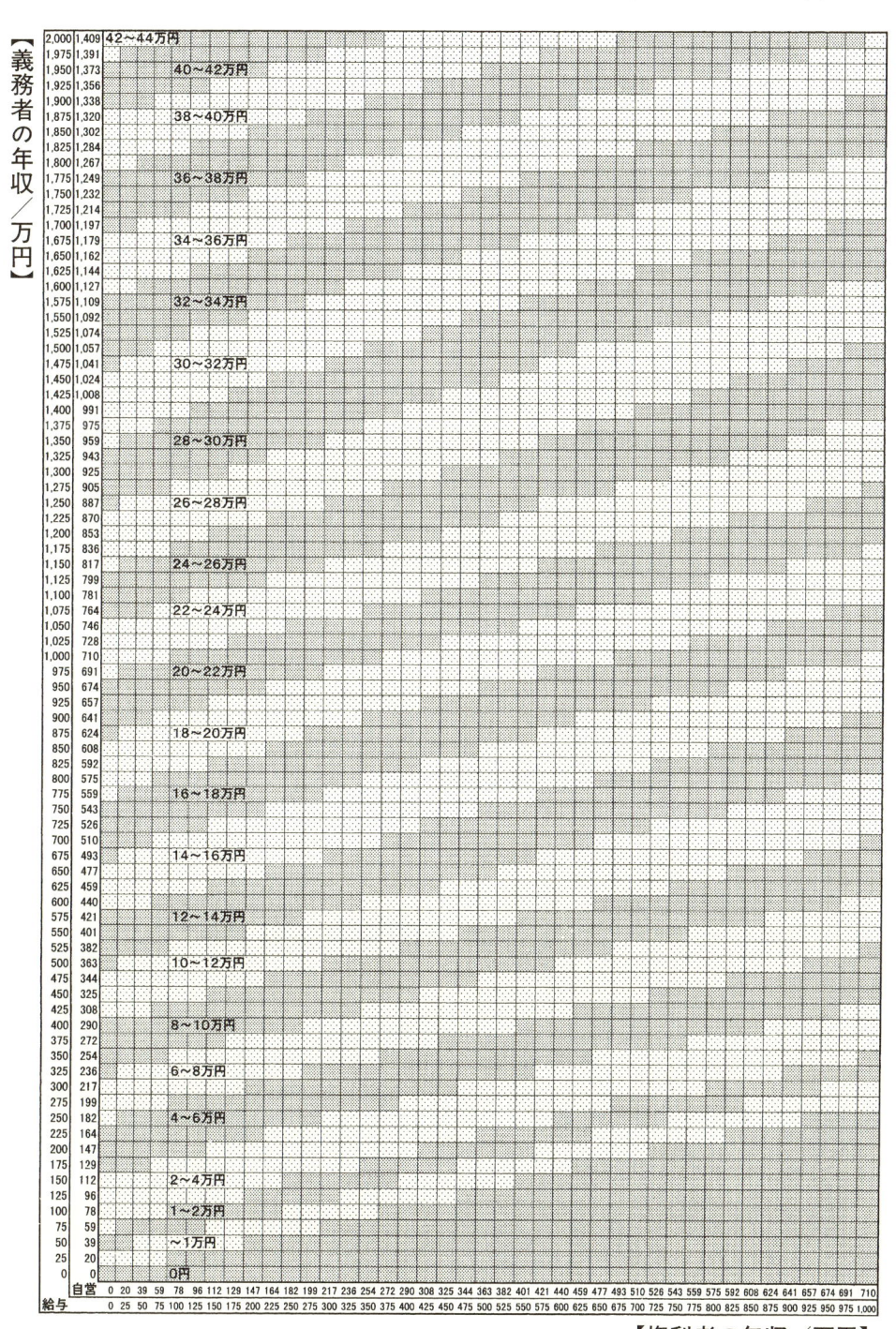

表19　婚姻費用・子3人表（第1子，第2子及び第3子15～19歳）

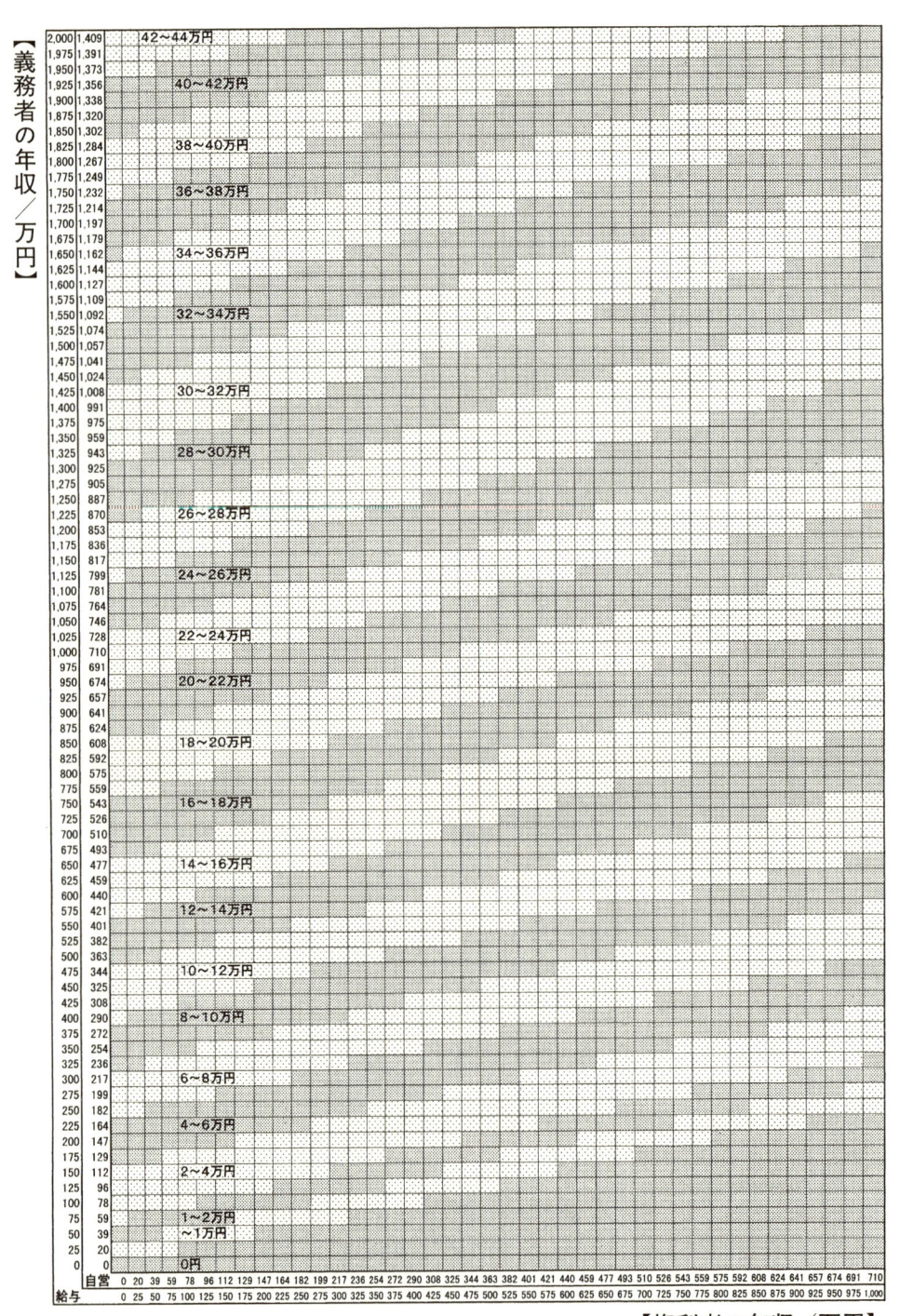

出典：（東京・大阪養育費等研究会「簡易迅速な養育費等の算定を目指して──養育費・婚姻費用の算定方式と算定表の提案──」判例タイムズ1111号297頁（2003））

判例年次索引

判例年次索引

※事例として掲げているページ数は太字（ゴチック体）としました。

月日	裁判所名	出典	ページ

大 正 4 年

| 1・26 | 大審院 | 民録21・49 | 52 |

昭 和 33 年

4・11	最高裁	民集12・5・789	52
		家月10・4・21	320
		判時147・4	

昭 和 34 年

2・19	最高裁	民集13・2・174	34
		家月11・4・93	35
		判時180・36	179

昭 和 37 年

2・6	最高裁	民集16・2・223	326
		裁判集民58・541	331
		家月14・5・131	
		判時288・22	
5・24	最高裁	民集16・5・1157	247
		裁判集民60・797	
		判時301・4	

昭 和 38 年

6・19	広島高	高民16・4・265	32
		家月15・10・130	
		判時340・38	
		判タ159・142	

昭 和 39 年

1・28	東京高	家月16・6・137	111
		判タ172・249	
4・9	最高裁	裁判集民73・51	283
		家月16・8・78	

昭 和 43 年

| 12・19 | 札幌高 | 家月21・4・139 | 97 |
| | | 判タ240・315 | |

昭 和 44 年

1・10	札幌高	家月21・7・80	295
		判タ242・327	
3・13	福岡家	家月21・8・99	290
		判タ243・311	
7・14	札幌地	判時578・74	9
9・26	最高裁	民集23・9・1727	320
		裁判集民96・641	
		家月22・2・35	
		判時573・60	
		判タ240・141	
12・24	福岡高	判時595・69	44
		判タ244・142	

昭 和 46 年

7・23	最高裁	民集25・5・805	32
		裁判集民103・447	50
		家月24・2・108	
		判時640・3	
		判タ266・174	
11・11	札幌家小樽支	家月25・1・75	84
		判タ289・399	

昭 和 48 年

1・30	大阪地	判時722・84	41
		判タ302・233	
2・26	福岡地小倉支	判時713・108	52
		判タ292・306	
10・22	秋田家	家月26・7・32	111

月　日	裁判所名	出　　典	ページ

昭和 50 年

6・30　松　山　地　判時808・93　　237
　　　　西　条　支

昭和 51 年

11・1　福　岡　高　家月29・3・82　　35

昭和 53 年

11・14　最　高　裁　民集32・8・1529　　34
　　　　　　　　　　裁判集民125・557　　42
　　　　　　　　　　家月31・3・83　　106
　　　　　　　　　　裁時753・1　　102
　　　　　　　　　　判時913・85　　225
　　　　　　　　　　判タ375・77　　223
　　　　　　　　　　金判566・44　　286

昭和 54 年

3・30　最　高　裁　民集33・2・303　　313
　　　　　　　　　　裁判集民126・361
　　　　　　　　　　家月31・8・28
　　　　　　　　　　裁時762・1
　　　　　　　　　　判時922・3
　　　　　　　　　　判タ383・46
　　　　　　　　　　金判577・43

9・25　東　京　高　東高民報30・9・225　　41
　　　　　　　　　　判時944・55　　295

昭和 55 年

7・11　最　高　裁　民集34・4・628　　32
　　　　　　　　　　裁判集民130・217　　45
　　　　　　　　　　家月32・11・52
　　　　　　　　　　判時977・62
　　　　　　　　　　判タ424・73
　　　　　　　　　　金融法務939・40
　　　　　　　　　　金判607・7

12・16　東　京　高　判タ437・151　　250

昭和 56 年

3・10　福　岡　高　家月34・7・25　　92
　　　　宮　崎　支

昭和 57 年

1・18　東　京　高　東高民報33・1・1　　43
2・16　東　京　高　判時1041・73　　38
　　　　　　　　　　　　　　　　　　　43
5・29　大　阪　家　家月35・10・85　　111
6・21　徳　島　地　判時1065・170　　52
　　　　　　　　　　判タ478・112

昭和 58 年

2・3　最　高　裁　民集37・1・45　　14
　　　　　　　　　　裁判集民138・73　　242
　　　　　　　　　　家月35・10・47
　　　　　　　　　　裁時855・1
　　　　　　　　　　判時1069・73
　　　　　　　　　　判タ490・62
　　　　　　　　　　金判666・21

3・10　最　高　裁　裁判集民138・257　　33
　　　　　　　　　　家月36・5・63
　　　　　　　　　　判時1075・113
　　　　　　　　　　判タ495・77

昭和 60 年

3・19　東　京　地　判時1189・68　　43
　　　　　　　　　　　　　　　　　　　44
9・5　名古屋高　家月38・4・76　　234
　　　　金　沢　支

9・10　浦　和　地　判タ614・104　　326
　　　　　　　　　　　　　　　　　　　331
11・29　浦　和　地　判タ596・70　　43

昭和 61 年

1・29　東　京　高　家月38・9・83　　18
　　　　　　　　　　判時1185・112　　40
3・26　横　浜　地　民集43・12・1766　　128

昭和 62 年

5・12　京　都　地　判時1259・92　　326
　　　　　　　　　　　　　　　　　　　331
7・16　最　高　裁　裁判集民151・423　　247
　　　　　　　　　　判時1260・10
　　　　　　　　　　判タ655・108
　　　　　　　　　　金融法務1193・27
　　　　　　　　　　金判791・40

月　日	裁判所名	出　　　典	ページ
7・17	大　阪　家	家月39・11・135	44
9・2	最　高　裁	民集41・6・1423	33
		裁判集民151・615	44
		家月39・12・120	82
		裁時962・1	87
		判時1243・3	317
		判タ642・73	
		金判784・33	
11・16	大　阪　地	判時1273・82	147
		判タ664・193	
11・24	東　京　高	家月40・4・131	128
		東高民報38・10〜12・101	
		判時1263・19	

昭和 63 年

月　日	裁判所名	出　　　典	ページ
6・7	東　京　高	判時1281・96	9
			43
			44
9・29	東　京　地 八王子支	昭62（タ）92	333

平 成 元 年

月　日	裁判所名	出　　　典	ページ
6・23	神　戸　地	判時1343・107	33
		判タ713・255	109
			263
9・13	浦 和 地 川 越 支	判時1348・124	33
			261
9・21	大　阪　家	家月42・2・188	97
11・22	東　京　高	家月42・3・80	42
		判時1330・48	43
			44
			259
12・11	最　高　裁	民集43・12・1763	106
		裁判集民158・479	128
		家月42・4・37	
		裁時1017・1	
		判時1337・56	
		判タ718・73	
		金判839・22	

平 成 2 年

月　日	裁判所名	出　　　典	ページ
3・6	東　京　家	家月42・9・51	29
			92
			126

月　日	裁判所名	出　　　典	ページ
4・25	東　京　高	判時1351・61	332
5・14	大　阪　地	判時1367・78	334
		判タ792・202	
6・14	京　都　地	判時1372・123	49
			326
			330
6・19	神　戸　地	判時1383・154	48
			327
8・7	大　阪　高	家月43・1・119	22
9・17	札　幌　家	昭59（家）1928	124
11・8	最　高　裁	裁判集民161・203	87
		家月43・3・72	
		判時1370・55	
		判タ745・112	
		金判908・29	

平 成 3 年

月　日	裁判所名	出　　　典	ページ
2・25	札　幌　高	家月43・12・65	123
3・29	岡 山 地 津 山 支	判時1410・100	49
			325
6・25	高　松　高	判時1406・28	315
		判タ770・224	
7・16	東　京　高	判時1399・43	45
		判タ795・237	87
			257
10・31	横　浜　地	家月44・12・105	49
		判時1418・113	322
11・27	名古屋高	判タ789・219	334

平 成 4 年

月　日	裁判所名	出　　　典	ページ
4・21	大　阪　家	家月45・3・63	24
			121
5・26	大　阪　高	判タ797・253	33
			109
			264
8・26	東　京　地	昭63（タ）571	231
8・26	東　京　地	家月45・12・102	43
		判タ813・270	
9・1	宮　崎　家	家月45・8・53	23
			119
9・21	岡 山 家 玉 島 出	家月45・11・54	23
			116
10・27	京　都　地	判タ804・156	49
			319

月 日	裁判所名	出　典	ページ
12·16	山口家	家月46・4・60	29 84 114

平成 5 年

月 日	裁判所名	出　典	ページ
2·12	宮崎家	家月46・5・32	23 42 254
2·26	東京地	判タ849・235	38 41 251
6·28	広島地	判タ873・240	334
8·27	広島地	家月47・9・82 判時1529・121 判タ875・258	22 112
9·17	東京地	判タ872・273	334
9·28	東京高	家月46・12・58 判タ845・300	248
11· 2	最高裁	家月46・9・40	49 316
11·24	東京地	判タ873・279	246
12·14	秋田地 大曲支	判時1532・116	315
12·21	横浜地 横須賀支	家月47・1・140 判時1501・129 判タ842・193	34 243
12·22	京都地	判時1511・131	32 33 36 241

平成 6 年

月 日	裁判所名	出　典	ページ
2· 8	最高裁	家月46・9・59 裁時1116・5 判時1505・59 判タ858・123	82 269
2·22	神戸地	家月47・4・60 判タ851・282	238
4·19	大阪高	家月47・3・69	22 110
5·31	東京家	家月47・5・52	37 44 235

月 日	裁判所名	出　典	ページ
10·13	東京高	家月48・6・61 東高民報45・1～12 　・42 判タ894・248	23 33 108
12·14	名古屋地	判タ891・243	307

平成 7 年

月 日	裁判所名	出　典	ページ
3·13	東京高	家月48・8・72 判タ891・233	15 232
4·27	東京高	家月48・4・24	36 43 109 229
5·30	名古屋高	判タ891・248	307
12·26	東京地	判タ922・276	23 24 105 307

平成 8 年

月 日	裁判所名	出　典	ページ
1·29	仙台高 秋田支	家月48・5・66 判時1556・81	49 307 314
3·26	最高裁	民集50・4・993 家月48・9・34 裁時1168・5 判時1563・72 判タ908・284	311
6·24	最高裁	民集50・7・1451 家月48・11・53 裁時1174・2 判時1578・56 判タ920・141	307
6·25	千葉家 佐原支	平7（家）226	99
9·30	宇都宮家	家月49・3・87	26 103
12·25	東京高	判タ965・226	33 45 226

月　日	裁判所名	出　　　典	ページ
平成 9 年			
1・22	横 浜 地	判時1618・109	49 200 206 214 308
3・27	高 松 高	家月49・10・79 判タ956・248	42 224 286
4・10	最 高 裁	民集51・4・1972 家月49・9・92 裁時1193・1 判時1620・78 判タ956・158	63 101
6・24	東 京 地	判タ962・224	42 43 44 45 221
7・30	東 京 高	家月50・1・153	98
9・18	東 京 高	高民50・3・319 東高民報48・1～12 ・57 判時1630・62 判タ973・251	89
10・7	水 戸 家 龍ヶ崎支	家月50・11・86	206 216
10・23	東 京 地	判タ995・234	334
平成 10 年			
2・26	東 京 高	家月50・7・84	37 38 45 218
3・11	名古屋高	判時1725・144	334
3・13	東 京 高	家月50・11・81	23 38 39 206 215
3・18	東 京 高	判時1690・66	40 192 200 206 212 216 310

月　日	裁判所名	出　　　典	ページ
4・6	東 京 高	家月50・10・130	22 28 96
5・15	高 松 家	民集54・3・1057 判時1691・79 判タ1019・230	208
6・26	名古屋家	判タ1009・241	32 33 41 42 43 209
9・14	札 幌 家	家月51・3・194	93
平成 11 年			
3・12	高 松 高	判時1691・76 判タ1019・227	207
3・17	広 島 家	家月51・8・64	91
5・18	東 京 家 八王子支	家月51・11・109	38 204
7・8	浦 和 家 川 越 支	家月51・12・37	88
7・30	横 浜 地 相模原支	判時1708・142	17 40 44 201
9・3	東 京 地	判時1700・79 判タ1014・239	37 39 41 42 192 198 206 214
11・24	名古屋地	判時1728・58 判タ1068・234	240 283 305
平成 12 年			
3・8	大 阪 高	判時1744・91	46 49 302
3・9	東 京 高	平10（ネ）2595	40 195
3・10	最 高 裁	民集54・3・1040 家月52・10・81 裁時1263・9 判時1716・60 判タ1037・107	208

月 日	裁判所名	出　　典	ページ
8・2	仙台高	平11（ネ）453	85
9・4	神戸家姫路支	家月53・2・151	83
9・21	名古屋高	平11（ネ）1053 平12（ネ）226	307
9・26	東京地	判タ1053・215	17 40 193
12・20	名古屋高	判タ1095・233	39 40 190

平成 13 年

月 日	裁判所名	出　　典	ページ
1・18	東京高	判タ1060・240	203
3・22	仙台地	判時1829・119	38 40 187
4・10	東京地	平12（タ）120	39 184
7・24	奈良家	家月54・3・85	36 43 181
9・7	東京地	平11（タ）397 平13（タ）436	49 299
12・26	横浜家	家月54・7・64	38 41 178

平成 14 年

月 日	裁判所名	出　　典	ページ
2・8	東京地	平12（タ）430	40 175
5・21	東京地	平10（タ）241・242・500	296
10・25	東京地	平11（タ）312	48 293

平成 15 年

月 日	裁判所名	出　　典	ページ
1・31	那覇地沖縄支	判タ1124・244	49 291
1・31	東京地	平12（タ）911 平13（タ）389	289
2・10	東京地	平11（タ）268 平14（タ）436	41 45 172
3・28	東京地	平14（タ）300	36 169
4・11	東京地	平12（タ）831	38 166
7・31	福岡高那覇支	判タ1162・245	80
8・15	東京高	家月56・5・113	77 111
8・27	東京地	平14（タ）770	40 287
8・29	東京地	平14（タ）122・123・320	284
9・26	東京地	平13（タ）304・668	45 163
10・23	東京地	平14（タ）603	40 160

平成 16 年

月 日	裁判所名	出　　典	ページ
1・14	大阪高	家月56・6・155	118
1・30	東京地	判時1854・51	49 282
5・19	大阪高	家月57・8・86	23 26 75 79 90 104
5・27	東京地	平15（タ）80	279
6・3	最高裁	家月57・1・123 裁時1365・6 判時1869・33 判タ1159・138	15 33 234 242
6・18	広島高岡山支	判時1902・61	41 47 157 237
6・23	東京地	平14（タ）366	18 44 154
9・28	東京地	平14（タ）774	276
11・18	最高裁	裁時1376・3 判時1881・83 判タ1169・144	52
12・27	東京地	平15（タ）509 平16（タ）351	45 151

判例年次索引　　　　　　　　　　　381

月　日	裁判所名	出　　典	ページ
\	\	平成 17 年	\
2・18	東 京 地	判時1925・121	44 45 148
2・25	東 京 地	判タ1232・299	73 76
4・15	東 京 地	平14（ワ）178・381 平15（ワ）309・944	70
4・27	東 京 地	平16（ワ）225	273
6・9	大 阪 高	家月58・5・67	40 43 44 146 197
11・2	広 島 高	判タ 1208・92	26
\	\	平成 18 年	\
1・18	福 岡 家	家月58・8・80	26 68 111
5・31	名古屋高	家月59・2・134	43 44 45 144
6・29	東 京 家	家月59・1・103	29 66 92
8・30	大 阪 家	判タ1251・316	269
10・16	東 京 地	平17（ワ）17598	141
10・27	大 阪 高	平18（ネ）971	17 39 40 42 138
\	\	平成 19 年	\
1・23	大 阪 高	判タ1272・217	22 36 37 39 44 135
3・12	東 京 地	平18（ワ）7646	64
3・28	東 京 地	平15（ワ）987 平18（ワ）1	49 270

月　日	裁判所名	出　　典	ページ
3・30	最 高 裁	家月59・7・120 裁時1433・2 判時1972・86 判タ1242・120	15 23 62 102
4・17	広 島 高	家月59・11・162	36 37 39 44 46 133
5・15	大 阪 高	判タ1251・312	48 267
11・9	福島家会 津若松支	家月60・6・62	29 60 92
11・9	大 阪 高	家月60・6・55	24 29 58
11・9	東 京 高	家月60・6・43	29 55 92
\	\	平成 21 年	\
3・30	大 阪 高	判時2050・109	12

離婚給付算定事例集
―養育費・財産分与・慰謝料―

不許複製	平成22年2月3日　第一刷発行 平成22年4月21日　第三刷発行 定価4,410円（本体4,200円）

　　　編　集　　宇田川　濱江（弁護士）
　　　　　　　　白　井　典　子（弁護士）
　　　　　　　　鬼　丸　かおる（弁護士）
　　　　　　　　中　村　順　子（弁護士）
　　　発行者　　新日本法規出版株式会社
　　　　　　　　　代表者　服　部　昭　三

発行所　新日本法規出版株式会社
本　社　（460-8455）名古屋市中区栄1－23－20
総轄本部　　　　　　　　電話　代表　052(211)1525
東京本社　（162-8407）東京都新宿区市谷砂土原町2－6
　　　　　　　　　　　　電話　代表　03(3269)2220
支　社　札幌・仙台・東京・関東・名古屋・大阪・広島・高松・福岡
ホームページ　http://www.sn-hoki.co.jp/

※落丁・乱丁本はお取替えいたします。
©H.UDAGAWA他　2010　Printed in Japan
ISBN978-4-7882-7263-7